古典文獻研究輯刊

初 編

潘美月・杜潔祥 主編

第16冊

朱彝尊《經義考》研究（上）

楊 果 霖 著

國家圖書館出版品預行編目資料

朱彝尊《經義考》研究(上)／楊果霖著 — 初版 — 台北縣永和市：
花木蘭文化工作坊，2005〔民 94〕

目 6＋259 面；19×26 公分（古典文獻研究輯刊 初編；第 16 冊）

ISBN：986-81660-0-4（精裝）
1. 經義考－研究與考訂

090.21   94018884

古典文獻研究輯刊
初　編　第十六冊　　　　　　　　ISBN：986-81660-0-4

朱彝尊《經義考》研究（上）

作　　者　楊果霖
主　　編　潘美月　杜潔祥
企劃出版　北京大學文化資源研究中心
出　　版　花木蘭文化工作坊
發 行 所　花木蘭文化工作坊
發 行 人　高小娟
聯絡地址　台北縣永和市中正路五九五號七樓之三
　　　　　電話：02-2923-1455／傳眞：02-2923-1452
電子信箱　sut81518@ms59.hinet.net
初　　版　2005 年 12 月
定　　價　初編 40 冊（精裝）新台幣 62,000 元　　　版權所有·請勿翻印

朱彝尊《經義考》研究（上）

楊果霖　著

作者簡介

楊果霖　台灣省新竹縣人。民國五十七年生。中國文化大學中國文學研究所博士班畢業。曾獲得民國九十年國科會甲等論文獎助，並且連續獲得民國九十年至九十四年的計畫獎助。專攻圖書文獻學。現任醒吾技術學院通識中心專任副教授。講授大學寫作、古典小說、現代文學、科技名人傳記等課程。撰著有「新舊唐書藝文志研究」（碩士論文）、「朱彝尊《經義考》研究」（博士論文）等書，及其他學術性論文近二十篇。

提　　要

《經義考》是經學書目的權威之作，是書極具研究價值，惜限於「卷帙浩繁，通讀費時，流傳未廣，得書非易」之故，因而缺乏專著論之，殊為可惜。筆者有鑒於此，擬以此書為研究題材，以補前人研究的不足，總計研究成果如下：

（一）綜論竹垞治學觀念、方法及貢獻，若能先行瞭解相關議題，方能掌握其學術成就。整體而論，竹垞重視廣徵博引，信而有證，凡是整理文獻之時，皆能強調博證功效，是以其撰著諸作，多能涉及各類文獻，而以博識聞名於世，其他如反對抄襲、稽古崇漢、實事求是、簡明精要等觀念，究其觀點，不外乎是稽古、求新、求善、求廣等要點。此外，竹垞能善用目錄、版本、校勘、輯佚、辨偽諸法，也能廣徵文獻，佐以實地遊歷，並能應用考古實物，以論證典章制度，對於經學、目錄學等，均有極佳的參考功效。

（二）考及竹垞的編纂方式，本文分別從編纂動機、編纂程序、標示題稱、引文方式等四項，逐步闡釋其過程，藉以彌補前人研究的不足。

（三）考辨《經義考》的引書種類及內容，由於竹垞編纂之時，取材廣博，內容豐富，極富研究價值。首先，在引書種類方面：竹垞雖以前代書目為主體，但所涉內容廣及序跋、筆記、方志、史傳、人物志等諸多文獻，歷來的學者，僅對「錢謙益曰」、「黃虞稷曰」的引用，提出研究的成果，未能注意其他的引書來源，筆者逐一還原相關文獻，釐析竹垞曾經運用的典籍，合計四十一類，一二五九種之多，對於瞭解其引書來源，能有清楚認識。其次，透過引書內容的說明，遍及各類主題，可使我們瞭解其內涵，進而窺知其價值所在。

（四）析論《經義考》的體例，本文擬就書名、作者、卷數、案語諸項，逐一釐析條例，並說明相關創例，透過這些探討，將有助於掌握其特點，進而凸顯是書價值所在。

（五）考辨《經義考》的分類方式、類目及特色，竹垞在分類方面，已能突破舊有方式，以形成嚴密體系，且其分類觀點，能正視典籍與類目的妥當性，是以類目安排，除能承繼前代書目特點之外，也間有創新之處。

（六）探討竹垞致誤之由，進而釐析其誤，本文將竹垞所生訛誤，析併為七大項，四十小項，期使讀者能確實掌握其誤，以免有錯用資料之失。

（七）探索《經義考》的影響，由於該書所涉內容極多，且橫跨經學、目錄學二大學科，由於該書蘊藏豐富價值，且能深受好評，舉凡在經學、目錄學的研習，莫不取法此書內容、體例，透過本文的分析，能使讀者瞭解其學術影響力，進而確立價值所在。

綜合上述的議題，《經義考》深具研究價值，若將其定位在工具之書，實埋沒其價值所在。本文係第一本專著，全面論述《經義考》的內容、體例、影響等等，對於建構完整的研究體系，實能有所貢獻。

目

錄

上　冊

第一章 緒 論

　　明清時期的學術發展，朝向專業化的進展，於是學科日益分化，使得文獻學的發展，也邁入嶄新的里程。吳仲強在《中國圖書館學史》指出：

　　　　明清時期，文獻學出現異常興旺發達的現象。文獻學各個領域均進入深入系統全面地研究，成果斐然，達到鼎盛。這一局面的出現，一方面是因爲明清經濟發展，圖書比以前增多，需要對前代的文獻工作進行總結提高；另一方面，則是因爲統治者大興文字獄，鉗制學術思想，使文人學士大多轉向與政治沒有直接關係的文字、音韻、訓詁、辨僞、輯佚等文獻學領域進行研究[註1]。

文獻整理的興旺，使得當時文士對於目錄、版本、校勘的認識和編纂，自然會凌駕於前代，文獻學的發展，已形成完善的體系。中國歷經數千年的文化演進，各種圖書的撰著、編目、整理，業已呈現穩定的狀態，爲求因應這種著作繁盛、藏書事業發達的時代，清代文獻學的發展，也產生劇烈的變化。

　　李朝先、段克強在《中國圖書館史》中，曾經針對清代圖書文化的發展，提出以下精闢的見解：

　　　　中國古代文化，經過明以前兩千多年的發展，成就之大，水平之高，爲世界所罕有。清代接於其後，具有繼續發展的極好的基礎。這個根基主要表現在歷史所創造的豐富的文化典籍、眾多的文人、發達的文化科學，以及人們較高的文化素養和對文化的需求。這幾個方面又以圖書的創作和圖書館的發達爲最集中的表現。因爲文人多，文化昌盛，人們對科學文化的緊迫需要，必然形成著作的繁榮和圖書的廣泛收藏[註2]。

清代學術承繼中國二千年來的文化傳統，使得許多的學術發展，有待重新整理、

〔註 1〕吳仲強等著《中國圖書館史》，（長沙：湖南出版社，1991 年 12 月），頁 230〜231。
〔註 2〕李朝先、段克強：《中國圖書館史》（貴州：貴州教育出版社，1992 年 6 月），頁 217。

研究，藉以總結前人的成果，於是文獻整理的工作，顯得十分的重要。處於這種需求之下，學術界發展出一連串的整理規範，來檢視舊有的典籍，於是辨僞、校勘、輯佚、目錄、版本、編纂諸法，也就應運而生，將中國學術的發展，推向頂峰。此時的學者，大都能精通整理文獻的方法，對於學術引證的規範，也逐漸形成特有的體系。清代學術的發展，得以承繼「漢學」、「宋學」等舊有的文化基礎，復吸收新的國際資訊，逐漸形成特有的風格，別設有「清學」的稱號。處於這種文化環境之下，文獻學的發展，顯得益發的活躍，是以帶動目錄、版本、校讎學的發展，遂形成完整的學科體系。

第一節　研究的動機和範圍

　　中國目錄學的發展，會隨著時代的變化，來調整其編目的觀念。因此，透過類目的改變及數量的增減，可以查知各期學術的演變情況，是以能呈現出強烈的時代風貌。李瑞良在《中國目錄學史》指出：

>　　中國目錄學富有時代特點，在不同的歷史時期表現出不同的歷史面貌和個性色彩。在經世致用的文化傳統含蓋之下，各個歷史時期的時代精神、社會思潮和文化風尚不斷滲透目錄學的肌體，在它的發展演變過程中不斷注入新的血液〔註3〕。

隨著時代的發展，歷朝書目的纂輯，也能不斷嘗試新的變革，使我們可以觀察學術發展的脈胳，尤其是專科書目的編纂成果，更能反映學術發展的特色。隨著類目的變化，乃至於數量的增減，書目的編纂，可以成爲考察學術演變的利器。因此，目錄的編纂，將不再只是書名、作者的排比而已，也能反映更多的學術課題。明、清之時，書目的編纂，已成爲文獻學者共同努力的目標，於是逐漸形成「專科書目」的體系。有關「專科書目」的產生原因，劉兆祐在《中國目錄學》中，有著如下的說明：

>　　「專科目錄」之產生，有其原因：一是爲滿足專門學者之需要。蓋學術分科愈細，學者爲專精於某一學科之研究，勢必儘量蒐集該一學科之相關著作，於是專科目錄應運而生。二是爲反映當時之學術特色。蓋每個時代均有當時之學術風尚及特色，其相關著作必定最多，一般綜合

書目難以完全容納，於是專科目錄應運而行〔註4〕。

考察專科書目發展的歷程，乃是奠基於綜合書目之上，但由於著錄典籍較爲集中，是以分類的概念，也就日益細緻，可以反映出當時學術的特色。中國圖書目錄的演進，乃是從綜合目錄開始，再發展到專科書目、特種目錄，這種編輯觀念的演變，正是符合學術發展的態勢。圖書數量愈多，分類將日漸細密，才能使得圖書整理的工作，能夠更加的貼切，於是分科的情勢，也就日益迫切，更能發展出專科書目，藉以收繫專門的典籍。隨著學科的分化，以及圖書的增多，專科書目的進展，也就更加快速，終於在清代初期，綻放出豐盛的果實，《經義考》的出現，正是象徵專科書目的發展，已趨於定型的階段，自從其成書開始，專科書目的編纂，乃能依據此書的體例，來從事書目的纂輯工作，使得專科書目的編纂工作，開始廣受學界的重視，也能形成重要的書目體系。

一、研究的動機

《經義考》是專科書目的重要著作，歷來學者對其評價甚高，然檢視學者們的研究成果，不僅篇幅偏少，無法體現其書的價值，且議論的主題，頗多承襲之處，面對如此盛名的經學書目，我們對於其書的認識和瞭解，顯得有不足之處。因此，應該具有專著來探討其內容、體例、價值等問題，使讀者能明白其價值的所在。整體而論，《經義考》雖具有學術研究的價值，但礙於「卷帙浩繁，通讀費時，流傳未廣，得書非易」之故〔註5〕，致使難以吸引學者們的研究興趣，使得該書評價雖佳，卻缺乏學者的研究成果，實爲可惜之事。

目錄之學，是讀書治學的門徑。筆者資質駑鈍，但生性喜好簿錄之學，每沈浸其中，對其編纂、體例、價值、影響等等，皆能興起探討之心。民國八十三年之際，承王師三慶的諄諄教誨，始從事文獻整理的工作，後來以《新舊唐書藝文志研究》一文〔註6〕，獲得碩士學位，初步奠定文獻整理的概念。其後，進入博士班就讀之後，未曾忘懷於文獻整理的熱情，《經義考》既是專科書目的權威之作，其書必有值得探述的價值，是以吸引筆者的注意，乃以此書爲研究的題材，積極投入經籍整理的工作。當筆者持續投入研究工作之時，乃益發感受其書的精當，

〔註4〕劉兆祐：《中國目錄學》（台北：五南圖書出版公司，民國87年7月），頁321～322。
〔註5〕陳祖武：〈朱彝尊與《經義考》〉（《文史》第四十輯，1994年9月），頁222。
〔註6〕楊果霖：《新舊唐書藝文志研究》（台北：私立中國文化大學中文研究所碩士論文，民國83年6月）。

有值得表述之處，是以更堅定研究的志向。總計研究的動機如下：

（一）朱彝尊爲著名的文獻學者，王士禎《曝書亭集・序》指出：「四十年來，浙西言文獻者，必首朱氏（竹垞）」〔註7〕，除此之外，其個人在詩學、詞學、古文、史學、經學、金石學等方面，均有傑出的表現，惜前人對於竹垞的相關研究，多僅偏向其詩學、詞學的表現，未能計及其文獻整理的成就，也無法針對其經學、史學、金石學的貢獻，提出研究的成果。竹垞既能以文獻的整理，著稱於世，則其治學的觀點、方法、成就等等，必有值得探述之處。然而，學者未能闢有專文加以評論，致使其中的價值，無法深爲學界知悉。例如：孫欽善在撰《中國古文獻學史》之時，對於清代以後的文獻學者，多闢有專節加以分析，所論及的學者，有顧炎武、黃宗羲、王夫之、閻若璩、胡渭、姚際恆、惠棟、王鳴盛、江永、錢大昕、戴震、段玉裁、王念孫、王引之、盧仁弨、顧廣圻、章學誠、崔述、龔自珍、魏源、康有爲、俞樾、孫詒讓、章炳麟、王國維等人〔註8〕，殊不知竹垞的文獻成就，亦能等量齊觀，具有其個人的風格與特色，實應闢有專文加以評介。當筆者確立其具有考證成就之時，乃欲以竹垞的考證著作，爲進一步研究的題材，《經義考》的研究，可以補充前賢論述的不足。此外，竹垞的交友之中，不乏當代著名的學者，這群朋友所形成的學術集團，正是清初學術環境的菁英，究竟這個學術集團中的成員，是如何從事彼此的交往，又推行過何種的學術活動？也引起筆者的研究興趣，乃從事其交游的考察，擬藉以釐清其學術發展的脈絡。竹垞對於清初的文獻整理工作，實具有領袖的地位，其整理文獻的貢獻，也值得我們多加探索，面對如此具有影響力的學者，也吸引筆者的研究興趣，是以幾經考量之下，乃以《經義考》爲研究的題材，進行研究的工作。

（二）《經義考》成書迄今，能夠享譽文壇，其中必有其研究的價值。由於該書引證精博，所涉的內容極多，是以可供研究的題材頗多，值得我們的重視。例如：該書的編纂動機、編纂的程序、題稱的標示、引文的方式等等，究竟有何特殊之處？若能逐一探討，對於日後編纂類似的書目，將能有所貢獻。此外，其引書擴及四部典籍，種類繁多，其中也有研究的價值，至於引書的內容爲何？也有必要重新釐測，始能加深讀者的認識。又其書的編排體例如何？分類觀點及類目的安插，有何特殊之處？甚至有關其書的影

〔註7〕朱彝尊：《曝書亭集》，〈原序〉，（台北：世界書局，民國78年4月），頁4。

〔註8〕請參見孫欽善：《中國古文獻學史》，第七章「清及近代」。（北京：中華書局，1994年2月），頁864～1268。

響為何？均需要我們重新整理、研究，始能有較為清楚的概念。由於該書所涉的內容極博，故可供研究的主題頗多，值得我們投注心力，逐一整理而成。因此，也吸引筆者研究的興趣，乃欲以此書為研究的題材。

（三）《經義考》具有高度的學術價值，但是其書編輯既久，則限於當時的學術環境，與今日或異，是以編纂的內容，或有謬誤之處，因此，在探討其學術價值的同時，也能釐正其中的錯誤，使其廣為學界所悉，將有助於學者掌握其中的內容。此外，歷來學者對於該書的整理，或有錯誤的認知，或有未及週全之處，均可透過全面性的整理，將相關的問題，呈現在讀者的眼前，始能改正錯誤的觀念，重新對於此書的價值，能有正確的認識。

（四）《經義考》是專科書目的重要之作，歷來論及專科書目的同時，莫不祖述其書，以為編纂的準繩，是以其書在目錄學史的地位，已倍受學者的肯定。然而，專科書目的研究，向來較少學者涉足其間，多僅著重其實用性。為求彌補目錄學史的研究缺口，使專科書目的研究，也能一如史志目錄、綜合書目一般，也廣受學者的重視，於是選擇專科書目的權威作品，以為研究的入門之作，由於其書的價值頗高，且影響深遠，實應具有專書加以探述，也期盼藉由相關的整理與研究，能為日後的編纂工作，奠定堅實的基礎。

（五）《經義考》一書，向為學者研治經學的重要工具。筆者擬透過本書的整理與研究，有助於日後能跨足於經學的探索，從事經學課題的研究。如此一來，不僅能夠拓展個人的學術視野，也能夠為經學文獻的整理，貢獻一番心力。由於此書的研究，發展潛力極大，是以決定以此書為研究的開端，藉以從事相關的學術研究。

綜合上述所論，《經義考》具有高度的學術價值，無論在經學方面，或是目錄學方面，甚至有關朱彝尊的學術表現，均有可供研究主題，值得我們投注時間和精神，從事相關的研究。然而，限於全書卷帙博富，通讀不易，兼以目錄之學，體例難工，且較為枯燥，無法吸引學者的研究興趣。筆者有感於歷來的研究成果，頗有不足之處，且欲從事專科書目的開發與研究，乃以《經義考》為研究的題材，藉以從事經學文獻的整理工作。

二、研究的範圍

　　《經義考》初名《經義存亡考》〔註9〕，初時僅考及經籍的「存」、「亡」，其

────────────

〔註 9〕初稿本的封簽題作「朱竹垞太史編《經義存亡考，青來館主人自述》，殘存十冊，

後加入「闕」、「未見」等判斷,並改「亡」爲「佚」字,是以書名已不符合內容的要點,乃改名爲《經義考》。衡諸其書名,並參酌相關的內容,則全書可以區分爲「經籍」、「義理」、「考證」等三個研究要點,茲說明如下:

(一)經籍

《經義考》著錄八千四百餘部的經學典籍,橫跨四千三百餘位的學者著作,自周、秦以下,迄於清代初期的經籍典籍,均能涵攝其中,雖然仍有闕漏之處,但該書的出現,正是二千年來經學著作的總匯。面對如此豐富的經籍文獻,其編纂的動機、程序,乃至於題稱的標示、引文的方式等等,均有探討的價值,惜歷來的學者,多僅將此類問題,視同必然的過程,缺乏專文的研究,致使某些相關的問題,往往承襲誤說〔註10〕,卻未能加以釐正,實有必要重新加以探討者也。

《經義考》是經學的書目,有關經籍的著錄,正是架構全書的重要內容,其中著錄的文獻,是否有重出的現象;分類是否合理?各類典籍的數量爲何?都需要我們重新加以檢視,始能明白其中的內涵。若能透過數量的增減,或是存佚的多寡,可以瞭解各期學術的演變情況。諸如此類的情形,可以透過量化的分析,可以有著較清楚的概念。例如:宋代以後,由於四書學的發達,使得《論語》、《孟子》的單行著作銳減,且元、明以後的學者,縱使撰有《論語》、《孟子》的相關論著,其受到重視的程度,則遠不如「四書類」的相關典籍,且經過保留的情況更少,是以判爲佚籍的情況,更遠甚於其他諸朝的《論》、《孟》之書,透過數量的增減,或是朝代的區隔,將使我們更瞭解學術的演變。

《經義考》著錄爲數眾多的經籍資料,透過這些典籍的著錄,可以反映各種不同的學術課題,由於收錄頗多,是以學者在研究經學之際,必先檢閱相關的資料,以爲研究入門之資。筆者針對其經籍的著錄內容,擬以目錄學的分析方法,來研究其中的相關問題,例如:編纂的體例,分類的觀念及其創發等等。由於全書所涉的範圍極廣,有助於我們瞭解各期經籍發展的脈絡,且透過經籍的整理工作,勢將對於歷來經學的概況,能有著初步的認識。整體而論,經籍的數量極多,要求完全掌握歷朝的經籍著錄,則恐有力殆之感。竹垞爲經學研究者,提供一套豐富的經籍資料,對於經學的初學者,能有著啓示的作用。因此,筆者乃先從經籍的著錄開始,來檢閱全書的經籍內容,並對其中具有的學術意義,提出一番研究的心得。

是爲《經義考》的初稿本。原國立北平圖書館藏書,今暫存臺北國立故宮博物院。
〔註10〕請參見本文第五章「《經義考》的編纂」一文。

（二）義理

　　宋代學者認爲漢代經學的研究，未能盡發聖人之旨，遂大反漢儒的經說，傾向於義理之學的發揮，於是「義理」之學大盛，從而發展出宋學（理學）的特色。竹垞在《曝書亭集》卷三三，〈寄禮部韓尚書書〉一文中指出：

> 自周迄今，各疏其（指：經籍遺編）大略，微言雖絕，大義間存，
> 編成《經義考》三百卷〔註11〕。

保存經籍的微言大義，正是竹垞撰書的動機之一〔註12〕，至於其保存的方式，乃在於輯錄大量的解題資料，透過前人的評論，可以看出各經籍的微言大義。然而，竹垞本身的治經傾向，乃是偏向於考證之學，對於義理之學的發揮較少，此點從其撰著之中，缺乏義理之學的專著，即可略窺一二。話雖如此，在《經義考》之中，由於所涉的內容極博，尤其是在引文之中，可以窺知各經書的微言大義，使讀者得以明瞭義理的內涵。因此，在該書之中，有關「義理」的資料，也是佔有一席重要的地位。在本篇論文之中，雖然也能涉及義理的探討，但要組合所有的引文資料，來從事經義的探討，則勢有未殆，如要進一步研究其義理的發揮，則需要配合長篇大論，且需要還檢經籍的原文，始能加以論定。因此，有關「義理」之學的詮釋，雖亦屬於《經義考》的研究要點，但礙於時間及篇幅之故，則留待日後再行努力，特此加以說明。

（三）考證

　　朱彝尊是經學的名家，也是著名的考證學家〔註13〕，其經學的成就，多集中在《經義考》、《曝書亭集》之中，尤其是《經義考》一書，所涉的案語極博，兼及各類的經學問題，實值得我們從事相關的研究，以便於釐析其例，使讀者得知其書之全備，有足供稱述者也。此外，竹垞治學的觀念、方法爲何？實能影響其考證的良窳，究竟其觀點有何特殊之處？是否具有積密的方法？實有必要加以認識，惜過去卻未有專文評介，使讀者無法明瞭其文獻學的諸多成就。透過本文的研究，可知竹垞在整理文獻方面，確有其貢獻之處。《經義考》的考證案語，牽涉主題極博，若能釐析條例，使讀者得知其考證的成果，將使讀者進一步瞭解其文獻整理的貢獻，也

〔註11〕參考註7，卷三三〈寄禮部韓尚書書〉，頁414。

〔註12〕參考本文第五章第一節「編纂的動機」一文，該文有較爲清楚的說明。

〔註13〕永瑢等撰：《四庫全書總目》卷一一九，方以智《通雅》條下云：「（方）以智崛起崇禎中，考據精核，迥出其上，風氣既開，國初顧炎武、閻若璩、朱彝尊的沿波而起，始一掃懸揣之空談。」，是以竹垞的考證成就，已倍受肯定。

有助於利用其內容，以爲研究之資。考證的成果，是全書重要的內容，筆者亦能多費心力，盡心研求，期能呈現竹垞考證的諸多成就。

綜合上述之文，《經義考》所涉及的重要內容，約略可分爲「經籍」、「義理」、「考證」三項，由於「義理」方面的闡釋，所涉及的層次較爲深廣，是以透過解題的輯錄，雖可看出義理觀點的變化，但要架構完整的概念，尚要參酌相關的文獻資料，始能進一步闡釋其中的內涵。此外，有關「義理」方面的發揮，並非是竹垞專擅的事項〔註14〕，且此類問題的探述，非短期之內，得以獲致其功，是以有關本文的探討，乃先將研究重心，放在「經籍」、「考證」二項，先就相關的研究內容，提出筆者一己考究的心得，至於義理方面的闡發，則留待日後再行努力，以便能從事相關問題的討論。

第二節　前賢研究成果回顧

根據盧正言《中國古代書目詞典》的統計，專科書目的撰著，即多達七百九十八部〔註15〕，若再加上尚未收錄的目錄，可以形成重要的書目體系。在這些專科書目之中，多重視其實質的功效，甚少兼顧理論的發揮，是以纂輯的功效，也就優劣互見，很難控制其編纂的品質。孫永如在《明清書目研究》中指出：

> 現代學科的發展，學科分途越來越細，知識積澱越來越快，要求每
> 個人都掌握很多專門知識是困難的。所以，具體介紹有關某一學科的古
> 籍書目，爲廣大讀者提供研究專門問題的線索，就成爲編製古籍書目的
> 未來趨勢。爲此，就有必要借鑒我國古代專科書目編製的成敗得失，以
> 研究出較爲完備的專科目錄的編製方法〔註16〕。

鑒古知今，方能掌握編纂的法則，才能發展出更完善的書目。明清之際，正是書目轉型的關鍵時刻。各種不同性質的書目，正如同雨後春筍般的出現，也將目錄學的理論及其實踐，推向歷史的頂峰。在這跨時代的發展中，產生一部經學目錄的巨擘——《經義考》，該書的出現，不僅象徵中國經籍的數量，業已達到一定的數量，也顯示出經學的發展，已邁向學科化的歷程。總結歷來學者的研究，有如

〔註14〕竹垞是經學的名家，但其經學的成就，多表現在經籍的考證方面，至於義理方面的闡釋，則缺乏相關的論著，是以其個人較不擅長於義理的發揮。因此，本文的研究，則偏向其經籍、考證的成就，特此申明。

〔註15〕盧正言：《中國古代書目詞典》（南寧：廣西教育出版社，1994年4月），頁276～404。

〔註16〕孫永如：《明清書目研究》，（合肥：黃山書社出版，1993年7月），頁161。

下幾項重要議題：

一、涵攝全書的總評

　　在清代的目錄學者，往往能涉及《經義考》的評論，其中又以《四庫全書總目》、《鄭堂讀書記》的評論，較能擁有系統，也能觸及問題的核心，但由於篇幅較少，所收的成效亦少。至於近代學者的研究著作，有如下的篇章，涉及《經義考》的總評：

　　（一）邱建群〈朱彝尊《經義考》讀後記〉〔註17〕：本文概略介紹類目、價值、版本、謬誤，由於篇幅僅有二頁，實難有深入的論述，且全文多引成說，未有完整的論證過程。

　　（二）王渭清〈談《經義考》中的「易考」──兼及全祖望《讀易別錄》〉〔註18〕：本文係針對邱建群之文，提出駁證。全文論及二項議題：首先，《經義考》書名何人所定？其次，針對《經義考》「易考」的內容，是否有其參考價值？提出說明。其具體的成果，乃是證明《經義考》的書名，是由竹垞生前所改定的；另外，說明《經義考》中「易考」部份，確有其學術的價值。由於本文係針對邱建群之文，提出一些補證，是以議論內容不多，創獲較爲狹隘。

　　（三）盧仁龍〈《經義考》綜論〉〔註19〕：本文對於編纂的由來，及其內容、體例、引書、優劣等問題，提出概括性的成果，其中議論的主題，能提示學者整理的方向，是目前所有研究篇章之中，較有貢獻的一篇論文。

　　（四）吳梁〈經學目錄巨著──《經義考》〉〔註20〕：該文介紹《經義考》的四項特點：

　　1、它是上古至清初解釋儒家經典著作的總目錄，內容詳博。

　　2、體例完備。

　　3、校對極其認眞，刻印時間最長。

　　4、全書裝幀精美，印刷質量頗高。

　　此外，尚有關於影響的說明，由於全文屬於概論性的介紹，是以成果稍嫌簡

〔註17〕該文發表於《四川圖書館學報》1985年第二期，頁47～48。

〔註18〕該文發表於《四川圖書館學報》1988年2：3合刊，頁145～148。

〔註19〕該文發表於《社會科學戰線》1990年二期，頁334～341。另收錄於林慶彰先生主編的《中國經學史論文選集》下冊，（台北：文史哲出版社，民國82年3月），頁415～430。

〔註20〕該文見於《圖書館理論與實踐》，1990年四期，頁48～49。

略，未有特殊的創見。

（五）其他：歷來所有《中國目錄學史》的撰寫，都能推崇其書的價值，其立論的基礎，大都依據《四庫全書總目》的內容，並加以演論而成，不僅篇幅偏少，所獲亦承襲四庫館臣的意見，無法眞正呈現《經義考》的成就。

綜合上述所論，《經義考》爲經學書目的權威之作，在近代學者之中，能全面探索其中的內涵，並且取得良好成就者，首推盧仁龍先生〈《經義考》綜論〉一文〔註21〕，該文對於《經義考》的編纂由來，以及內容、體例、優劣等問題，均能提出概括性的研究成果，惟限於篇幅之故，使其研究的成果，也只能略發其例，無法全面進行完整的研究，實爲可惜。除此之外，其他的研究篇章，多屬於評介性質的短文，是以價值稍低，在研究的視野上，也難以跳脫清代書目的範疇，是以殊少創獲。總計歷來的研究成果，往往僅發其例，未能週全，或是篇幅簡短，承襲性較高，無法跳脫清儒的認知，是以有待進一步的開發、研究。

二、成書體例的分析

率先分析《經義考》的體例，且能做出全面性的研究成果，首推田鳳台〈朱彝尊與《經義考》〉一文〔註22〕，該文分析竹垞著述的體例，頗能提供細緻的探索，也能順手輯錄各家的評論，以供讀者參考之用。惟田氏之文，亦有未能盡善之處，例如：田氏僅重條例的分析，未能闡釋其中的創發；且條例之間，未能妥切歸併條目，容有疏漏之處。至於諸家評論之文，僅羅列於文末，欠缺進一步的說明、論證，使其淪爲資料匯編的工作，無法據以考訂補漏，闡釋評論，實爲可惜。

三、引書內容的探討

《經義考》輯錄大量的解題，藉以提供讀者治經的參考，其豐富的引書文獻，常能吸引學者的討論，總計近代學者的研究成果如下：

（一）王重民〈千頃堂書目考〉〔註23〕：針對《經義考》徵引「黃虞稷曰」的內容，提出其研究的成果，認爲漏失的典籍，係出自《明史藝文志稿》一書，

〔註21〕同註19。
〔註22〕該文見於田鳳台：《古籍重要目錄書析論》第五章，（台北：黎明文化事業股份有限公司，民國79年10月1日），頁135～160。
〔註23〕王重民先生之文見於《國學季刊》一卷七期，1950年7月。又收錄於《中國目錄學史論叢》，（北京：中華書局，一版一刷，1984年12月），頁185～212。

其後盧仁龍〈《經義考》綜錄〉採信此說。

（二）喬衍琯〈《經義考》所引《千頃堂書目》彙證〉、〈論《千堂書目》、《經義考》與《明志》的關係〉〔註24〕：同樣針對《經義考》徵引「黃虞稷曰」的內容，提出研究成果，惟認定其中佚失之文，係出自〈千頃堂書目〉的佚文，其後周彥文《千頃堂書目研究》取法其說〔註25〕。

（三）盧仁龍〈《經義考》綜錄〉〔註26〕：全文將《經義考》的文獻來源，粗分成（甲）宋、明、清書目，（乙）史傳、方志，（丙）文集，（丁）其他等四類〔註27〕。本文率先以分類的方式，來論及《經義考》的引書，較能觸及更多的來源。此外，其針對「黃虞稷曰」的佚文出處，主張依隨王重民的論點，認爲其是《明史藝文志稿》的遺文。

（四）吳政上〈經義考提要及版本介紹〉〔註28〕：指明「摛藻堂四庫全書薈要本」、「文淵閣四庫全書本」將《經義考》所引的「錢謙益曰」，改作其他諸目，如改作「何景明曰」、「錢陸燦曰」、「黃虞稷曰」、「陸元輔曰」、「毛奇齡曰」、「陳子龍曰」、「何光遠曰」、「谷應泰曰」、「高攀龍曰」、「羅喻義曰」、「匡解原序」、「闕□□曰」、「私考駁正」、「江南通志」、「江西通志」、「山東通志」等等，每項改動之下，皆附有統計例證，惜數據稍有誤失，且未能一一標示卷、頁，有難於還原之失。

（五）楊晉龍〈《四庫全書》處理《經義考》引錄錢謙益諸說相關問題考述〉〔註29〕：全文討論四庫館臣刪改《經義考》中「錢謙益曰」的相關問題，文中討論乾隆皇帝對朱彝尊的友善態度，對錢謙益仇視，並進而禁燬其書的轉變歷程。此外，並針對四庫館臣如何處理《經義考》「錢謙益曰」的實際情形，提出說明，並推測其處理方式的內在原因。本文對於乾隆皇帝禁燬錢謙益著作的始末，提出

〔註24〕喬衍琯先生之文見於〈《經義考》所引《千頃堂書目》彙證〉，（台北：《書目季刊》六卷三、四期合刊，頁3～58，民國61年6月16日出版）。又〈論《千堂書目》、《經義考》與《明志》的關係〉（台北：《國立中央圖書館館刊》（新），十卷一期，民國66年6月），頁1～10。

〔註25〕周彥文《千頃堂書目研究》，（台北：東吳大學中國文學研究所論文，民國74年），頁258。

〔註26〕同註19。

〔註27〕同註19，《中國經學史論文選集》下冊，頁420～421。

〔註28〕吳政上《經義考索引》附錄一〈經義考提要及版本介紹〉（台北：漢學研究中心，民國81年），頁2～4。

〔註29〕楊晉龍：〈《四庫全書》處理《經義考》引錄錢謙益諸說相關問題考述〉，（國立高雄師範大學國文學系：《第七屆所友學術討論會論文》，民國87年5月23日），頁31～48。

不少的推論，且針對《四庫全書薈要》本、文淵閣《四庫全書》本的改換差異，提出一番比較，並考出《經義考》所引「錢謙益曰」，實出於《列朝詩集小傳》、《初學集》、《有學集》三書，對於我們考知竹垞的引書來源，實能有所助益。

（六）林慶彰〈四庫館臣篡改《經義考》之研究〉〔註30〕：全文討論的焦點，主要集中在《薈要》、《文淵閣》篡改《經義考》的情況，提出一番說明。全文逐一說明篡改的情況、原因，並補充吳政上《經義考索引》的統計錯誤。

綜合上述所論，歷來對於竹垞的引書內容，多側重在「黃虞稷曰」、「錢謙益曰」二項，至於其他的引書來源，僅有盧仁龍將其分為四類，能觸及較多的引書文獻，然尚有許多的引書內容，未能逐一探討，例如《文獻通考·經籍考》一書，係竹垞自承取用之書，且在全書之中，亦屢見引用，類似這些重要的典籍，其重要性，甚至要超過「黃虞稷曰」的價值，卻遲遲未見相關的研究，是以目前的研究成果，實難以反映引書的規模，有重新整理的必要。《經義考》豐富的引書文獻，使其具有高度的研究價值，但學界在欠缺索引的輔助下，使得研究受到嚴重阻礙。因此，如要突破研究的困境，必先編纂其引書的索引，使得讀者能充份檢閱全書的資料，有利於進行引書的研究。此類的研究，將使我們瞭解其取材的文獻，且藉由還原、校勘的程序，才能瞭解其引書的種類、方式、價值等等，惜目前學界尚未擁有此類的索引，使得讀者難於掌握相關的資料，若能突破此一問題，將有助於引書的探討。

四、著錄資料的補正

自從《經義考》成書以來，即能獲得多方的賞識，但是學者在運用之際，也逐漸能發現其中的錯誤。因此，有學者亟思補正的工作，其中能收致卓效者，首推四庫館臣的《四庫全書總目提要》、翁方綱《經義考補正》、羅振玉《經義考目錄·校記》等等，透過他們的辛勤考訂，使得我們能進一步瞭解全書的錯誤。例如：四庫館臣的考證成果，能補錄各項的版刻資料，並嘗試考訂竹垞在書名、卷數、撰者、內容、流傳、經義的諸多錯誤〔註31〕，其書頗有參考的價值。又翁方綱、羅振玉在字句的校勘、卷數的補證、存佚的考訂、書名的異同、分類的歸屬

〔註30〕林慶彰：〈四庫館臣篡改《經義考》之研究〉，（台北：臺灣學生書局，《兩岸四庫學——第一屆中國文獻學學術研討會論文集》，民國87年9月），頁239～262。

〔註31〕莊清輝：《四庫全書總目經部研究》，（台北：國立政治大學中文研究所碩士論文，民國77年），頁361～382。

上，均有考訂的成果，也能收致參證之效。

　　總括前賢的論點，雖有許多的價值，但仍難免有不足之處，茲條列如下：

（一）僅發其緒，而未及週全

　　前人對於《經義考》的補正，雖所涉事項眾多，但往往僅發其緒，未能進行全面的整理，是以考訂的內容，雖能言簡意賅，直中要點，但片語隻詞，難成巨構，所論未能週全，是以猶待重新整理、研究。例如：前人對於重出之例的整理，僅見二、三例證，卻未能全面校出，使人有未竟全功的遺憾。又翁方綱曾補錄竹垞缺錄的解題年月，但僅採隨校隨錄的方式，留有許多補輯的空間。整體而論，前人在整理成果方面，雖能提示整理的要點，卻未能週全，有重新整理的必要。

（二）失之瑣細，而難成系統

　　前賢在校勘之時，往往注重單字的釐訂，使得校勘的成果，失之瑣碎，難成系統。如翁方綱《經義考補正》卷第二，黃宗炎《周易象辭》下云：

　　　　〈自序〉內「糊口」，「糊」當作「餬」〔註32〕。

諸如此類的校勘成果，往往顯得過於瑣碎，雖有校訂的作用，但成果十分有限，至於其他許多刪略、錯簡、訛增等情況，其訛誤變動的情況，甚至要遠勝於單字的校訂，卻未見任何的整理，殊為可惜。時至今日，經學的研究環境，業已遠勝於昔日，若能全面性的整理該書，校正其誤字，將有助於讀者的使用，惜未有學者進行全面的勘校、糾繆，實有待學者從事校理的工作，以便能提高其書的價值。

（三）論證未足，而猶待補議

　　在前賢的考證中，有部份論證未足，仍有待補證資料，藉以收致補正的效果，例如：翁方綱《經義考補正》卷第九，趙岐《孟子註》下案語云：

　　　　　此條下所引晁公武說韓愈以此書云云，已見前卷弟（第）三頁，似

　　　一說兩見，而前作晁說之語，此作晁公武語，檢《通考》但稱晁氏，未

　　　知孰是〔註33〕。

《經義考》卷二三一，孟軻《孟子》條下引「晁說之」之文，的確與卷二三二，趙岐《孟子註》的「晁公武」之說近同，產生一說兩見，來源互異的現象。翁方綱僅檢閱《通考》之文，但知其為「晁氏」之說，卻不知其人究係晁說之，抑或是晁公武，故以「未知孰是」總結。若能檢閱《郡齋讀書志》卷十，即可發現其

〔註32〕翁方綱：《經義考補正》，卷第二，（台北：新文豐出版有限股份公司・民國73年6月），頁23。

〔註33〕同前註，卷第九，頁141。

爲晁公武之說，當無疑義。考《通考》所錄「晁氏」之說，大抵皆出於晁公武《郡齋》之文，至於所引「晁說之」之文，則出自晁公武轉引之文，如《通考》卷二，子夏《易》下引「晁氏曰」，其下即錄有「晁以道《傳易堂記》」之文，竹垞乃將其獨立成目，故《經義考》卷五，卜商《易傳僞本》下，即有「晁說之」、「晁公武」二條解題，審其來源，乃將《通考》所錄「晁氏」之說，別立爲二項解題。其他如《通考》卷二，京房《易傳》下，亦徵引晁氏《讀書記》之說，而《經義考》卷七亦分立「晁說之」、「晁公武」等二項敘錄。因此，本項資料既出自《郡齋》之文，其說當爲「晁公武」之論，而非「晁說之」之說。翁書雖考出二者內容近同，卻無從分辨究係何人之說，是以所下的結論，未免過於謹愼，使得結論缺乏確切結果，宜再行補證之。

（四）糾繆失當，而有待反正

前賢糾繆之作，亦有竹垞不誤，而後人誤考，因而導致錯糾之例。如陳鱣《經籍跋文‧元本禮記集說跋》云：

> 此本首卷後識云：天曆戊辰（元年，西元 1328）建安鄭明德宅刊行，天曆戊辰爲文宗元年，上距壬戌，相距五年，殆至是始刊行耳。〈自序〉後有〈凡例〉五條，首校讎經文，列蜀大字本、宋舊藍本、興國于氏本、盱郡重刊廖氏本、建本、注疏南康經傳通解凡六種，次援引書籍，次注說去取，次音文反切，次章句分段，皆今本所無，明內府刻本尚有書凡十六卷，明刻本猶然，今本十卷，不知何時坊刻所併，《經義攷》作三十卷，則又誤同永樂《大全》之卷，當改題爲十六卷也〔註34〕。

如據陳鱣的考證結果，竹垞將卷數誤作三十卷者，乃是承自永樂《大全》之誤，當改題作「十六卷」云爾。然而，盧錦堂在〈經部善本書志簡編〉中指出其誤：

> 查本館（指台北：國家圖書館）另藏明福建巡按吉澄刊本、明福建坊刊黑口本、日本寬文四年（1644）野田庄右衛門刊本，俱三十卷，陳氏之說未允。澔書，諸家著錄大抵題作《禮記集說》，惟清薛福成《天一閣見存書目》卷一著錄云：「禮記集傳十卷，缺。元陳澔撰。存卷一至五、卷七、八。」未詳與此本有何關係。就館藏明版十六卷本、三十卷本與此十卷本相較，音註部份顯有差異，十六卷本（明正統十二年，1447 司禮監刊）僅音註本文之字，註文之字無音註；諸三十卷本註文之音註，

〔註34〕陳鱣：《經籍跋文》，（台北：成文出版社，書目類編本，據清道光二七年刊本影印，冊七三，民國 67 年 5 月），頁 23029。

彼此詳略互有不同，與此本亦異〔註35〕。

綜合上述所論，前賢對於《經義考》的訂誤，雖能收致成效，但仍有其缺失，有待重新整理、研究。若能依循前人指引的方針，並參以客觀的分析方法，來全面整理相關的錯誤，相信將能補證更多的缺漏，使得其書的價值，能益發顯露，若能進一步取代該書的價值，使其參考的功效，將倍於訂補的工作，惟此類的工程龐大，實非個人之力，所能獲致其功，若學界能群策群力，致力於此類的補正工作，將能帶給學者更多的便利，也將有助於經學的研究。

五、目錄工具的編纂

《經義考》的內容豐富，引證精詳，學者們雖知其富含學術的價值，但礙於資料檢索的不便，是以較少學者從事專題的研究。誠如喬衍琯在〈《經義考》及《補正》、《校記》綜合引得敘例〉中指出：

> 《經義考》既多到三百卷，收書約八千種，雖然分門別類，再按成書先後排列，可是查起來還是很不容易。所以雖知道其中資料很富足，利用的人卻不多〔註36〕。

該書雖深受學者的喜好與利用，但限於資料的繁複，是以較少學者從事專題的研究。自從其成書之後，在欠缺索引、目錄的輔助之下，頗不便於學者的運用。如要妥切利用該書的內容，必須藉助目錄、索引之助，始能畢竟其功。在欠缺索引的助益下，學者對於本書的運用，往往有所漏失，例如：錢大昕在輯錄《元藝文志》時，曾大量參考本書的著錄，由於缺乏索引的緣故，致使漏失達二二一部的經籍，使其補錄的史志目錄，失去更多的參考價值，實為可惜。錢氏產生的問題，正反映出學者運用此書的盲點，若無法妥切掌握相關的內容，將無法完全發揮其書的價值，說法詳見第九章第二節「《經義考》對目錄學的影響」。

《經義考》雖能受到學界的好評，但歷來缺乏學者的研究，究其中的原因，則是缺乏索引、目錄所致。學者若想要研究此書，僅能各取所需，來進行部份的利用，使得成果稍有侷限，也正因為檢索的不便，才會降低學者的研究興趣。及至羅振玉，始開始為其編纂《經義考目錄》一書，雖稍便於讀者的使用，但其書

〔註35〕盧錦堂：〈經部善本書志簡編〉（台北：《國立中央圖書館館刊》，民國82年12月，新26卷第2期），頁159。
〔註36〕喬衍琯：〈《經義考》及《補正》、《校記》綜合引得敘例〉（台北：《書目季刊》第十八卷第四期，民國74年3月），頁36～37。

校勘未精，印製頗有失當，且僅隨書附抄簡目，雖較原編便利，仍欠缺索引的功效。其後，喬衍琯倡議編纂「《經義考》及《補正》、《校記》綜合引得」〔註37〕，其說立意雖善，惜未能付梓發行，無法有利於學者的使用。自從吳政上編纂《經義考索引》之後〔註38〕，始改善其使用的不便，細觀其編纂的索引，除附有書名、著者的索引之外，也兼及不同版刻的對校，頗能便於讀者的運用。

　　有關《經義考》工具書的編纂，至吳政上編纂《經義考索引》之後，已能收致使用的便利，但相關的檢索工具，仍有開發的空間，例如：吳氏所提供的索引，僅及於書名、人名的檢索，雖有其利用的價值，但仍欠缺引文的索引，若能再提供此類的檢索工具，將能具有更高的參考價值。

六、全書文句的點校

　　《經義考》篇卷浩繁，發行不易，歷來皆以刊本的形式出現，近世以來，則以刊本影印發售，未曾經過重新排版、點校。林慶彰先生嘗從事此書的點校工作，林氏在〈四庫館臣篡改《經義考》之研究〉之中，說明其整理的要點：

> 筆者以為要重新讓學者了解《經義考》的重要性，應先將《經義考》作整理，乃和蔣秋華、楊晉龍、張廣義等先生於民國八十三年（1994）向國家科學委員會提出整理《經義考》的專題研究計畫。整理的方法是以盧見曾補刻本為底本，加以新式標點，並以《四庫全書》本、《四部備要》本為輔本，詳加校勘，並作成校記，又將歷來勘正《經義考》失誤的著作，如翁方綱《經義考補正》、羅振玉《經義考校記》、《四庫全書總目》涉及《經義考》部份，附於《經義考》相關條目之下。計畫於民國八十四年（1995）六月完成。計畫成果由中央研究院中國文哲研究所出版，現已出版四冊〔註39〕。

時至今日，所有點校本均已全數完成，全書八冊，也已全部梓行，該項計畫的推行，勢將有利於《經義考》的研究，且能擴大其影響的層面。

　　本書整理的方法，係以盧見曾補刻本為底本，加以新式標點，並以《四庫全書》本、《四部備要》本為輔本，詳加校勘，並作成〈校記〉，附於書頁之末，頗便於檢

〔註37〕同前註。

〔註38〕吳政上：《經義考索引》（台北：漢學研究中心編印，1992年，頁454）。該索引除編纂書名索引、人名索引之外，另附錄《經義考》提要及版本介紹〉、《經義考》版本異文校記〉二篇附錄，可供學者參考之用。

〔註39〕同註30，頁241。

閱。此外，又將歷來勘正《經義考》失誤的著作，如翁方綱《經義考補正》、羅振玉《經義考目錄・校記》、《四庫全書總目》涉及《經義考》部份，附於《經義考》相關條目之下，也能收致參證的功效。根據上述的整理方式，實能清楚掌握相關的內容，《經義考補正》、《經義考目錄・校記》、《四庫全書總目》三書，皆有利於《經義考》的研習，將其附列於相關條目之下，確實可收參考的功效。但〈校文〉的部份，則僅收錄《四庫全書》本、《四部備要》本等二種版本，僅能反映異本之間的差異，若能還原引文的原始出處，取以校勘，將能發現更多的改動情況，且能將查考的引書來源，仿錢熙祚補訂《古微書》之例，附記於引文之末，如此一來，將能提高校勘的價值。此外，若能再補充原經籍的相關版本，甚至補充其藏地的資料，除有助於查考經籍的存佚之外，將更便於讀者的使用。昔日章學誠嘗欲補充《經義考》缺錄版本的缺失，惜其理想未能實現，以今日的學術環境，將較易達成此一目標，若能群策群力，補齊其缺錄版本的不足，將能提高全書的參考價值。

　　《經義考》全書博富，內容多達八冊，全書能點校出版，實屬難能可貴之事，其功不可泯滅，惜尚未編有「書名索引」、「作者索引」，也盼能早日補齊其缺，若能再編有「引書（文）索引」，將有利於讀者的使用，如此一來，可以擴大影響的層面，更便於學界的利用，也期盼在此書點校完成之後，能吸引更多學者，投入研究的行列，進而補充尚未完成的諸項整理，以便能建構出更完善的經學書目。

　　綜合上述所論，《經義考》的內容豐富、體例精審，正是經學書目的權威作品。目前學界對於該書的認識，仍侷限於清儒的研究成果，是以缺乏整體的研究，致使未能發掘其書的價值，甚且有錯誤的認知，有待重新釐正者也。當前學者對於專科書目的探索，仍以實用為主，由於缺乏理論的探討，是以無法形成有效的共識。《經義考》成書已近三百年，在如此漫長的歲月中，竟無任何一部經學的書目，足以取代此書的價值。因此，筆者擬以該書為研究的題材，釐訂其中的體例，糾正其書的錯誤，期使日後能在其基礎上，開發出更好的經學書目，以利於學界的使用。

第三節　本題研究的價值

　　明末清初之際，宋明理學在長期發展之下，使得學術的觀念，流於閉瑣的狀態，學者「非朱子之傳義，弗敢道也」〔註 40〕，所談論的內容，無非是朱熹的學

〔註40〕參考註 7，卷三五，〈道傳錄序〉，頁 434。

說，若非出自朱子之說，則「率鳴鼓百面攻之」〔註41〕，處於這種情況之下，自然不利於學術的整體發展。隨著政治的動盪不安，明代國祚亡於滿族之手，於是民心思變，乃將亡國之禍，歸於虛空的學風所致，為求改善這種風氣，學者們倡以「經世致用」之學，開始講究實證的風尚，使學風趨於篤實，這種務實的態度，也確能改善明末理學末流的弊端，使得學術視野得以拓展，重新延續經學的學術生命。《經義考》的出現，逐漸扭轉士人的觀點，其擴大收錄的範圍，使得經學的研究，將不再侷限於一家之說，跳脫科舉制度的窠臼，學者們能夠四書、五經並治，並將研究的視野，擴及周、秦以下的經籍，經學的研究，乃產生復古的風尚。《經義考》也受到學界的矚目，成為重要的經學書目，學者在研治經學之際，也能參考本書的內容，其中的價值，早已深受肯定，但歷來未有專著加以探述，致使研究的成果，十分有限。筆者擬就經學、目錄學二項，來闡釋其研究的內涵，使讀者能得知其價值所在。

一、經學方面

宋代以後的學者，有感於漢儒的研究，未能盡發聖人之旨，乃積極推動經義的探索，對於漢代訂詁之學，存有許多的偏見，遂大反漢儒之學，使其解經不再執守經文，如遇有經文不合己意者，更是妄自刪改併合，增加經文解讀的困難，當時的學者，講《周易》一書，乃專主卜筮之書；說《風》、《雅》，則以鄭、衛之《風》為淫詩，視〈詩序〉為不當，乃刪改其說，以合乎己意；講《禮記》，乃專取《小戴禮記》，棄置《大戴禮記》於不顧，說《春秋》，則取以近例，自為解說，其紛歧的結論，使學者難於評議。自朱子奮起，朝廷取其說以為應試的科目，學者專習其書，且取以評斷諸家是非，學風歸趨於一家之言，遂大大降低經學研究的完整性。

明儒承繼宋儒之弊，朝廷科舉的程式，猶行朱子之學，然一家之言，足以自信，卻不足以袪疑，為求突破前人的束縛，擁有創見之獲，乃進行經籍的偽冒，自製古籍以證己說，其失甚於宋儒的改經。整體而論，宋儒改經的行為，雖會造成經文的割裂，有害於古經的研讀，但古本猶存，仍可取以讎校，且改經的行為，多屬於部份經文的更動；然而，偽經卻是通篇偽冒者，且無古本可供校勘，學者亦無從分辨其偽，乃直信其書，造成經義解說的錯誤，難服後世學者求真之心。

《經義考》一書，所涉及的內容，皆屬經學的課題，自其成書以後，即屢受

到學者的重視，〈御題朱彝尊經義考〉中的注文指出：

> （《經義考》）凡三百卷，自漢迄今說經諸書存亡可考，文獻足徵，
> 編輯之勤，考據之審，網羅之富，實有裨於經學〔註42〕。

《經義考》既能有利於經學的研究，則其中必有值得表彰之處。總其經學研究的價值如下：

（一）著錄眾多

　　《經義考》著錄達八千四百餘部的典籍，使得學者在治經之際，可以參考其書的內容，時至目前為止，尚無其他的經學書目，足以取代此書的價值。本書著錄既多，自有參考的價值，但如何組織這些材料，以為研究之用，仍需學者多費心力，盡心研求，方能瞭解其著錄的內涵。依據著錄的數量，可以反映許多的課題，如以時代加以區分，其統計的頻率，可以提供我們辨明學術發展的脈動，例如：從統計的數據來看，元代春秋三傳學的撰著數量，有大量盛行的趨勢，若能針對這個問題的形因、背景，乃至於元代三傳學的成就、著名學者的主張、體系、影響等經學的課題，列入考察的事項，將使我們充份瞭解元代春秋三傳學的地位，且能發掘出值得探述的主題。元代經學的發展，一向較不為世人重視，但從典籍數量的增減，可以察知其流行何種的課題，若能配合其時代的背景，以及撰著的內容，將有助於探討相關的主題。其次，透過典籍存佚的現象，再輔以相關的類目，我們可以發現明代四書類的典籍，有著大量出現的情況，相對影響《論語》、《孟子》的發行，使得二書在明代著述的數量，明顯跌落許多，且其典籍已透過《四書》合印發行，是以單行之書，多數已不存於世。如若透過著錄數量的增減，可使我們清楚掌握各種典籍的變化，並加上相關文獻的佐證，可使我們掌握一些為人忽視的經學議題，且能凸顯其研究價值。

（二）解題博富

　　《經義考》收錄眾多的解題，其解題的資料，可以有助於我們研究經籍內容、體例、價值、影響等議題，對於瞭解經籍的相關問題，實有正面的啟示作用。清代以來的學者，也能透過解題的相關資料，來從事經學的研究工作。此外，解題本身所蘊藏的相關問題，也值得我們多加探討，例如：解題的來源如何？究竟其文獻的取材，集中在那幾類的典籍，其數量為何？均有值得探索的價值。前人在研究該書之時，也能重視其解題來源的考述，惟多僅偶一及之，未能全面探討其

〔註42〕朱彝尊：《經義考》（台北：臺灣中華書局據揚州馬氏刻本影印，民國68年2月台三版），卷首，〈御題朱彝尊經義考〉，頁1。

取材的特點。又解題引用的方式爲何？是否完全根據前書甄錄，未易一字；或是更動頻繁，有刪略、併合、析離等諸多情事，實有必要進一步加以釐清，才能對其解題的價值，有著客觀的評斷。

（三）考據精審

　　竹垞在解題之下，能酌加各類的案語，用以考訂各項的經學議題，其考證的成果，也能獲得學者的認同。然而，究竟考證的內容之中，涉及何種的問題？可以提供何種的研究？若能逐一釐析條例，使讀者瞭解其案語之全備，也能深入探索其價值。此外，竹垞的考證觀念、方法，頗有個人的特色，也值得我們加以考述，諸如此類的議題，前賢尚未有專文介紹，有待我們重新探索其中的內涵。

（四）影響深遠

　　《經義考》對於經學的研究，確能擁有指引的功效，後世學者在治經之時，也能引以爲助，此書對於經學研究的發展，實能造成深遠的影響。例如：學者在研究經學之時，既能廣泛運用其內容，然徵引的作用如何？也值得我們加以探索，始能明白其影響所在。此外，後世經籍輯佚的學者，也能參照此書的判例，來從事佚經的蒐求，是以對於清代經籍輯佚的風氣，能有卓越的貢獻。如果一部著作，能對於後世學術的發展，形成重要的影響作用，且能帶動學術風氣的走向，其中必有研究的價值，值得我們從事專題的討論。

　　綜合上述所論，《經義考》對於後世經學的發展，能有卓越的貢獻。由於其書的內容，富含研究的價值，透過內容的探討，將使我們對於經學史的發展，能有較爲清楚的認識。中國歷來的經籍眾多，不易掌握各書的要點，透過此書的指引，能使讀者便於掌握其內容、存佚、體例、特色、價值等等，也易於掌握各期學風的轉變等等，是以具有研究的價值。

二、目錄學方面

　　明清之際，目錄發展逐漸成熟，圖書數量的增加，使得目錄朝向專業化的發展。學者對於目錄的編纂，也能順應學術的變遷，產生許多的變化。隨著典籍數量的增加，傳統綜合書目的編纂觀念，業已無法滿足學者的需求，於是分類的方式，朝向更專業化的要求邁進，遂使專科書目的發展，走向成熟的階段。在這個關鍵的時刻，《經義考》的產生，正是專科書目的代表作品，其完善的編纂體例，更成爲後世專科書目的效法對象，使得專科書目趨於定型，則竹垞編纂是書之功，實功不可滅。

　　在早期書目發展史上，由於典籍撰著不多，未能形成專門的體系，加以學科未密，是以流行綜合性的書目。因此，無論是史志目錄，或係藏書目錄，都是屬於綜合書目的類型，是以綜合書目的分類方式，已成為書目分類的主流。一般而言，綜合書目的著錄數量，大約接近三、四千部的典籍，由於涵攝的類型極博，並非專精於某類的典籍，是以在類目的歸併上，無法形成完善的體系。至於專科書目的發展，則礙於著錄內容不多，除了佛經目錄之外，其餘的專科書目，都無法收致良好的成效。早期專科書目的編纂，由於涉及學理未密，兼以收書不多，是以無法形成完善的體系，使得專科書目的編纂，難以突破舊有的觀念，無法擁有自我的特色，也難以獲得學者的肯定。然而，隨著典籍的增加，在客觀分類準則之下，書目分類的類目，勢必要突破舊有的限制，才能安插激增的典籍，於是專科書目的編纂，始邁向新的里程。《經義考》是專科書目的代表，其在目錄學方面，也能擁有許多的研究價值，今將說明如下：

（一）體例完備

　　《經義考》的體例完善，頗有可取之處，後來專科書目的編纂，大都能效法其例，以為編纂的準繩，例如：王重民《老子考》的編纂體例，「概仿朱彝尊《經義考》、謝啓昆《小學考》」〔註43〕、又周采泉《杜集書錄》的纂輯，亦是「仿照清朱彝尊《經義考》及謝啓昆《小學考》體例」〔註44〕等等，其餘類此之例甚多，不一一贅舉。略而言之，其體例包含著錄體例、解題、案語三大部份，其中著錄體例包含作者、書名、卷數、存佚等項，每項的安排，皆有其各自的特點，著錄之下，附以解題，其資料多輯自史傳、墓誌、方志等等，且錄及諸多評論、序跋等等，至於案語的內容，更涉及多項的考訂，頗有可取之處。從前賢推許其例，並引為編纂的依據，可見其書的體例安排，確有獨到之處，值得我們的重視。

（二）分類細密

　　竹垞在分類事項上，能突破綜合書目的限制，使其類目的安排，能符合學術體系的要求，這種承襲舊目，且擁有自我創見的作法，使其成為後世專科書目效法的對象。後世專科書目的編纂者，大都能沿襲其例，打破類目的成規，能依據學術的體系，加以歸併類目，使得分類方式上，能提供更大的彈性。竹垞在分類觀念上，顯然對於後世書目的編纂，能有啓示的作用，至於其分類的類例、類目的說明，均有值得考述之處，可藉以明白其分類的諸多特點。

〔註43〕王重民《老子考・凡例》，（台北：東昇文化事業有限公司，民國70年1月），頁1。
〔註44〕周采泉《杜集書錄・凡例》，（上海：上海古籍出版社，1986年12月），〈凡例〉頁1。

（三）影響深遠

　　《經義考》一書，在體例、解題、考證方面，對於後世書目的編纂，能興起重要的影響作用，例如：專科書目、辨僞書目、方志書目、正史補志等等，均有書目自承取法此書，究竟《經義考》一書，如何影響後世書目的編纂，襲用的情形如何？均有待我們重新審議，藉以明瞭其價值的所在。

　　《經義考》是經學書目的代表著作，其對於經學、目錄學的發展，能形成重要的作用，值得從事專題的研究。在歷來《中國目錄學史》的撰寫上，多闢有專文加以介紹，且對於其書的體例、影響等等，有著良好的評價，若能擴大其研究的範圍，使其書能廣受學界的重視，並且能充份運用其內容，將是學者努力的方向。該書的評價甚高，對於經學、目錄學的研究，也有卓越的貢獻，實應擁有專書來加以探討，然其書卷帙浩繁，通讀不易，加以條例析讀，繁瑣難精，無法吸引學者的研究興趣。在缺乏學者的研究之下，使得學界對於該書的認識，容易流於窠臼，成果稍顯得侷限。在中國目錄學史的研究上，專科目錄的探索，向爲薄弱的一環，但其具有指導讀者治學的功效，卻遠較其他書目爲佳，值得我們的重視。目錄爲治學的門徑，若能以整理文獻爲治學的開始，將有助於從事學術的研究。筆者擬以此書爲研究的題材，持續投入經學文獻的整理工作，以期爲日後的研究和編目，奠定良好的基礎。

第二章　朱彝尊生平及其交游

　　朱彝尊（1629～1709）為清初碩儒，其個人的著作甚多，質量豐富，且能獲致良好的評價。《經義考》為其重要的著作之一，其書著錄博富，考證精審，為經學書目的權威之作。學者在研治經學之際，每能引用其書的內容，以為研究之資。三百年來，也確能發揮其指引的功效，受惠於此書的學者，正可謂不計其數，影響十分深遠。當我們在研究此書之時，理應瞭解作者的生平、事蹟，才能釐清其學術的地位，有助於確立其撰著的價值。

第一節　朱彝尊的生平

　　朱彝尊字錫鬯，號竹垞，又號醧舫、金風亭長，晚號小長蘆釣師。先祖「世居江蘇吳江，明景泰四年遷於浙江嘉興府秀水縣」〔註1〕，其後遂為秀水人。曾祖為朱國祚，字兆隆，號養淳。以太醫院籍，補順天府學生。明萬曆十一年（1583）的狀元，除翰林院修撰，知起居注，歷司經局洗馬，遷諭德，歷官吏部右侍郎，引疾歸。光宗初，起南京禮部尚書，入東閣，加太子太保，進文淵閣，尋以戶部尚書兼武英殿大學士，加少傅，歸卒贈太傅，諡「文恪」。其人為官清廉，以宰輔歸里之後，「墓田外無半畝之產」〔註2〕，如此的清白傳家，實可謂罕見。國祚家境雖寒，但其人學問精進，曾為江南文壇的巨擘，影響所及，其後世子孫多以能文著稱於世，是個典型的書香世家。祖父為朱大競，字君籲，號忱子，為國祚的

〔註1〕羅仲鼎、陳士彪：《朱彝尊詩詞》附錄〈朱彝尊年譜〉，（杭州：浙江古籍出版社，1989年10月），頁212。

〔註2〕朱彝尊：《曝書亭集》（台北：世界書局，民國78年年4月再版），卷八十，〈亡妻馮孺人行述〉，頁900。

長子，由蔭生入仕都察院照磨，後擢升工部主事，其後爲河南道御史梁夢環羅織罪名誣奏，下法司提問。明思宗即位之後，曾出任雲南楚雄知府，由於爲官清廉自許，當其奔母喪回鄉之時，「力不能具舟楫」，行李「僅敝衣一籠而已」〔註3〕。嗣父朱茂暉，字子若，號晦在。以蔭授中書科中書舍人，其人「好博覽經史之外，諸子百家靡不兼綜，性樂取友」〔註4〕，且曾經爲「復社」的重要成員之一〔註5〕，撰有《禹貢補注》一書。生父朱茂曙，字子薾，秀水縣學生，博通經史，旁習天文醫卜之書，卒後鄉人私諡爲「安度先生」，撰有《兩京求舊錄》、《春草堂遺稿》。

　　竹垞出生之時，家道早已中落，復面臨國變民困的歲月，其人生的歷程，面臨多種的變化，每個時期都具有特色。下文就其一生的遭遇，嘗試分爲三個時期，分別撰文述及其生平、事跡，使讀者在瞭解其學術之前，得以先行掌握其人生的種種歷程。

一、早期（1629～1663）：奮發向學，交友創作

　　竹垞於明思宗崇禎二年（1629）八月二十一日，出生於嘉興碧漪坊，六歲入家塾讀書，十歲從其叔父朱茂皖學習，其學術的發展，明顯承自父、叔的薰陶所致，於古文、金石、書畫、經學、史學諸項，能多所研習，遂能奠定其日後的學術基礎。自崇禎十五年（1642）開始，其叔茂皖以《周官禮》、《春秋左氏傳》、《楚辭》、《文選》、《丹元子》、《步天歌》授讀〔註6〕，遂逐步奠定其古文寫作的能力，其後竹垞乃盡棄舉業，專心致力於古學的探索，由於受惠於茂皖的教導，終究能以古文的創作，聞名於世。在金石方面，其叔父子蕃，擅長金石之學，竹垞曾隨其觀賞碑文拓帖〔註7〕，由於接觸時日甚早，對於其金石學的進習，能有開啓的功效，竹垞後來能廣泛利用金石的資料，以從事學術的研究，也能推廣隸書的學習〔註

〔註3〕參考註2，卷八十，〈亡妻馮孺人行述〉，頁900。
〔註4〕朱稻孫：〈竹垞行述〉，（台北：藝文印書館，《丙子叢編》，民國61年），頁2。
〔註5〕參考註1，〈朱彝尊年譜〉，頁212。
〔註6〕錢儀吉纂錄：《碑傳集》四十五，錄陳廷敬所作〈墓誌銘〉之語，（台北：明文書局，民國74年），頁568。
〔註7〕參考註2，卷四七，〈漢淳于長夏承碑跋〉，頁565。
〔註8〕李放纂輯：《皇清書史》卷四引《退庵書畫跋》云：「程穆倩，吉林人顧云美、鄭谷口輩自命爲書八分者，皆先生（指：竹垞）爲之提倡。」，（台北：明文書局，民國74年），頁133。又同書，同卷，頁134引《履園叢話》云：「國初有鄭谷口，始學漢碑，再從朱竹垞（當爲「垞」字之誤）輩討論之，而漢隸之學復興。」，皆指明竹垞對於漢隸的推倡，實有啓發的作用。

8〕，若是溯及淵源，亦是承繼家學所致。在書畫方面，竹垞的生父朱茂曙，能以楷書聞名於世，其創作的書法作品，能與董其昌的書法，相與亂眞，且能精於山水畫作〔註9〕，對於竹垞藝術鑒賞的能力，能造成重大的啓示作用。竹垞能精於書畫的鑑賞，能有《曝書亭書畫跋》、《論畫絕句》之作，且能精於行書、隸書的創作，作品曾被賞鑒家列入「逸品下」〔註10〕，可見其書法創作的表現，也能受到學者的肯定。在醫卜方面的表現，由於茂曙能通天文醫卜諸家之書，影響所及，竹垞對於此類典籍的研習，亦有良好的學習，在《曝書亭集》卷五四之中，亦能撰有此類的跋文，可見其能涉獵卜書醫典，這些種種的表現，多是承自生父茂曙的影響。此外，茂暉、茂曙均能博覽經史百家之籍，也對其經史的研習，產生一定的影響。竹垞曾在〈感舊集序〉之中，懷念其舊時的情景，謂「少日所見先人執友，往來譚藝，每多博通六經二十一史」〔註11〕，可見竹垞對於其父叔的交往情況，深感欣羨之意，影響所及，日後其在行走他鄉之際，亦能「橐載十三經、二十一史以自隨。」〔註12〕，其效法昔日先人行徑的作法，使其能廣交文友，也能奠定其經、史方面的學術成就。總計竹垞在經學、史學、金石學、詩、文、書畫、醫卜諸項，均能承自家學淵源，多所涉獵，其後在學術、藝術方面，能有良好的表現，其博學多識的才華，實應歸功於家庭環境的啓發所致。

竹垞出生之後，家道已經中落，每遇到荒年之時，甚且「恆乏食」〔註13〕，縱使在如此困苦環境之下，尚能「守書冊自若也」〔註14〕，這種求學的熱忱，使其對於「天下有字之書，無弗披覽，墜聞逸事，無弗記憶」〔註15〕，有益於日後學術的發展，後遂能以博識聞名於世。竹垞在幼年之時，即已展現其博學多才的特質，讀書「過眼即能覆誦，不遺一字，有神童之目」〔註16〕，且能「日記萬言」，這種優異的記憶天份，有助於奠定紮實的學識基礎。除學問的累積外，其創作的

〔註 9〕參看朱彝尊：《靜志居詩話》
〔註10〕參考註8，卷四，頁134。又《藝舟雙楫》參見於馬宗霍輯《書林藻鑑》（清代篇），（台北：明文書局，民國74年），冊八六，頁95。
〔註11〕參考註2，卷三六，〈感舊集序〉，頁447。
〔註12〕參考註6，冊一〇八，頁568。
〔註13〕參考註2，卷八十，〈亡妻馮孺人行述〉，頁900。
〔註14〕參考註6，卷四五，陳廷敬〈日講官起居注翰林院檢討朱公彝尊墓誌銘〉，冊一〇八，頁568。
〔註15〕參考註2，卷首，〈潘序〉，（台北：世界書局，民國78年4月），頁1。
〔註16〕參考註6，卷四五，陳廷敬〈日講官起居注翰林院檢討朱公彝尊墓誌銘〉，冊一〇八，頁568。

天份，也能嶄露無遺，在文章的創作上，能「下筆千餘言立就」〔註17〕，在詩歌創作的才華上，其心思敏捷，精於對偶聯句，昔日王鹿柴能以詩作聞名天下，一日造訪其舍，試之以對句，見其應對不窮，乃大為激賞，謂其日後「必以詩名世」〔註18〕，其後竹垞果以詩學名家，則王氏之言，誠乃識才之論。竹垞年甫二十，即以「詩古文辭見知江左之耆儒遺老。」〔註19〕，其後與鄉里友人，共結詩課，勤於創作，詩名益顯，成為清初著名的詩家。

　　竹垞處於家道中落之後，猶能勤奮讀書，隨著戰火的南襲，為求躲避兵禍，乃連年牽移避禍，順治二年（1645），夏天，徙居練浦塘東之馮村，「村舍無書，覽金元院本」〔註20〕，這種廣泛閱讀群書的習慣，終其一生，未曾有所改變，故能熟於各種的掌故，奠定博識的特質。五年，讀書於烏木橋村。六年，與同里王翃、周篔、繆泳、沈進、李繩遠、李良年、李符等人，交游作詩，相互唱和，一時蔚為風潮，「遠近稱詩者，咸過梅會里，就王父（竹垞）論風雅流派，靡不心惜。」〔註21〕，這種對於詩歌創作的熱愛，使其日後能以詩學聞名於世，且「遠近學詩者常來訪問，共與論詩。」〔註22〕，也能奠定其詩歌的鑒賞能力，其日後撰著之中，多能涉有詩評之作〔註23〕，即是此期奠定的基礎。七年（1650）開始，在故里開館授徒，擔任教席，藉以餬口，其教學的成績，能受到各方的好評，陳廷敬在〈墓誌銘〉中指出：「四方以幣聘者，爭集其門，所至皆以師賓之禮遇焉。」〔註24〕，顯示其受到歡迎的程度。其後，由於迎接安度先生回家奉養，授徒之資不足以自給，乃於十三年（1656），受到廣東高要縣知縣楊雍建之聘，教授其子。進入廣東之後，與曹溶相善，往來酬酢之詩頗多，曾為曹溶編撰《廣東詩選》一書，其後更集二人作品，輯為《南車草》一卷。順治十五年（1658），偕「曹公及愚山施公、處士于一、陸處士麗京於湖上為文酒之會」〔註25〕，可見竹垞此時勤交文友，致力於詩文的創作。順治十七年（1660）十月，客浙江寧紹台道宋琬幕僚。常年的教職與幕僚的工作，使其能累積各種人脈，厚植學力，有助於日後學術的發展。

〔註17〕參考註4，頁2。
〔註18〕參考註4，頁3。
〔註19〕參考註2，卷八十，〈亡妻馮孺人行述〉，頁900。
〔註20〕參考註2，卷三六，〈白蘭谷天籟集序〉，頁446。
〔註21〕參考註4，頁3。
〔註22〕參考註1，〈朱彝尊年譜〉，頁216。
〔註23〕竹垞曾選評丁煒：《紫雲集》；以及沈朝初《洪崖詞》；另有《朱竹垞先生杜詩評本》；《明詩綜》等撰著，均有涉及詩詞的評鑒者也。
〔註24〕參考註6，（三），卷四五，冊一〇八，頁568。
〔註25〕參考註4，，頁3。

　　明代國祚亡於滿清之手，竹垞放棄科舉應試，專心致力於古學的研究。清世祖順治七年（1650）嘉興南湖十郡大社的集會，其曾經親臨盛會，與會的人士，不乏當世的學術名流，如徐乾學、尤侗、吳偉業、毛奇齡、曹爾堪、陸圻、汪琬諸人。整體而論，嘉興南湖十郡大社的集會，雖未達成「抗清」的宗旨，但對於竹垞日後的學術發展，顯然有所影響，詳見第二章第二節「朱彝尊的交游」。清世祖順治十一年（1654），在嘉興和抗清人士魏璧相識，開啓其一連串的抗清活動。十二年（1655）三月，往山陰（紹興）探視，過山陰梅市，訪祁彪佳之子祁理孫、班孫兄弟。十月，與祁氏兄弟同游山陰柯山，并題名寺壁。十六年（1659）游山陰，數往梅市，與祁理孫、班孫兄弟過從甚密。十七年（1660）竹垞在山陰時，常去梅市祁氏兄弟家，并在祁氏座上會見魏耕，作〈梅市逢魏璧〉詩。時屈大均亦到山陰，一起參加祁氏兄弟的抗清活動。十八年（1661）夏天，前往杭州，寓西湖昭慶寺。與曹溶、施閏章及祁理孫、班孫兄弟等同游湖上，相與唱和。清聖祖康熙元年（1662）因有人告密，魏耕、祁班孫、錢瞻百、錢纘曾、潘廷聰等人，因「謀反」之罪被補。六月，魏耕、錢瞻百、錢纘曾、潘廷聰等被殺於杭州，祁班孫戍寧古塔。十月，爲逃避魏耕案的牽連，遠走海隅避禍。二年（1663），竹垞在溫州，作〈夢中送祁六（班孫）出關〉詩。春，弟彝鑒至永嘉。竹垞〈舍弟彝尊遠訪東甌喜而作詩〉有「急難逢令弟，訪我自江東。頓喜羈愁豁，兼聞道路通」句，隱指彝鑒來告魏耕之獄事解〔註26〕，乃結束其抗清的活動。

二、中期（1664～1678）：落拓江湖，遊歷四方

　　康熙三年（1664），竹垞歸家之後，緣於生計之故，於是年五月二十日起，離家遠遊，準備至山西大同投靠曹溶，時曹溶爲山西按察副史。竹垞自嘉興啓程，途經至揚州，過訪王士禎，不遇，遂從揚州搭船北上天津，復至北京，稍事停頓之後，再啓程到山西大同。四年（1665），與曹溶同遊木塔寺、雁門關、晉祠等地，其後不斷旅居山西各地，爲注解《五代史》來蒐求文獻，舉凡「叢祠荒冢，金石斷缺之文，莫不搜剔考證，與史傳參互同異。」〔註27〕，其考訂有成，輯成《吉金貞石錄》一書，後將其併入《曝書亭集》。

　　康熙五年（1666）春，竹垞客居山西布政使王顯祚處，擔任幕僚的工作。期間，仍四處遊歷，觀賞各地的風光景緻，兼考石刻諸文。三月，「會見顧炎武，同

〔註26〕參考註1，〈朱彝尊年譜〉，頁216～220。
〔註27〕參考註2，卷首〈王（士禎）序〉，頁4。

游孫氏石臺」﹝註28﹞。隔年秋天，王顯祚落職，竹垞復訪曹溶。八月初，至河北
宣化，訪李良年，並客居守備嚴偉幕中。後至北京訪譚吉璁、王士禎、孫承澤，
曾受到承澤的極度賞識，遂成為旅居北平的文士，競相求教的對象，並以「老師
宿學」視之﹝註29﹞。由於接觸經學日廣，使其治學的觀念，已由詩詞的創作，轉
向經學的考訂。七年（1668）春，客山東巡撫劉芳躅幕。自是以後，登嶧山，訪
孟子廟，遊曲阜謁孔林，足跡遍及山東諸地，兼及考察各地的地理沿革。九年（1670）
八月，自濟南入都，重訪孫承澤，囑題「竹垞」二字﹝註30﹞。十年（1671），與潘
耒、李良年同遊西山，題詩於壁。其後，至揚州，與魏禧定交。十一年（1672）
四月，還嘉興。六月，至福州。八月，再至北京。竹垞在旅遊北京之時，窮困難
以度日，曾接受龔鼎孳的資助﹝註31﹞。十二年（1673）秋，客居潞河（今河北通
縣）僉事龔佳育幕中。十六年（1677）龔佳育擢升江寧布政司，竹垞隨同前往江
寧。十七年（1678），自江寧應召入京，試博學鴻詞科。長期的遊歷他鄉，受盡風
霜的侵蝕，使其倦於這種生活，其在〈陳緯雲紅鹽詞序〉指出：「予糊口四方，多
與箏人酒徒相狎，情見乎詞，後之覽者，且以為快意之作，而孰知短衣塵垢，栖
栖北風雨雪之間，其罷愁潦倒，未有甚于今日者耶！」﹝註32﹞即表明其心中的感
觸。此時交往的人士，「類皆幽憂失志之士，誦其歌詩，往往憤時嫉俗。」﹝註33﹞，
上述的景況，正是竹垞生活的寫照，其以飢驅走四方，落拓江湖，其詞集尚以《江
湖載酒集》命名，取自杜牧《遣懷詩》：「落拓江湖載酒行」之意，顯見其窮愁潦
倒之際，除藉由詩詞排遣之外，也有賴於喝酒解悶，往往喝至「醉臥爐下」﹝註34﹞，
這種麻痺自我的行為，多因不得志所致。

　　十數年的遊歷，足跡遍及浙江、河北、山西、山東等地，長期的奔走，使其
視野漸廣，有助於學術的進展。首先，在詩歌方面，能以地方風土文物入詩，呈
現出強烈的地方色彩，也有思鄉遣懷之作，此時的交游廣闊，是以朋友之間的相
互酬祚，也展現在其詩作之中，在其《曝書亭集》之中，即收錄許多此類的作品。
然而，無論是何種的作品，均能擁有深刻的內涵，使其詩歌的創作，能受到各方

﹝註28﹞ 參考註1，〈朱彝尊年譜〉，頁221。
﹝註29﹞ 參考註6，四十五，錄陳廷敬所作〈墓誌銘〉之語，頁566。
﹝註30﹞ 參考註1，〈朱彝尊年譜〉，頁222。
﹝註31﹞ 趙爾巽等撰：《清史稿》卷四八四，〈文苑一〉，頁13338指出：「朱彝尊、陳維崧遊
　　　　京師，貧甚，（龔鼎孳）資給之。」，可見竹垞確曾十分的落魄。
﹝註32﹞ 參考註2，卷四十，〈陳緯雲紅鹽詞序〉，頁487。
﹝註33﹞ 參考註2，卷三七，〈王禮部詩序〉，頁455。
﹝註34﹞ 錢林：《文獻徵存錄》卷二，（台北：明文書局，民國74），冊十，頁341。

的肯定。在金石考證上，其考訂的內容，多能補錄文獻的缺漏，有助於研經考史的發展。由於此期接觸的學者頗多，使其治學的觀念、方法，能受到各種文友的薰陶，增進其學術深度及廣度。長年的遊歷四方，使得竹垞倦於窮困的生活，但此時詩名益高，學術日進，使其學術、創作的表現，已受到官場人士的注意，造就日後獲得薦舉的機會。

三、晚期（1679～1709）：出仕爲官，積極纂修

　　清康熙十七年（1678），仿唐朝制度取士〔註35〕，詔命各大臣推薦博學能士，竹垞受到戶部侍郎嚴沆、吏科給事中李宗孔的推薦，自江寧應詔入都，準備參加翌年「博學鴻詞」科的應試。康熙十八年（1679），獲得康熙皇帝的拔擢，置爲一等第十六名，以布衣除翰林院檢討，充《明史》纂修官，開始出仕爲官的歲月。

　　竹垞的出仕，於其德行有虧，「論者惜其輕于一出，終傷鎩羽。」〔註36〕，竹垞亦有自知之明，當黃宗羲壽誕之時，其在祝壽文中指出：「予之出有愧於先生。」〔註37〕，即指明心中的慚意。竹垞早年曾參與抗清的活動，其後入仕清廷，這種角色的轉變，使其受到不少的批評與責難〔註38〕。今暫且不論其出仕的道德問題，但出仕之後，使其可以泛覽宮中的藏書，對於日後的編纂工作，能有明顯的助益，其所撰《瀛洲道古錄》、《日下舊聞》、《經義考》等書，均能得力於宮中的藏書，因而增加不少參考的價值。此外，當時一同入選的博學鴻儒，俱爲一時碩彥，例如：倪燦、李因篤、汪琬、潘耒、毛奇齡、尤侗等人，對其學術的發展，產生許多重要的影響，使其有相互請益的機會，有益於提升學術的水準，說法詳見下節「朱彝尊的交游」。由於出仕的緣故，使其擁有較佳的經濟能力，聘請楷書抄手，隨其入宮抄錄圖書，從事編纂抄輯的工作〔註39〕，遂逐漸開展其編纂的事業。在這些有利的條件之下，使其學問日進，奠定堅實的基礎。

　　竹垞出仕之後，能夠受到許多的禮遇，除了從事《明史》的纂修外，也擔任

〔註35〕參考註2，卷七六，〈徵士徐君墓誌銘〉，頁869指出：「唐制，博學宏詞有科，廢不行久矣。康熙十七年（1678），天子法十，爰命內外大小臣工，各舉所知，徵入都。」，竹垞即於此時，受到嚴沆、李宗孔的薦舉。

〔註36〕鄧之誠：《清詩紀事初編》，（台北：明文書局，民國74年），卷七，冊二十，頁769。

〔註37〕參考註2，卷四一，〈黃徵君壽序〉，頁502。

〔註38〕程玉鳳：〈清初順康兩朝對於知識份子的籠絡政策〉，（台北：《史學會刊》（師大）第十五期，民國65年2月），頁42～43。

〔註39〕康熙二十三年（1684），竹垞私帶楷書手，入宮中抄錄圖書，後爲掌院學士牛鈕彈刻，受到「降一級」的處份，因而謫官。

奏書的草擬工作，當時「館閣應奉文字，院長不輕假人，恒屬王父（竹垞）起草」〔註40〕，這些工作的內容，能充份發揮其特長。在從事《明史》編纂之時，其能針對藏書的蒐求、體例的規劃、內容的修訂、期限的制訂等等，提出不少的建言〔註41〕，也能獲致編纂官的認同。此外，尚能親自參與史稿的撰寫工作，其所撰的書稿，凡三十餘篇，內容見於《史館稿傳》、《曝書亭集》等書〔註42〕。康熙二十年（1681），清廷增置「日講官起居注」八員，竹垞即爲其中的一員。四月，充廷試讀卷官。七月，擔任江南鄉的考官，「拜命之日，屏客不見，既渡江，誓於神，入闈，矢言益厲，關節不到。榜放，人皆悅服。」〔註43〕，當時拔擢的士子，有方苞、胡任興、陸肯堂、黃夢麟等人〔註44〕，竹垞的舉動，也受到刑部尚書魏象樞的注目，曾衣朝衣而拜，並云：「江南鄉試，爲關節賄賂所汩久矣，茲得子澄清之，吾非拜子也，慶朝使之得人也。」〔註45〕。上述的職務，雖有清譽，但職位不高，僅是清廷籠絡士人的手段而已。康熙二十三年（1684），因私自攜帶楷書手王綸入宮抄錄四方所進之書，遭掌院學士牛鈕所劾〔註46〕，獲致降級的處份。康熙二十九年（1690），復職，補原官。隔年，竹垞充任十哲分獻官。康熙三十一年，復罷官。至此，家居終老，不再出仕。

　　竹垞出仕之後，官位不高，卻極受康熙皇帝的禮遇，曾多次參加宮中的宴會，並獲得諸多的賞賜，甚至賜肴果給他的家人，這些隆重的禮遇，也贏得竹垞一家的感佩，爲感念聖主隆恩，「（竹垞）矢以文章報國，凡詩篇經進，上輒稱善。」〔註47〕，當其罷官之時，其妻曾云「君恩重，夫子且留，毋悻悻去。」〔註48〕，可見其對於君恩的厚重，實能感念在心。康熙數度南巡，竹垞皆親自迎駕，並於康熙

〔註40〕參考註4，頁4。

〔註41〕有關朱彝尊在史館的建言，參考註2，卷三二，凡七篇文章，內容多涉及體例、內容等事項，讀者可自行參看原書。

〔註42〕全書一卷，《中國叢書綜錄》第二冊，史部·別史類著錄，內容另參考註2，卷六二～六四等三卷，另有〈嘉靖諸臣傳〉、〈文苑傳〉、〈文皇帝紀〉等篇。

〔註43〕參考註4，頁4。

〔註44〕參考：《淡墨錄》，轉錄日本·村瀨誨輔《朱竹垞文粹》〈朱竹垞小傳〉一文，（東京：汲古書院，日本：古典研究會《漢籍文集》第十八輯，昭和五十三年七月），頁5。

〔註45〕參考註2，卷三八，〈尚書魏公刻集序〉，頁465～466。竹垞亦能以此自豪，在《曝書亭集》中，屢陳此事，另於卷三九，〈騰笑集序〉，頁485～486，亦言及此事。此外，卷八十，〈告江神文〉，頁904；〈貢院誓神文〉，頁904，即爲其誓文，觀其文，可知其事。

〔註46〕參考註1，〈朱彝尊年譜〉，頁227。

〔註47〕參考註4，頁5。又參考註2，卷十一，有若干詩作，係竹垞紀念賜宴、賜物之事。

〔註48〕參考註2，卷八十，〈亡妻馮儒人行述〉，頁901。

四十四年（1705），進《經義考》二套，一套進呈康熙；另一套進呈皇太子（即日後的雍正皇帝），皆能獲得賞識。皇太子曾數度遣內侍問其飲食、藥餌，曾賜食，並「問作詩之法」，甚至許爲「海內第一讀書人」，朱稻孫在〈竹垞行述〉〔註49〕中，屢記其事，以示皇室的恩典。

歸田之後，以讀書、藏書、著書爲樂，尚書韓菼曾羨稱「吾貴爲尚書何如，秀水朱十，以七品官歸田，飯疏飲水，多讀書萬卷也。」〔註50〕，此時其藏書的累進方面，已能大有所獲，使得原本三萬卷的藏書，經其「續收四萬餘卷，又上海李君贈二千五百卷，於是擁書八萬卷，足以豪矣。」〔註51〕，其藏書甚多，足以傲世。辭官之後，其治學的嗜好，已由塡詞作詩的創作，改以學術研究爲導向，轉向經籍的考訂工作，竹垞自云「（罷官之後）予年衰老，頗耽著書，廢吟詠」〔註52〕、「予既歸田，考經義存亡，著爲一書，不復倚聲按譜。」〔註53〕即說明其治學興趣的改變。此外，根據《嘉興府志》的記載，竹垞晚年「殫精六經，搆疏注七百餘種」〔註54〕，在這些基礎之上，奠定《經義考》的豐富內涵。辭官以後的時期，是其撰著的高峰時段，所撰的諸多著作，除《經義考》之外，尚有《曝書亭著錄》、《明詩綜》、《石柱補記》、《禾錄》、《兩淮鹽筴書》、《曝書亭集》等書，其質量十分驚人，此期撰著的特色，傾向於編纂與考證，與早年重於詩詞文作，已有所不同，其編纂的特質，能以博學廣證，獲得世人的肯定。

竹垞一生的歷程，隨其際遇的不同，可以分爲三期：早期生活困頓，仍不廢讀書，縱使面臨無書可讀的困境，仍能勤讀宋元劇本，以爲排遣，在廣博的閱讀之下，遂奠定其博學能文的特質。閒暇之際，能與詩友吟詩、品詩，精神的生活，能夠愜意自在。經濟的來源，則以教授維生，由於名氣頗盛，是以四方爭聘，生活雖不豐裕，尚能維持基本生活。其後，接回生父安度先生奉養，束脩之入，已無法負擔家計的開銷，乃四處遊歷，擔任官吏們的塾師或幕僚，開啓遠遊的生活。正值青年時期的竹垞，懷抱民族的情懷，也曾參與「抗清」的活動，謀思「反清

〔註49〕參考註4，，頁4～5。

〔註50〕參考註34，卷二，冊十，頁349。

〔註51〕參考註2，卷三五，〈曝書亭著錄序〉，頁441。如據《淡墨錄》所云，則其擁有藏書達三千九部餘部以上，轉錄日本・村瀨誨輔《朱竹垞文粹》〈朱竹垞小傳〉一文，（東京：汲古書院，日本：古典研究會《漢籍文集》第十八輯，昭和五十三年七月），頁5。

〔註52〕參考註2，卷三七，〈徐電發南州集序〉，頁461。

〔註53〕參考註2，卷四十，〈水村琴趣序〉，頁491。

〔註54〕出自《嘉興府志》一書。

復明」的志業，但壯志未酬，其後爲求避禍，乃遠走他鄉，隔年事解還鄉。時代的劇變，造就其詩歌創作的內涵，使其作品能夠富含社會的關懷；家國的淪喪，觸動詩人的憂思，這些情懷的描繪，使其詩歌能深具內涵。中期生活益發窘迫，遂遊走四方，四處求職，在遊歷的過程之中，也能考經證史，使其學術的視野，益加壯闊，奠定深厚的考證基礎。詩歌的創作，則由於四處旅居各地，遂呈現出地方性的色彩，以及鄉愁的描繪，其詩歌的作品，能夠傳達出遊子的落寞心情。由於看盡世間的人情冷暖，加以心志的鍛鍊，加深其詩歌、詞曲的內涵。晚期學問日益精進，由於出仕的緣故，使其生活品質逐漸好轉，在廣交文友之下，開始推動各種的學術活動，舉凡典籍的抄輯，遺籍的刊印，乃至於研經考史，編纂典籍等等，均能收致良好的成效，其個人的一言一行，儼然已成爲當時文壇的領袖人物。此期生活較爲穩定，撰有《日下舊聞》、《明詩綜》、《經義考》、《曝書亭集》等書，能夠受到學界的矚目，遂能成爲清初學術界的巨擘。

第二節　朱彝尊的交游

　　竹垞的交游廣闊，遍及天下各地，蘇淑芬在《朱彝尊之詞與詞學研究》中指出：

　　　　朱彝尊足跡遍大江南北，交游滿天下，光是其詞集中所交往就有八

　　十五人。文集、詩集中亦有多人，可見竹垞喜愛交友。無論在朝仕宦，

　　或在鄉處士，常在詩詞唱和，或書信往來，可見交情之深〔註55〕。

朋友之間的相互研討，有助於拓展其學術的視野。在學術發展上，其受惠於朋友間的相互影響，是以能有良好的表現。因此，竹垞深深懂得交友的益處，當其晚年之時，曾經再三鼓勵其孫稻孫，希望他能夠廣加文友，藉以增廣見聞。朱稻孫在〈竹垞府君行述〉中指出其事：

　　　　（竹垞）閒居謂稻孫曰：「凡學詩文，須根本經史，方能深入古人

　　奧突；未有空疏淺陋，剿襲陳言而可以稱作者。今汝年已長，《記》云：

　　『時過然後學，則勤苦而難成；獨學而無友，則孤陋而寡聞。』」斯言宜

　　三復也〔註56〕。

爲了避免稻孫獨學而無友，致使落至見聞鄙陋，竹垞甚至找來自己的學生，與稻

〔註55〕蘇淑芬：《朱彝尊之詞與詞學研究》，（台北：文史哲出版社，民國75年3月），頁31。
〔註56〕參考註4，頁7。

孫相互切磋問學〔註57〕，藉以增廣其學問的廣度，這種苦心孤詣的用心，也確實令人感到敬佩。竹垞一生交遊廣闊，其學術、仕途的發展，多能得力於朋友之間的相互影響。在其眾多的朋友之中，若要逐一考之，未免有浪費篇幅，捨本逐末之感，且蘇淑芬在研究竹垞的詞學之時，曾專立一節，用以考察竹垞交友的情況，觀其考論的內容，大都屬於文友詞家，如：曹溶、嚴繩孫、曹貞吉、李良年、李符、徐釚、沈皥日、沈岸登、汪森、龔翔麟、陳維崧、周篔、繆永謀等人，對於瞭解竹垞詞學的發展，確有不小的助益。惟本文處理的要點，係研究其考證學的成就，故擬對其學術有所貢獻的朋友，擇要提出考察，並綜論其朋友之間的相互影響，提出筆者的研究成果。

孫承澤（1592～1676）

　　孫承澤，字耳北，號北海，又號退谷，益都人。崇禎時進士，官給事中。李自成僭位之後，投賊為四川防御使；清人入關之後，隨即降清，仕至吏部左侍郎。清世祖順治十年（1653）三月起，旋以耳疾歸，家居二十餘年，曾以經學召後進，對於清初經學的發展，能有其重要的貢獻。有關承澤的為人行事，陸元輔有一段中肯的評論：「北海雖出處未正，然居官敢言，亦不苟取。家甚儉，諸子皆布衣，僕婦有衣綢帛者，怒而叱之，以其壞家風也。」〔註58〕，其人於仕宦上，雖有虧於德行，但「居官敢言，亦不苟取。」，且持家甚儉，非專意求取富貴者，所可以比擬者也。承澤一生著述甚多，能以經學名家，且家藏甚富，藏書多抄自朱睦㮮，尤以經籍一類，借抄最多，「鈔經注二百餘冊，載歸京師。」〔註59〕，藏書多達七萬餘卷。明朝滅亡之後，藏書散盡，猶能質衣典當，以收遺籍〔註60〕，在其辛勤考訂之下，其後遂能以經學聞名於世。陸元輔評其學術云：「學博而才敏，其所著書，雖不皆精，然多有益於學者。」〔註61〕，著作有《五經翼》二十卷、《尚書集解》二十卷、《禹貢九州山水考》三卷、《詩經朱傳翼》三十卷、《春秋程傳補》二十卷，《畿輔人物志》二十卷，《四朝人物略》六卷等數十種的著作，尤以在晚年

〔註57〕參考註4，頁7。

〔註58〕（清）吳光酉、郭麟、周梁等撰《陸隴其年譜》卷上，（北京：中華書局，1993年9月），頁45。

〔註59〕曹溶：《萬卷堂藏書目・跋》，（台北：國立中央圖書館編印《國立中央圖書館善本序跋集錄》「史部（四）」，民國82年），頁249。

〔註60〕朱彝尊：《經義考》（台北：臺灣中華書局據揚州馬氏刻本影印，民國68年2月台三版），卷一五一，頁1錄有孫承澤《五經翼・序》之語，該文詳述承澤家藏圖書始末，讀者可自行參看。

〔註61〕參考註58，頁45。

之際，能致力於學術的研究，且能深得學術的要旨，使其著作的內容，也能獲得學者的賞識，當竹垞在撰寫《經義考》之際，不僅收錄承澤的相關經籍著作，也能參考《五經翼》的內容，可以得知二人的交誼匪淺，有值得紹述者也。

孫承澤精於經學，其研治經學的目的，主要在於「纂微言于既墜，黜異學于橫流」〔註 62〕，由於感到經籍佚失的嚴重，乃積極從事經籍的抄纂與考訂，同以經學、藏書聞名於世。《征刻唐宋秘本書目・書例》云：

> 近代藏書，惟北平孫北海少宰、眞定梁棠村司農爲冠。少宰精於經
> 學，司農富於子集〔註 63〕。

當時的博學之士，都能群聚其家，相助其校對群籍，諸如顧炎武、竹垞之流者，也能身在其列〔註 64〕，這種獎倡學術的用心，使得京師附近的學者，多能興起研經問學的風氣，加速經學的發展。在校對的過程之中，竹垞曾抄其家藏善本〔註 65〕，對於個人藏書的累進，頗有助益，也有助於《經義考》的考訂。孫氏晚年家居之時，能以經學詔後進，竹垞與焉。陳廷敬於〈墓誌銘〉中指出其事：

> 康熙初，北平孫公北海，老而家居，以經學詔後進，予亦往遊焉。
> 孫公盛稱秀水朱君錫鬯之賢，一時東南文學士游京師者，其推謂爲老師
> 宿學〔註 66〕。

經過承澤的推薦，使得竹垞在京師一地的學術聲望，能享有盛名，當時旅遊京師的文士，乃推爲「老師宿學」，可見其受到重視的程度。因此，承澤對於竹垞交友的拓展，也有正面的貢獻。

除經學之外，承澤尚能鑒別金石書畫，王崇簡〈孫公承澤行狀〉指出：

> （承澤）平生無聲色之好，嘗貯古器及名人書畫，與客談經史之餘，
> 出以爲娛〔註 67〕。

這種對於古器以及書畫的嗜好，也與竹垞的志趣相投，尤其是所藏的碑石拓本，更有助於竹垞學問的精進。《曝書亭集》中所考的碑石跋文，許多都是來自孫氏家藏的拓本，如〈漢博陵太守孔彪跋〉指出：

> 孫氏所藏漢隸，約三十餘種，尚有張表、衡方、夏承、王純、侯成、

〔註 62〕參考註 2，卷六十一，〈退谷先生像贊〉，頁 710。
〔註 63〕黃虞稷、周在浚等撰：《微刻唐宋祕本書目》，（台北：廣文書局，《書目五編》《觀古堂書目彙刻（五）》，民國 61 年），頁 1434。
〔註 64〕參考註 61，頁 45。
〔註 65〕參考註 2，卷三四，〈春秋意林序〉，頁 426。
〔註 66〕參考註 6，卷四十五，錄陳廷敬所作〈墓誌銘〉之語，頁 566。
〔註 67〕參考註 6，卷十，王崇簡〈孫公承澤行狀〉。

戚伯著諸碑，皆宋時拓本，今盡佚，睹此，如覿故人〔註68〕。

竹垞生平所睹漢碑約有三十餘種〔註69〕，泰半都是孫氏家藏之物，其能利用這些碑文的資料，藉以考經證史，成果頗爲可觀，說法詳見第三章第二節「治學的方法」。整體而論，承澤的仕途之路，雖有虧於德行，但其學術的表現，卻對竹垞日後的學術發展，有著重要的啓示作用。無論是經籍的校讎，或是金石的考訂，或是藏書的抄錄等等，均能受惠良多，例如：《經義考》卷二八七，《漢一字石經》條下案語云：

> 今漢《石經》遺字猶有搨本存者，余嘗見宛平孫氏所藏，雖經文無多，而八分古雅，定爲漢隸無疑〔註70〕。

觀上文所述，《經義考》的編纂，亦能引自承澤家藏的搨本，藉以證明其個人的論點。綜合上文所論，竹垞與承澤的交往密切，對於彼此學問的精進，能有所貢獻。有關承澤的藏書及其拓本，對於竹垞的啓示頗深，其中在經學觀念方面，更是有直接的承襲關係。因此，當我們在介紹竹垞的交游之時，承澤正是其中重要的一員，其對於竹垞的影響，可謂十分深遠，值得我們的重視。

顧炎武（1613～1682）

顧炎武，初名絳，又名圭年，字忠清。清軍入關之後，始改名炎武，字寧人，號亭林，江蘇崑山人。明末曾參加「復社」〔註71〕，明亡之後，堅持迴避清朝的徵召，撰有《天下郡國利病書》、《肇域志》、《亭林詩文集》等書。

康熙五年（1666）三月，竹垞「會見顧炎武，同游孫氏石臺」〔註72〕，二人的相見，能夠彼此的敬重，遂結爲好友。康熙七年（1668）二月，「顧炎武曾因姜元衡的告發補捕入獄，竹垞與李因篤等曾盡力營救，始獲釋放。」〔註73〕，二人的交往之情，實非尋常的情誼，所可比擬者也。顧氏與竹垞相交甚深，彼此相互傾心，顧氏曾謂「文章爾雅，宅心和厚，吾不如朱錫鬯」〔註74〕，可見其自承文章寫作的能力，不如竹垞般的淵雅精深，且推崇其古文的表現，更在侯朝宗、王

〔註68〕參考註2，卷四七，〈漢博陵太守孔彪碑跋〉，頁566。
〔註69〕參考註2，卷四七，〈漢婁壽碑跋〉，頁565云「予先後見漢碑約三十種，老年復睹此，幸矣。」。
〔註70〕參考註60，卷二八七，頁13。
〔註71〕《新校本明史》卷三百八，〈列傳〉第一百九十六，頁7938。
〔註72〕參考註1，〈朱彝尊年譜〉，頁221。
〔註73〕參考葉元章、鍾夏《朱彝尊選集》（上海：上海古籍出版社，1991年11月），頁4。
〔註74〕此出自顧亭林贈答詩〈廣詩篇〉，轉錄梁啓超：《中國近三百年學術史》，（台北：華正書局），頁74。

于一之上〔註 75〕。此外，尚以竹垞心地和善，在道德品性上，能有可取之處。顧氏尚且推崇竹垞能「博通書籍」〔註 76〕，這種種的評價，正是貼切的傳達出其學術的特點。二人對於文獻的徵引，都能以廣徵博引，著稱於世。同時，對於金石文獻的喜好，亦有相同的嗜好，曾相偕至孫承澤處所，觀看鄭固碑文〔註 77〕，並襄助承澤校對群籍，長期的交往，使得彼此的觀念相近，對於彼此的撰著，也有相當程度的認識，在《經義考》編纂之時，竹垞曾參考《日知錄》、《金石文字記》二書的內容，可見顧氏的撰著，對於是書的編纂，能有助益；其次，在《日下舊聞》的纂輯時，也能徵引顧氏《北平古今記》一書，可見顧氏的撰著，對於竹垞編纂的取材，能有啓示的作用。

在治學觀念上，二人也有相似之處。首先，在經學觀念方面，顧氏反對科舉的影響，其指出：「科舉之學者，大率皆帖括熟爛之言，不能通知大義者也。」〔註 78〕，竹垞亦有類似的言論，其於《經義考》卷二九七云：「帖括盛而經義微，語錄多而經義少」〔註 79〕，可見彼此對於科舉的弊病，實有深刻的認識。由於民眾為求中舉，往往「舍五經而專治四書」〔註 80〕，且治學專取朱子的學說，是以竹垞十分反對當時的科舉制度，其指出：「今則士守繩尺，無事博稽；至問以箋疏，茫然自失，則貴有以廣之。」〔註 81〕，這種治經的觀念，與顧氏相近。此外，二人同時反對《五經大全》的編纂，以其抄襲前說，窄化經學的研究視野，顧氏評其「《大全》出而經說亡。」〔註 82〕竹垞亦有類似的評論〔註 83〕。對於經學整理方面，顧氏主張針對漢代以來的典籍，一一考究其旨，其云：

> 經學自有源流，自漢而六朝而唐而宋，必一一考究，而後及於近儒
>
> 之所著，然後可以知其異同離合之旨〔註 84〕。

其主張後雖未能實現，但《經義考》的纂輯，適足以彌補此一缺失，至於其編纂之時，是否曾受到顧氏的啓發，今已不得確知，但二人主張考訂經籍的異同，則其觀點十分相近。二人的經學觀念十分接近，顧氏的許多見解，也廣為竹垞所接

〔註 75〕參考註 2，卷三一，頁 396。
〔註 76〕王鍾翰點校：《清史列傳》卷七一，（北京：中華書局，1987 年 11 月），頁 5776。
〔註 77〕參考註 2，卷四七，〈郎中鄭固碑跋〉，頁 570。
〔註 78〕顧炎武《日知錄》卷一，「《朱子周易本義》」條下。
〔註 79〕參考註 60，卷二九七，頁 17。
〔註 80〕參考註 2，卷六十，〈經書取士議〉，頁 699。
〔註 81〕參考註 2，卷三四，〈五經翼序〉，頁 428。
〔註 82〕顧炎武：《日知錄》卷十八，「書傳會選」。
〔註 83〕參見本文第三章第一節「治學的觀念」一文，該文有較為詳細的說明，茲不贅述。
〔註 84〕顧炎武：《日知錄》卷一，〈朱子周易本義〉。

受，並且親自奉行，從《經義考》的編纂中，即可看出觀點的相同之處。顧、朱二人同時曾在孫承澤處，共同考訂經籍，對於彼此經學觀念的影響，能有所助益。其次，二人在考證觀點上，都有尊古求眞的觀念，對於金石文字，能十分重視，有助於後世篤實學風的建立。整體而論，二人的學術觀點十分相近，對於經學、金石學的研究，也頗有興趣，且皆主張實證，極度排除空疏的學風，是以交誼頗深，有助於彼此學術的進展。

曹溶（1613～1685）

曹溶，字秋岳，一字鑒躬，號倦圃，秀水人。崇禎丁丑年（1637）進士，官御史之位。順治年間，曾任副都御史、戶部侍郎、廣東布政使等職位。康熙年間，爲山西按察副使，曾受薦參與「博學鴻詞」科的應試，以母憂不赴，著作有《金石表》、《崇禎五十宰相傳》、《明漕運志》、《劉豫事蹟》、《靜惕堂詩詞集》、《靜惕堂宋元人集書目》、《流通古書約》、《硯錄》、《倦圃蒔植記》等書。

曹溶與竹垞交游甚篤，二人常有相互酬祚的作品，曹溶早年見到竹垞的詩文，即大表讚賞，順治十四年（1657），竹垞到廣東拜訪曹溶，並爲其甄錄《廣東詩選》一書，其後更集二人的詩作，編爲《南車草》一卷。二人相與爲友，因詩、文而交心，曾於順治十五年（1658），偕「愚山施公、處士于一、陸處士麗京於湖上爲文酒之會」〔註85〕。其後，曹溶備兵大同，竹垞有詩二首送別〔註86〕，後亦前往投靠，二人曾同游應州木塔寺、雁門關等地，常相互唱和，朱稻孫〈竹垞行述〉記及此事：

> 丁未（1667）秋，（竹垞）自代州復至雲中訪曹公（溶），公雅好王
>
> 父塡詞，酒闌燈炧，更迭唱和，甫脫稿，即爲銀箏檀板所歌〔註87〕。

竹垞在〈靜惕堂集序〉、〈耒邊詞序〉中，亦屢陳其事。二人在詩詞方面，能有良好表現，復因詩文相知相惜，交往數十載，相和詩詞頗多，縱使不在一起，亦有懷念之詩〔註88〕

曹溶「博采金石，有歐陽、趙氏之好。」〔註89〕，其和竹垞二人，常一同觀賞金石碑文，如〈書尹宙碑後〉指出：「太原傅山青主藏，橋李曹溶潔躬審訂，朱

〔註85〕參考註4，頁3。

〔註86〕參考註2，卷五，〈送曹侍郎備兵大同二首〉，頁62。

〔註87〕參考註4，頁3。

〔註88〕參考註2，卷八，〈立春日月石李十九飲孫少宰蟄室有懷曹侍郎在里〉，頁101。

〔註89〕參考註2，卷五十，〈晉王墓二碑跋〉，頁600。

彝尊錫鬯書。」〔註90〕，其家藏亦多金石文字拓本，其中又以石刻為多，《曝書亭集》卷四十六，〈跋晉祠鐵人胸前字〉指出：「倦圃鉏榮翁以金石之文，石多金少，款多識少，遂摹搨而裝潢之〔註91〕。」是以凡遇到金銅銘文，多能請人椎拓〔註92〕，裝治成冊，藉以賞玩，號稱「賞鑒家」〔註93〕，曹溶家藏金石拓本，多請人跋尾，裝成一冊，以供賞玩之好，其中也曾商請竹垞為其拓本跋尾〔註94〕，此乃當時風氣使然，若未有跋尾，記其典藏始末，尚顯得有些奇怪。整體而論，竹垞對於金石的喜好，除承自家學淵源之外，也受到曹溶的影響。二人常相偕外出，見有金石之文，必駐足品鑒，在《經義考》的案語中，亦曾記其遊覽所獲，《經義考》卷二九一，宋臨安府磨崖《家人卦》下案語云：

> 篆書《家人卦》今在淨慈寺之西。歲在辛丑（1661），予與同里曹侍郎秋嶽山行見之，其旁題名尚多，惜未克摹搨。卦後書〈樂記篇〉「禮樂不可斯須去身」至「舉而措之」一段。又《中庸》「道不遠人」至「無入而不自得焉」一段。泗水潛夫謂非涑水書，然以《宋鑑》證之，似屬公所書矣〔註95〕。

曹溶對於金石的蒐求，有著特別的喜好，舉凡佛像銘文、刻石鏤字等等，都能加以涉獵，影響所及，使其日後行走四方之際，也能追尋各類石刻，乃至於佛像銘刻，漢畫像磚等等，可見二人對於金石文字的喜好，頗有同好之癖。這種共通的嗜好，也使其交誼持續久遠。

曹溶家藏甚富，藏書樓名曰「靜惕堂」，有《靜惕堂書目》、《靜惕堂藏宋元人集目》，所藏多宋元人文集，當時學者常群聚其家，抄其家藏之書，其中竹垞的藏書，許多都是抄自其家〔註96〕，其有鑒於錢謙益絳雲樓藏書，隨著祝融一起，付之一炬，若干的珍異善本，不復存於世間，乃提倡《流通古書約》，鼓勵學者之間，彼此互抄藏書，「以書不出門為期」，彼此覓人抄寫，以廣流通。在這種觀念之下，也確實有助於典藏的流通，但僅限於傳抄，仍難以達到普及化，但其對於珍本的保存，能有其正面的貢獻。其後，竹垞在此一觀念的啟示下，加以書籍需求日速，乃與黃虞稷、

〔註90〕 參考註2，卷四七，〈書尹宙碑後〉，頁572。又三人曾同觀「衡方碑」，參考註2，卷四七，〈書衡方碑跋〉，頁572。

〔註91〕 參考註2，卷四六，〈跋晉祠鐵人胸前字〉，頁559。

〔註92〕 參考註2，卷四六，〈咸寧縣唐冶金五佛像銘贊跋〉，頁559。

〔註93〕 參考汪潞：《藏書題識・金石錄跋》

〔註94〕 參考註2，卷四六，〈宋拓鐘鼎款識跋〉，頁552。

〔註95〕 參考註60，卷二九一，頁2。

〔註96〕 參考註2，卷三五，〈曝書亭著錄序〉，頁441。

周在浚諸人，提倡徵刻唐宋秘本的活動〔註97〕，以更積極的方式，達到古籍流通的功效，究其觀念的來源，多少是承自曹溶的啓發所致。此外，曹溶的圖書考訂，也曾影響到竹垞書目的編纂，例如：《經義考》卷一一一，羅復《詩集傳音釋》條下案語云：「曹氏靜惕堂有藏本，乃合白雲許氏《名物鈔》而音釋之」〔註98〕。其中即根據曹溶家藏之本，來判明羅復《詩集傳音釋》一書，仍存於世間，且據以判爲存籍。由於竹垞得以親見其書，是以得知其書係根據許謙《詩集傳名物鈔》一書，增補音釋而成，則竹垞《經義考》的編纂，也能受益於曹溶家藏之書。

　　又竹垞在《經義考》的編纂之時，也能參據曹溶的說法，來判明典籍的存佚，如《經義考》卷十，陸績《注京氏易》下案語云：「曹侍郎秋嶽曾見藏書家有存三卷，惜侍郎沒，無從訪求矣」〔註99〕。竹垞據曹溶之言，雖未見其書，乃定其書爲「存」書，然根據《四庫全書總目》卷一，陸績《易解》下云：

> 彝尊又言，曹溶曾見有三卷者，然諸家著錄，並無三卷之本，殆京氏《易傳》三卷，舊本題曰「陸績註」，溶偶觀之未審，因誤記誤說也〔註100〕。

據此，曹溶或有誤記者，而當日竹垞未曾親自寓目其書，即據曹溶所判的內容，據以定其書爲存籍，此一判定的方式，與竹垞其他判例未能盡合，但可見其對曹溶的說法，抱持深信不疑的態度。曹溶死後，其藏書質於高江村，竹垞倍其值而有之：

> 先生歿後，將舊鈔宋元版書五百冊質於高江村，竹垞先生倍其值而有之〔註101〕。

可見竹垞家藏之書，除抄自曹溶家藏之書外，也能購藏其所藏的宋元舊版，是以曹溶的藏書，有助於奠定竹垞藏書的質量。綜觀上述所論，二人交誼匪淺，除有詩詞同好之外，也能共賞金石之文，且藏書多有承繼，曹溶歿後，竹垞撰有〈曹先生（溶）輓詩六十四韻〉〔註102〕，詩中有「投分懷衿契，忘年比漆膠」、「茫茫千古恨，惙惙寸心恢。」之句，可見其對於曹溶的逝世，實懷抱無限的悵恨。

嚴沆（1617～1678）

〔註97〕參考註63，頁1425～1426。

〔註98〕參考註60，卷一一一，頁6。

〔註99〕參考註60，卷十，頁11。

〔註100〕（清）永瑢等撰：《四庫全書總目》卷一，經部·易類一，（北京：中華書局，1992年10月），頁2。

〔註101〕轉錄鄭偉章：《文獻家通考》，（北京：中華書局，1999年6月），頁41。該文註5引王欣夫補《藏書記事詩》卷四，「曹溶」條。

〔註102〕參考註2，卷十二，〈曹先生（溶）輓詩六十四韻〉，頁163～164。

嚴沆，字子餐，號顯亭，浙江餘杭（今杭州）人。順治十二年（1655）進士，曾任戶部侍郎，撰有《古秋堂集》、《皋園集》四卷、《奏疏》十二卷。

嚴沆工詩善畫，家有藏書萬卷，為著名的藏書家，惜圖書後遭焚毀，不復存於世間。嚴沆與孫承澤相交甚篤，曾為其梓行《五經翼》一書。《經義考》卷二五一，孫承澤《五經翼》下錄有「存澤〈自序〉」云：「禹航嚴子顯亭省母南還，別予退谷，因託而梓之，以公同志。」〔註103〕，今中國科學院圖書館藏有清康熙二年刻本〔註104〕，書前有嚴沆《五經翼・序》一文，《經義考》缺錄此文，讀者可參閱原書。

嚴沆與竹垞相善〔註105〕，康熙十七年（1677），首開博學鴻詞科，藉以籠絡文士，當時戶部侍郎嚴沆、吏部給事中李宗孔等人，曾荐舉竹垞應試〔註106〕，其推舉有功，竹垞感念在心，其在《經義考》的編纂中，曾引用其言，但標題題作「嚴先生沆曰」〔註107〕，其中的「先生」一詞，乃是一種敬稱，此一著錄法則，與其他慣例未合，顯得十分特殊。

陸元輔（1617～1691）

陸元輔，字翼王，嘉定人。著有《續經籍考》、《十三經注疏類抄》等書。

陸元輔，性情溫婉，博聞樸實，誠為彬彬君子者也。元輔評論時人，較少貶抑之辭，陸稼書曾評其行事：「（元輔）可謂直而婉，乃處世之善法。」〔註108〕誠乃知人之言。元輔與竹垞相交甚篤，二人曾與顧炎武至孫承澤處，同觀鄭固碑文〔註109〕，元輔服膺顧、朱二人的博學，並許為「博學之士」〔註110〕。元輔曾從其師黃淳耀學習詩文，黃氏殉節之後，曾收集其師所留詩、文，梓印發行，並商請竹垞為之作序，序文見於《曝書亭集》卷三十六〈黃先生遺文序〉〔註111〕，竹垞並推崇元輔「以兵戈俶擾之餘，能集其師之遺文，俾無失墜，亦可謂篤信之君子已。」

〔註103〕參考註60，卷二五一，頁1。
〔註104〕此書已影印行世，見於《四庫全書存目叢書》冊一五一，（台南：莊嚴文化事業有限公司，民國86年2月初版一刷）。該書題作「北平孫承澤遴輯，同里王崇簡，禹航嚴沆訂正」，書前錄有嚴沆〈序文〉一則，惜竹垞《經義考》未曾收錄，讀者可參閱原書。
〔註105〕參考註2，卷三四，〈五經翼序〉，頁428。
〔註106〕參考註1，〈朱彝尊年譜〉，頁224。
〔註107〕參考註60，卷六七，頁2。
〔註108〕參考註61，頁49。
〔註109〕參考註2，卷四七，〈郎中鄭固碑跋〉，頁570。
〔註110〕參考註61，頁45。
〔註111〕參考註2，卷三六，〈黃先生遺文序〉，頁451。

〔註112〕，是以二人的交往，頗有君子相惜的意味。

元輔的經學觀念，與竹垞近同。《經義考》卷二五一，陸元輔《十三經注疏類抄》下錄「陸嘉淑」〈序〉云：

> 吾家翼王讀書王太常煙客家，與中舍周臣爲友，相與講求先王禮樂
> 之具，與其所以致治之原，慨然謂讀書必自窮經始，窮經必自漢、唐注
> 疏始，然注疏之文，汗漫雜出，紛賾隱奧，若於考據別識之難也〔註113〕。

此說與竹垞觀念相似，《經義考》的編纂，正源自漢、唐以來的經疏，缺乏學者的整理，使得經籍亡佚，不存於世，故積極的編纂此書，以期能保存經書大義，其在編纂之時，曾收錄二百五十一則「陸元輔曰」，並對其論點，深表肯定：

> 亡友嘉定陸元輔翼王，毅然欲別撰《續經籍考》一書，以洗王氏（圻）
> 之陋，窮年抄撮，積至數十冊，未經刪定而歿，然元、明遺籍索隱抉微
> 不少；又晉江黃虞稷俞邰在明史館分撰〈藝文志〉，摭采特詳，二子皆功
> 崇稽古者也〔註114〕。

《經義考》所引的「陸元輔曰」，其中有關明代經籍達一八三部，元代典籍有二二部，適符合竹垞案語所論「元、明遺籍索隱抉微不少」，且其著錄的典籍，多爲王圻《續文獻通考》未收之籍，故其所錄「陸元輔曰」者，當出自《續經籍考》。盧仁龍〈《經義考》綜錄〉指出：

> 陸氏之稿，因未刊而亡佚了，若考其遺說，則僅見於此書及錢大昕
> 《元史‧藝文志》中所引了〔註115〕。

其書是否果眞亡佚，不存於世？今搜討諸家書目，《北京圖書館古籍善本書目》有一則資料：

> 《經籍考》不分卷題清陸元輔撰，清抄本，盧文弨校，周星詒跋，
> 三十四冊，十一行二十一字白口四周雙邊〔註116〕。

由於陸元輔未能以編目聞名，故《北京圖書館古籍善本書目》所題，僅作「題清陸元輔撰」，似乎未能完全肯定其書是元輔所撰，但據竹垞所述的資料，則元輔之書曾「積至數十冊」，今北京圖書館所藏，共有「三十四冊」，與竹垞所論相近，

〔註112〕參考註2，卷三六，〈黃先生遺文序〉，頁451。

〔註113〕參考註60，卷二五一，頁4。

〔註114〕參考註60，卷二九四，頁8。

〔註115〕見於林慶彰先生主編的《中國經學史論文選集》下冊，（台北：文史哲出版社，民
國82年3月），頁426。原文發表於《社會科學戰線》1990年二期，頁334～341。

〔註116〕北京圖書館編，《北京圖書館古籍善本書目》，(1987年，北京：書目文獻出版社)，
「史部‧目錄類」，頁1138。

當係元輔所撰之書，若能持與《經義考》相較，將可掌握其編目的成就，並能確立其書的影響。

吳任臣（1628～1689）

　　吳任臣，字志伊，一字爾器，初字鴻征，號托園，浙江仁和人（今杭州）人。康熙十八年（1679），參加博學鴻詞科的會試，列入二等，曾擔任《明史》纂修官，〈曆志〉一篇出自其手，另撰有《十國春秋》一百十四卷、《周禮大義》、《補禮通》、《山海經廣注》、《春秋正朔辨》、《字彙補》等書。

　　吳志伊，以經史教授鄉里，束修所入，就市閱書，善價購而藏之，其所藏歐陽忞《輿地廣記》一書，後歸於竹垞〔註117〕，竹垞甚為寶惜，不輕易外借他人。在《經義考》中，屢見引用其著書，如《十國春秋》、《周禮大義》、《春秋正朔辨》等書，均能有所著錄〔註118〕。此外，尚曾引錄「吳任臣曰」七次，在其引錄的解題中，多集中在胡廣等人《書傳大全》、《詩集傳大全》、《春秋集傳大全》三項，所議論的主題，除針對其編纂官加以論述之外，也能考其卷帙分合，觀其所論的議題，已知《五經大全》之編，乃是承自前人之書，加以湊合而成，其論點與竹垞相同。又《曝書亭集》中，曾針對其《十國春秋》的內容，提出糾彈，見載於〈續書光孝寺鐵塔銘後〉〔註119〕，綜合上述所論，二人在經史的研究上，皆有相近的觀點。

徐釚（1636～1708）

　　徐釚，字電發，號虹亭，又號掘存，吳江人。康熙十八年（1679），召試博學鴻詞科，授翰林院檢討，其刻有《菊莊樂府》〔註120〕，「葉方靄稱其綿麗幽深，耐人尋繹」〔註121〕，「朝鮮貢使以兼金購之」〔註122〕，且曾「流播朝鮮，有題於卷後者。」〔註123〕，其見重若此，可見徐釚之才，曾博得眾人的肯定。另撰有《南州草堂集》三十卷，《詞苑叢談》十二卷、《續本事詩》十二卷、《楓江漁父圖詠》等書。

　　徐釚「以詩名江表者三十年」〔註124〕，其好遠遊，東入浙、閩，三至兩粵，

〔註117〕參考註2，卷四四，〈宋本輿地廣記跋〉，頁531。
〔註118〕《十國春秋》參考註60，卷二七六，頁7。《春秋正朔辨》見載於《經義考》二一〇，頁8。《周禮大義》見載於《經義考》卷一二八，頁6，惟題作《周禮大□》，缺一「義」字。
〔註119〕參考註2，卷四六，〈續書光孝寺鐵塔銘後〉，頁558～559。
〔註120〕參考註31，卷四百八十四〈文苑一〉，頁13342。
〔註121〕同前註。
〔註122〕同前註。
〔註123〕參考註2，卷三七，〈徐電發南州集序〉，頁461。
〔註124〕參考註2，卷三七，〈徐電發南州集序〉，頁461。

一至中州，所到之處，與當地名流，相互唱和，其後耽於蒐求前人詩作，以求續補孟棨《本事詩》，成《續本事詩》十二卷。晚年致力詩、古文辭的創作，刊有《南州集》，竹垞撰有〈序文〉，推崇其「篇章之工且富也」、「九州之表，四海之外，尚有賞音者，況夫百世而下，豈無好之者哉。」〔註125〕，可見其對徐釚的創作，乃持有肯定的評價。

　　徐釚與龔鼎孳爲友，鼎孳臨歿之時，將其囑咐梁清標云：「負才如虹亭，可使之不成名耶？」〔註126〕，其後得到梁清標的推薦，於康熙十八年三月（1679），得以應試博學鴻詞。七月，與竹垞同寓虎坊橋〔註127〕，奠定二人深厚的情誼。徐釚善於編纂，其撰有《詞苑叢談》、《續本事詩》等書，朱彝尊曾針對《詞苑叢談》一書，提出個人的建言，其以「捃摭書目，必須旁注於下方，不似世儒剿取前人之說，以爲己出者。」〔註128〕，此一觀念，影響到《詞苑叢談》的編纂，其後徐釚追索出典，一一記之，是以竹垞對於《詞苑叢談》的編纂，顯然擁有正面的貢獻。竹垞曾借徐釚家藏吳光祿《古今詞譜》讎勘〔註129〕，可見二人藏書，亦能互通有無，增添彼此家藏圖書的質量。

潘耒（1646～1708）

　　潘耒，字次耕，江蘇吳江人。康熙十八年，與竹垞同試博學鴻詞科，號爲「四大布衣」，曾授翰林院檢討，入史館纂修《明史》，撰有〈食貨志〉兼及其他紀傳，另有《遂初堂文集》、《遂初堂詩集、別集》、《古文音論》、《類音》諸書。

　　潘耒與竹垞同時入仕，由於聲名頗盛，受到他人貶抑，後於康熙二十三年（1684），以「坐浮躁」的罪名降調，其仕途的遭遇，頗近於竹垞。潘耒好「博訪金石」〔註130〕，所藏的金石諸文，能與竹垞共同品評分享，《曝書亭集》屢記其事〔註131〕，潘耒藏書多購自毛氏汲古閣，曾與竹垞互抄，例如：竹垞所藏柯維騏《宋史新編》一書，即抄自潘耒家藏之本，此書對於《經義考》的編纂，也能有所貢獻。

汪森（1653～1726）

〔註125〕參考註2，卷三七，〈徐電發南州集序〉，頁462。
〔註126〕參考註31，卷四八四，頁13325。
〔註127〕參考註1，〈朱彝尊年譜〉，頁225。
〔註128〕徐釚：《詞苑叢談.自序》，
〔註129〕參考註2，卷四三，〈書沈氏古今詞譜後〉，頁522。
〔註130〕參考註2，卷四八，〈潘氏家藏晉唐小楷冊跋〉，頁581。
〔註131〕參考註2，卷四八，〈潘氏家藏晉唐小楷冊跋〉，頁581。又同卷〈後周幽州刺史贈少保豆盧恩碑跋〉，頁580；又卷五十，〈唐漳州陀羅尼石幢跋〉，頁598等載之。

汪森，字晉賢，號碧巢，浙江桐鄉人，原安徽休寧籍。編纂《粵西詩載》、《粵西文載》、《粵西叢載》、《裘杼樓書目》等書。

汪森與竹垞相與為友，當竹垞編有《詞綜》二十六卷之時，即由汪氏刊行之〔註132〕，並相繼由汪氏增補為三十卷本、三十六卷本二種，由汪氏刊行，並行增補，顯見二人交誼匪淺。又汪氏築裘杼樓，其藏書甚為有名，收藏書籍甚富，多其個人手抄之本，頗同於竹垞。其人喜好金石、碑帖、書畫、古器，嗜好與竹垞相近，善於讎校，且攻詩作，對於詩學文獻，頗有涉獵，曾編纂《粵西詩載》等書。在其編纂之時，尚曾借錄竹垞家藏之書〔註133〕，薈萃補訂，有參考的價值。二人相交甚篤，除彼此藏書互抄之外，也能告知其他藏書家的訊息，汪森曾謂「往，朱竹垞檢討寓書於余，謂虞山錢氏尚多藏籍，屬余往觀，錄其未見者」〔註134〕，後來汪森親自拜訪錢曾，也能獲睹各種秘籍，是以二人相交，能彼此交換學術消息，有助於提高學識的涵養。

張弨（1624～1669）

張弨，字力臣，號亟齋，江蘇山陽人（淮安人）。曾受業於顧炎武，顧氏對其治學的成績，亦深有讚賞，曾致書潘耒，論曰「篤信好古，專精六書，吾不如張力臣」〔註135〕，張弨博經通古，尤嗜於金石文字，專精書法，曾為顧氏手寫《廣韻》及《音學五書》二書，予以刊印行世。善讎校，曾校婁機《漢隸字源》一書，並在刊印顧炎武《廣韻》、《音學五書》之時，曾親自校讎，必歸於正，方始刻印。

張弨與竹垞相善，常有往來，竹垞於鐘鼎之文，雖有考訂，但每遇奇文，必從張弨請益，《曝書亭集》卷四十六，〈商祖丁爵銘銘〉云：

（張）弨字力臣，精六書，貧而嗜古，賓室，繞席皆尊彝敦卣之屬。

昔歐陽子撰《集古錄》，藉劉仲原父、楊南仲諸子釋文，**自力臣歿後，雖有奇字，為余釋其文者寡矣**〔註136〕。

〔註132〕（清）邵懿辰撰、孫詒讓等參校、邵章續錄邵友誠重編：《增訂四庫簡明目錄標注》上冊，集部十·詞曲類，頁959。有「康熙十七年休陽汪氏裘杼樓刊本」
〔註133〕參考註100，卷一九〇，集部·總集類五，頁1731。筆者案：竹垞曾於順治十四年，為曹溶甄錄《廣東詩選》一書，故其藏書之中，必有為數不少的相關書籍，汪森借其家藏之書，以錄《粵西詩載》、《粵西文載》、《粵西叢載》等書，顯示竹垞家藏之書，亦有助於上述諸書的編纂，至於竹垞這種公開藏書，以利學友間的抄錄作法，頗值得讚賞。
〔註134〕參考註101，卷二，註22引王欣夫補正葉昌熾《藏書紀事詩》卷四錢曾「《小方壺文鈔》、《小方壺存稿》下。
〔註135〕《淮安府志》卷二九。
〔註136〕參考註2，卷四六，〈商祖丁爵銘銘〉，頁551。

竹垞於鐘鼎銘文的辨識，每藉助於張弨的考訂成果，張弨歿後，無人爲其釋讀奇字，也就較少考訂鐘鼎彝器的內容。又〈書張處士瘞鶴銘辨後〉指出：

> （張）力臣，名弨。精書法，嘗爲顧處士炎武寫《廣韻》及《音學五書》，手摹家藏鼎彝款識遺予，惜不營生產，沒後盡散失，并傳刻棗木悉歸之閩人，可歎也〔註137〕。

張弨精於書法，向來受到學者的肯定，其家境雖貧，所蓄的鐘鼎彝器甚多，常手摹鼎彝款識之文，贈與竹垞，有利其考證的進行。據《淮南府志》卷二十九的記載，張弨藏書多歸於何焯，《音學五書》的板片，也爲李光地購去，面對如此的結局，竹垞表示痛心。

倪燦（1626～1687）

倪燦，字闇公，號雁園，江蘇上元人。康熙十六年（1677）中舉，康熙十八年（1679），召試博學鴻儒，授檢討，從事《明史》的纂修，撰有《明史藝文志・序》，與姜宸英〈刑法志序〉「並推傑搆」〔註138〕，另撰有《宋史藝文志補》、《補遼金元藝文志》各一卷，開啓後世補修史志的風氣。他工於詩文，擅於書法，另著有《雁園集》。倪燦家藏善本，竹垞曾抄其家藏善本《十家宮詞》宋槧本，囑胡介祉刊行之〔註139〕，是書之刊，實賴竹垞推薦之功，其既能抄得倪燦家藏宋刊本，可見二人交誼不淺。

徐乾學（1631～1694）

徐乾學，字原一，號健庵，江蘇崑山人。康熙九年（1670）一甲三名進士，授編修，曾經主持《大清一統志》、《清會典》、《明史》的編輯工作。其家藏甚富，多藏有宋元善本，曾建書樓七楹，名爲傳是樓，有《傳是樓書目》，著錄藏書達三千九百餘種；另有《傳是樓宋元本書目》，著錄宋元善本四百餘種，其餘撰著有《通志堂經解》、《碧山集》、《詞館集》、《讀禮通考》等書。

乾學喜好金石之學，生性愛好圖書，曾奉旨購求遺書，搜采秘籍，其個人家藏之書，尤多宋元舊籍，復從人抄寫，藏書富甲一方，竹垞亦能抄錄其家藏善本，如《太平寰宇記》、《輿地廣記》、《元豐九域志》、《淳熙三山志》等書屬之〔註140〕，

〔註137〕參考註2，卷五十，〈書張處士瘞鶴銘辨後〉，頁596。
〔註138〕參考註31，卷四八四，〈文苑一〉，頁13344。
〔註139〕參考註132，上冊，卷第十九，集部八・總集類，頁917。
〔註140〕參考註2，卷四四，〈太平寰宇記跋〉，頁530。又卷四四，〈宋本輿地廣記跋〉，頁531。又卷四四，〈跋元豐九域志〉，頁532。又卷四四，〈淳熙三山志跋〉，頁553。又朱彝尊《曝書亭集》卷三五，〈曝書亭著錄序〉，頁441亦直承其家藏之書，曾

此外，在《經義考》的編纂中，亦嘗運用乾學家藏之書，以訂經籍之存佚，如《經義考》卷二五三，趙惪《四書籤義纂要》下案語云：「鐵峰趙氏《籤義》，崑山徐氏傳是樓有雕本。」〔註141〕，此處據其家藏之本，判爲「存」籍。乾學曾校刻《通志堂經解》，共一百三十八種，計一千七百九十卷。」，其中刻印的構想，即源自竹垞的推倡，至於版本的來源，曾取自竹垞家藏舊板及抄本，雕板行世，〔註142〕，是以可見二家藏書，亦有相互流通之跡。此外，乾學編纂《讀禮通考》之時，竹垞曾加以建言，且親自爲其撰〈讀禮通考序〉，並推崇其書「摭采之博而擇之精，考據之詳而執之要，此天壤必不可少之書也。」〔註143〕，是以二人交誼頗深，相互建言之下，於學術的進展，大有獲益。

倪我端（1636～1696）

倪我端，字郢客，初名野玉，字古期，浙江秀水人。倪氏與竹垞相交四十載，治學的觀念，頗有相近之處，爲人博通經史，尤邃於詩，詩稿雖不存於世，但受到竹垞的稱許，以「言詩者莫有過焉」爲譽。其沒，竹垞爲之撰〈儒學訓導倪君墓誌銘〉〔註144〕，以記其一生行事，並述及兩人交誼。二人相交數十載，情誼深厚，學術的觀念，也有相同之處：

> （倪我端）就予宣南坊邸舍，講經義，學爲古文辭，其說經不專主宋儒，謂《易》有君子之道四，不當專主爲卜筮之書。又謂《尚書》古文可疑，〈武成〉紀日與〈召誥〉、〈顧命〉異，益可疑。又謂孔子說《詩》，蔽以一言，曰「思無邪」，淫奔者，豈暇作詩，而孔子取之。當依〈小序〉爲是。又謂大、小戴同授《禮》，不當偏廢大戴氏，宜去〈月令〉，存〈夏小正〉，去〈明堂位〉，存〈明堂〉、〈投壺〉，則參用之。又謂說《春秋》者紛綸，皆害於義，孫復、胡安國，刻深尤甚，又謂群經縱有錯簡，宜仍其舊，宋元諸儒，多逞臆見更易，未免侮聖人之言，其持論頗與予合〔註145〕。

倪氏的經學觀點，與竹垞觀念十分相近，就其經學的論點，有如下幾項特點：

一、主張擴大經學研究的範圍：如主張《易》學不專主「卜筮」之書；又大、小戴《禮記》宜相互並重，此一觀念，在《經義考》之中，亦有相同的

抄自乾學家藏善本。

〔註141〕參考註60，卷二五三，頁6。
〔註142〕參考：徐乾學：《通志堂經解・序》。又《纂修四庫全書檔案》，頁136亦著錄此事。
〔註143〕參考註2，卷三四，〈讀禮通考序〉，頁424。
〔註144〕參考註2，卷七八，〈儒學訓導倪君墓誌銘〉，頁884～885。
〔註145〕參考註2，卷七八，〈儒學訓導倪君墓誌銘〉，頁884。

見解，說法見於第八章第二節「類目的闡釋」「《易》」、「《禮記》」二目。

二、辨明《古文尚書》的僞作，尤其針對〈武成〉紀日錯誤的情形，提出批
　　評，竹垞也有相同的見解，見於《曝書亭集》卷四二，〈讀武成篇書後〉
　　一文。

三、反對宋儒的刪經、改經，主張「群經縱有錯簡，宜仍其舊」，有關竹垞反
　　對改經的見解，見於第三章第一節「治學的觀念」。

從上文之中，可以看出二人對於宋儒的論點，多持反對的意見，且能從事僞經的
考訂，並且想要擴大經學的範疇，欲改進過去對於《大戴禮記》、《易》類典籍的
錯誤認知。從上述的論點之中，可以看出當時的學者，已能從事相關經學課題的
討論，且根據的文獻相近，所得出的結果，也大致相同。如針對《古文尚書》〈武
成〉篇的探討，亦同時見於閻若璩《尚書古文疏證》，顯見此一問題，已在竹垞朋
友之間，逐漸形成共同的見識。

閻若璩（1636～1704）

　　閻若璩，字百詩，號潛邱，山西太原人。撰有《四書釋地》、《四書釋地續》、
《孟子生卒年月考》、《重校困學紀聞》、《四書釋地又續》、《朱子尚書古文疑》、《眷
西堂古文百篇》、《尚書古文疏證》、《釋地餘論》，其中以校讀《困學紀聞》一書，
以及《尚書古文疏證》最受重視。

　　閻若璩，善經學，精考證，雍正皇帝未登基以前，曾將閻若璩、胡渭、竹垞
三人，並稱「東南讀書種子」〔註146〕，其推崇如此。閻氏曾爲顧炎武改正《日知
錄》之誤，顧氏「虛心從之」〔註147〕，可見其博學的功力，連顧氏都能讚許有加。
閻氏對於竹垞的博識，亦頗爲欽佩〔註148〕，二人對於經學觀念的看法，能有相通
之處。閻若璩在《尚書古文疏證》卷五上指出：「大抵錫鬯平生不敢疑《古文》，
見諸贈余詩」〔註149〕。竹垞早期的經學主張，乃是「不敢疑《古文》」者，這是
篤守漢人家法的表現。隨著年歲的增長，更能客觀的辨明事理，是以對於古文經
學的看法，業已逐步修正，閻若璩《尚書古文疏證》卷八指出：「錫鬯近撰《經義
考》，雖漸爲愚見所轉移，終不透耳」〔註150〕。《經義考》是竹垞晚年的著作，由於

〔註146〕見於張穆：《閻潛邱先生年譜》卷四。
〔註147〕錢大昕《潛邱先生傳》，
〔註148〕參考註76，卷七一，頁5776。
〔註149〕閻若璩：《尚書古文疏證》卷五，（台北：新興書局，「皇清經解續編本」），冊一，
　　　　頁13。
〔註150〕同前註，卷八，頁9。

識見愈博，對於古文經學的認識日深，已能逐漸跳脫「篤守漢人家法」的見解，發展到「實事求是」，是以對於《古文尚書》的偽冒，也能提出修正的意見〔註151〕。二人同時對於經學辨偽方面，都能做出貢獻，但閻氏的成就，似乎更有系統，所收成效益高。在治學方法上，彼此能有相近之處，除講究博證之外，也能重視實地訪查的成果，這都要歸功於遍覽各地，所累積下來的知識。二人在考證方面的成就，都能講究博證，且重視實地的訪查，是以考證的成果，能受到世人的肯定。

曹寅（1658～1712）

　　曹寅，字棟亭，一字子清，號荔軒，漢軍正白旗人。累官通政使、江寧織造，兼巡視兩淮鹽政。有《棟亭詩鈔》、《詩鈔別集》等書。

　　曹寅為《紅樓夢》作者曹雪芹的祖父，其人善於校勘，性嗜學，家中藏書甚富，與竹垞交往密切，凡是「曝書亭」藏書，棟亭「皆鈔有副本」〔註152〕，竹垞亦曾抄其家藏善本，如《景定建康志》〔註153〕。康熙四十四年秋（1705），受到曹寅之託，竹垞開始纂輯《兩淮鹽筴書》，直至康熙四十七年間（1708），書成〔註154〕。康熙四十八年（1709）四月時，乃至真州，交付其書予曹寅。曹寅於是「捐資刊刻《曝書亭集》。」〔註155〕，以為報酬。曹寅曾編纂《全唐詩》，並囑竹垞補之，竹垞乃作《全唐詩未備書目》，補錄達一七〇種撰著。此外，竹垞曾建議曹寅刻印丁度《集韻》、《類編》二書〔註156〕，對於圖書的流傳，頗有助益。

鄭元慶（1660～？）

　　鄭元慶，號芷畦，自號鄭谷口，浙江歸安人。曾通習《易》、《禮》，並精通史傳，尤長於水利之學，喜好金石，善於繪畫，一生撰著甚多，撰有《湖錄》一二〇卷；《行水金鑑》一七五卷；《廿一史約編》、《石柱記箋釋》、《小谷口著述緣起》、《禮記集說》、《湖錄經籍考》、《吳興藏書錄》等書，其著述的成就，常能得到竹垞的讚賞。

　　鄭元慶與竹垞交往甚密，志趣相投，二人對於金石、史傳、經學、書目諸項，皆有涉獵。往昔元慶擬撰地志之時，苦無書可徵，竹垞知之，乃盡出曝書亭藏書，

〔註151〕閻、朱二人，同時對於〈武成篇〉的計日之法，與古例不合，而提出質疑，並進而斷其偽作的看法，見解相同。
〔註152〕李文藻：《琉璃廠書肆記》。
〔註153〕參考註2，卷四四，〈景定建康志跋〉，頁533。
〔註154〕參考註1，〈朱彝尊年譜〉，頁235。
〔註155〕參考註1，〈朱彝尊年譜〉，頁236。
〔註156〕參考註2，卷四三，〈汗簡跋〉，頁524。

供其采擇之用。范鍇在《吳興藏書錄》〈序〉中指出：

> （鄭元慶）嗣以生長吳興，惋惜唐宋圖經亡逸殆盡，擬萃一郡之山
> 川文獻，著為一書，復苦貧無書籍足徵也。朱竹垞太史聞而招之，下榻
> 曝書亭側，盡出其藏書，以佐采擇，以是山川之故蹟，文獻遺謨，莫不
> 溯源探本，條目井然，閱數寒暑，得百廿卷，名曰《湖錄》〔註157〕。

是以曝書亭藏書，有助於《湖錄》的編纂，至於竹垞公開藏書，以佐元慶編纂的
作法，亦獲得范鍇的敬重〔註158〕。在《吳興藏書錄》中，有二人相互問答，切磋
學問的記載，是以二人相交，有助於學問的進習。竹垞對於元慶的博證功夫，也
深表讚賞，曾評其「聞之周洽」〔註159〕、「考證詳核，廣見博聞」〔註160〕，因此，
當《石柱記箋釋》一出，竹垞立刻「見之賞擊，命鈔副本藏曝書亭」〔註161〕，其
賞識若此。元慶曾隨竹垞學習隸書，《退菴書畫跋》云：

> 漢隸在前明幾成絕學，至竹坨（當為「垞」字之誤）力思復古，而曲
> 阜任城諸刻始盛行於時，曹全碑以晚出完好，故刻意摹仿，同時如程穆倩，
> 吉林人顧云美、鄭谷口輩自命為書八分者，皆先生為之提倡〔註162〕。

漢隸的學習，在經過竹垞推倡之後，其後程穆倩、顧云美、鄭谷口（元慶）等人
相繼學習，使得隸書的創作風氣熾盛。《履園叢話》云：

> 國初有鄭谷口，始學漢碑，再從朱竹坨（當為「垞」字之誤）輩討
> 論之，而漢隸之學復興〔註163〕。

竹垞推行漢隸的學習，其後得到元慶諸人的研習，從而開啓漢隸復古的風潮，更
奠定日後運用漢碑之文，藉以從事學術的研究，使得清代金石學的發展，也有著
明顯的進步。綜合上述所論，竹垞對於元慶學術的開展，實有其啓示的作用，且
二人之間的交往，也帶動清代學者對於隸書的研習，更對於金石學的發展，提供
有利的條件。

鍾淵映（？～？）

〔註157〕鄭元慶：《吳興藏書錄》〈范鍇序文〉，（台北：世界書局，《藏書紀事詩》等五種，
　　　　民國 69 年 10 月四版），頁 5。

〔註158〕同前註，頁 5。書前錄有范鍇〈序〉云：「竹垞太史，出書佐志，如恐其不成者，
　　　　誠以公天下之心而藏書也。」

〔註159〕參考註 2，卷五十，〈湖州天寧寺尊勝陀羅尼石幢跋〉，頁 597。

〔註160〕參考註 2，卷三五，〈顏魯公石柱記釋序〉，頁 434。

〔註161〕鄭元慶《石柱記箋釋·自序》。

〔註162〕李放纂輯：《皇清書史》卷四，（台北：明文書局，民國 74 年），頁 133。

〔註163〕同前註，卷四，頁 134。

　　鍾淵映，字廣漢，秀水人，撰有《五代史記注》、《歷代建元考》、《信志堂遺詩》、《詩序證》。《四庫全書總目》卷八二錄有《歷代建元考》一書，對其引證浩博，甚表稱許，雖猶有缺漏，然較之吳蕭公《改元考》、萬光泰《紀元敘韻》的考訂成果，「足稱賅洽」〔註164〕，可見其擅長考證之學。竹垞亦稱許其考證的成就，其云「（廣漢）其論駁援據古昔，雖老儒鉅公，莫能難。」〔註165〕，此外，亦稱許其詩文的創作，「橫絕時人」〔註166〕，譚吉璁曾取其遺詩，刊爲《鍾廣漢遺詩》二卷，竹垞以爲「雖忌者、怨者見之，亦從而稱善也。」，並以其詩「和平醇雅」〔註167〕，其讚譽若此，可見廣漢確有其才學。

　　順治十五年（1658），竹垞欲注歐陽修《五代史記》，引同里鍾廣漢爲助，「廣漢力任抄撮群書，凡六載，攷證十得四五。」〔註168〕，惜後來客死異鄉，遺稿散落，不知去向。竹垞「無相助者，興轉闌散矣。」〔註169〕，廣漢注解《五代史記》時，除抄撮群書之外，也重視實地訪察，曾致書竹垞謂「五代之主，其三皆起晉陽，最後劉旻，三世固守其地，思覽其廢墟，考其遺跡。」〔註170〕，其見解也爲竹垞接受，後「從雲中轉客汾晉，歷燕齊，所經荒山廢縣，殘碑破冢，必摩抄其文響拓之。」〔註171〕，並曾致書廣漢，告知考察的部份結果〔註172〕。廣漢卒後，竹垞擬重編其書，後因《明史》纂修，考證心力轉向明史的考訂，於《五代史記注》的編纂，終究無成，誠屬可惜之事。

　　廣漢待人處事，「恆遇勝己者，執禮甚恭，不如己者，或相對終日不與語，以故鄉曲之士多疾之。」〔註173〕，這種個性，自然容易得罪他人，但其與竹垞、李良年等人的交往，情誼篤厚，能引爲知交。其善於編纂，縱使身處病中，仍「力購文史，晝夜編纂」〔註174〕，故能以考訂聞名於世，其與竹垞協定注解《五代史記》一書，後雖未能完成，但其考證的熱忱，亦能受到肯定與讚賞，在其死後多

〔註164〕參考註100，卷八二，頁708。
〔註165〕參考註2，卷三八，〈鍾廣漢遺詩序〉，頁475。
〔註166〕參考註2，卷三八，〈鍾廣漢遺詩序〉，頁475。
〔註167〕參考註2，卷三八，〈鍾廣漢遺詩序〉，頁475。
〔註168〕參考註2，卷三五，〈五代史記注〉，頁431～432。
〔註169〕參考註2，卷四六，〈溪州銅柱記跋〉，頁557。
〔註170〕參考註2，卷三八，〈鍾廣漢遺詩序〉，頁475。
〔註171〕參考註2，卷三五，〈五代史記注序〉，頁432。
〔註172〕參考註2，卷五十，〈宋京兆府學石經碑跋〉，頁604云：「予友鍾淵映，將注《五代史記》，并書玉羽之事告之，俾附注于鄴之傳焉。」
〔註173〕參考註76，卷七一，〈文苑傳二〉，頁5778。
〔註174〕參考註2，卷三八，〈鍾廣漢遺詩序〉，頁475。

年之後，竹垞猶思念不已，二人的交情，可見一斑。

　　綜合上述所論，在竹垞眾多的交友之中，不乏一時碩彥之士，所形成的學術集團，正涵攝清初時期的知名學者，如：顧炎武、黃宗羲、閻若璩等人，對於清代學術的發展，造成一定的影響。這個集團的成員，正集合當時學界的菁英，其中的一舉一動，都能引導時代的風潮，帶動學術的發展。從竹垞的交友中，許多都是「博學鴻詞」科的應試成員，可見竹垞入京應試，雖有礙清名，但對其學術的開展，卻有著重要的貢獻。清代皇室效法唐制，透過薦舉的方式，召試博學鴻詞科，藉以籠絡文士，雖有其政治目的，但其招收的成員，卻是學有專精，享有盛名的學者。這些錄取的文士，所授的官位不高，僅是擔任編纂之職，但在彼此的交往下，卻能促成各人學識的進步，有利於學術的發展。竹垞身處其中，所接受的薰陶，自是第一流的環境，彼此的論辨、請益，加上宮中藏書甚富，同僚也有不少的異本，可資查詢，圖書取得較易，遂厚植其考證的基礎。經由上述的考論，我們可以得知下列幾點情況：

一、藏書的風氣

　　從竹垞的交友之中，可以窺知當時盛行的藏書風氣，竹垞能以藏書聞名，「曝書亭」藏書多達八萬卷，且曾以此自豪〔註175〕，究其藏書的來源，許多都是抄自朋友的藏書，如孫承澤、黃宗羲、曹溶、徐乾學、曹寅諸人，皆是當時著名的藏書家，竹垞綜理各家的善本，也能獲得部份的贈書，或透過購求的方式，使其累積龐大的藏書數量，成為著名的藏書家。由於家藏珍本甚多，如《建康志》、《臨安志》等等〔註176〕，皆是較為罕見的藏本，當《四庫全書》開館編纂之時，曾四方蒐求天下善本，其中曾利用「曝書亭」的藏書，《四庫全書》著錄三十三種，計三八八卷的圖書，至於列入存目者，尚有二八種。〔註177〕，這種藏書的成就，皆是承自竹垞抄錄購求所致。從上文的考訂中，可以發現其家藏甚富，也能將其藏書開放給朋友使用，是以汪森《粵西詩載》、《粵西文載》、《粵西叢載》；鄭元慶《湖錄》的編纂；徐乾學《通志堂經解》的輯印，皆直接受惠竹垞的藏書，這種公開自己的藏書，以利於學者使用的觀念，實值得後人仿效。

二、圖書的刊印

〔註175〕參考註2，卷三五，〈曝書亭著錄序〉，頁441。
〔註176〕參考註2，卷四四，頁533。
〔註177〕鄭偉章：〈《四庫全書》獻書人叢考〉，(《書林叢考》，廣東人民出版社，1995年7月)，頁416。

竹垞曾和朋友推動圖書的徵求與刊印活動，即所謂的「徵刻唐宋祕本」運動，其事見於〈徵刻唐宋祕本書啓〉一文〔註178〕，該文力陳刻印唐宋祕本的重要，強調〈論讀、藏書宜崇經史〉、〈論刻藏書宜先經史，後子集〉〔註179〕，顯見竹垞等人，乃主張藏書、刊印應先重視經史之籍，後來納蘭成德在「通志堂經解」的刻印，即依《徵刻唐宋祕本書目》的經部部份，大都擇要刊印，竹垞等人的倡導之功，實不可泯滅。此外，竹垞家藏之本，亦能有助於「通志堂經解」的刊印工作，事見上文「徐乾學」條下。又竹垞曾將《十家宮詞》抄本，囑咐胡介祉刊行之；另如丁度《集韻》、司馬光《類編》二書，則交給曹寅刊印，有助於圖書的流傳工作，其中又以經籍、字書的刊印，對於後世考證學的發展，尤有助益。

三、學術的交流

在竹垞的交友中，能彼此交換學術的理念，例如：顧炎武的經學觀念，能影響到竹垞的經學理論，其相關的主張、著作，也能影響到《經義考》的編纂。又閻若璩在辨訂《古文尚書》的概念，也影響其經學的觀念。倪我端的經學概念，更幾乎全受到竹垞的採納，諸如此類的理念，實能深切影響其理論的發展。反之，竹垞的學術觀念，也對其朋友產生影響，如引錄前人之說時，宜附註出處於下，此一概念，能影響到徐釚《詞苑叢談》的編纂。又其考證的觀念，以及隸書的推動，也能影響到鄭元慶的學術發展，諸如此類的交流，對於學術的推動，能有其正面的影響。

四、嗜好的相同

朋友之間，彼此能有共通的嗜好，才能結為好友。竹垞在經學、史學、金石學、詩、詞、古文等等，皆有良友為伴，例如：經學方面，有孫承澤、顧炎武、閻若璩等人，主要從事經籍的校訂和辨偽等工作，其間也能彼此論辨，可以累積個人的學術內涵；在史學方面，有編纂《明史》的諸多僚友，在金石學方面，有顧炎武、曹溶、孫承澤、張弨等人，能以喜好金石考訂聞名，其餘諸人，亦有類似的興趣。竹垞常和朋友考察各地石刻，也有共同考訂鐘鼎拓本的記錄，正是這些考察的成果，使其考證能有良好的成就。在詩詞方面，有曹溶、徐釚、汪森、曹寅諸人，彼此相互酬唱，編纂各類總集、詩文評等等，都顯示出相同的嗜好。

五、撰著的合作

竹垞和其朋友，也不斷編纂各類的典籍，促成撰著的風氣，如《詞綜》一書，即由汪森增補，並刊行之。另有《五代史記注》，是和鍾廣漢共通編纂。《石柱記》

〔註178〕參考註63，頁 1425～1426。
〔註179〕參考註63，頁 1428～1431。

是竹垞補錄，由鄭元慶加以箋釋而成。在《曝書亭集》中，時時可見其與朋友相互唱和的作品。在《經義考》的編纂中，也輯自許多朋友的撰著，增飾而成。《全唐詩未備書目》一書，是因應曹寅的邀約所編纂而成。《廣東詩選》則是爲曹溶甄錄，諸如此類的情況，可見竹垞的撰著，確實受其朋友的影響。

　　竹垞一生交遊極其廣闊，對其學術的發展，實有重要的貢獻。此外，竹垞曾位居文壇的領袖，並主導各項的學術活動，舉凡詩社的活動，古文的推行，乃至於圖書的刊印，藏書的互抄，甚至隸書的研習等等，均能展現領導的地位，其所推行的活動，也受到學者們的熱烈響應，對於清初學術的發展，實能擁有重要的影響作用。竹垞等人所形成的學術集團，正是結合當代的學術菁英，使得清代學術的發展，能逐步朝向實證之路前進，對於當時經學、史學、詩學、詞學、古文、金石學、乃至考證學的發展，能有著決定性的作用。這批學術的菁英，正形一股時代的潮流，推動清代學術的發展，對於日後乾嘉考證學派的盛行，提供良好的模範。當我們檢視竹垞的學術表現，可以明顯呈現出豐富的學術內涵，究其原因，除源自於個人的努力之外，也出於朋友間的相互砥礪所致。我們從其交游中，可以明顯感受其治學的方向，正是受到朋友的交互影響，是以呈現出時代的特點，也奠定其學術的成就。

第三章　朱彝尊整理文獻的成就

　　竹垞博覽群書，善於考證之學，王士禎《曝書亭集・序》指出：「四十年來，浙西言文獻者，必首朱氏（竹垞）」〔註1〕，可見其古籍整理的成就，業已深受學者的肯定。江、浙爲人文薈萃之地，其地出產的學者數量，向居全國之冠。陳鐵凡在〈清代學者地理分佈概述〉中指出：

　　　　清代考據之學一枝獨秀，而詞章次之，義理又次之。就地理分佈言，則東南諸省（蘇、浙、皖、贛、閩），華北、華中（直、魯、豫、兩湖）次之，西北、西南（陝、甘、川、滇、黔、兩廣）又次之。而東北一隅（奉天及滿蒙旗人）學者尤寥寥可數〔註2〕。

如就地理分佈而言，江蘇、浙江、安徽、江西、福建等地，皆是清代學風鼎盛之區。浙江出產的學者數量，雖位居江蘇之後，猶是全國學者的重要產地。如就學風的差異而論，又可區分成浙東、浙西二地，其地流通的學術風尚，或有不同。章學誠在論斷浙江學術的特點時，曾云：「浙東貴專家，浙西尚博雅，各因其習而習也。」〔註3〕，乃表明浙西學術的特點，在於崇尚「博雅」的風尚，是以浙西的學者，多能以博學聞名於世。此外，浙西亦是詞學勝地〔註4〕，竹垞自言「三十年

〔註1〕朱彝尊：《曝書亭集》，〈原序〉，（台北：世界書局，民國78年4月），頁4。
〔註2〕陳鐵凡：〈清代學者地理分佈概述〉，（台中：《圖書館學報》（東海大學）八期，民國56年5月），頁40。
〔註3〕章學誠撰、葉瑛校注：《文史通義校注》卷五，〈浙東學術〉，（台北：里仁書局，民國73年9月10日），頁523。
〔註4〕薛時雨《梅里詞輯・序》云：「浙西多詞家，而盛於嘉禾。其地本水鄉，煙波渺瀰，極魚蟹菱藕之饒，而城南鴛鴦湖澄瑩如鏡，尤占其勝。水澤之氣，靈秀鍾焉，故詞人往往傑出，自長水塘而南爲梅會里，國初以來號稱詞藪，嗚呼盛矣！」，即指明浙西盛行詞家的特色。竹垞亦曾推崇浙西著名詞家，其於《曝書亭集》卷四十，〈孟彥林詞序〉，頁490指出有「周邦彥」、「孫惟信」、「張炎」、「仇遠」、「呂渭老」、「張

來，作者奮起，浙之西，家嫻而戶習。」〔註5〕，浙江一地的山光勝景，觸動詞人創作的心弦，是以詞家輩出，如：李良年、李符、沈岸登、龔翔麟等人，彼此相互唱和，遂能帶動詞學創作的風潮。竹垞身處浙西之地，自會受到學風的激盪，與其朋友之間，談經論史，品評詩文，在學術、創作方面，能有卓越的成就。

竹垞致力於文獻的整理，舉凡經學、史學、金石、目錄諸方面，均有優異的表現，究其中的原因，除歸功於資質聰穎之外，也得力於後天的努力，史書稱其「生有異秉，書經目不遺」〔註6〕，這種特殊的記憶天份，尤有利於學術的研究，加以浙西地區，藏書風氣盛行，是以深受風氣的影響，乃成為兼具讀書、藏書、著書的優秀學者。潘耒在《曝書亭集‧序》中指出：

> 竹垞之學，邃於經，淹於史，貫穿於諸子百家，凡天下有字之書，
> 無弗披覽，墜聞逸事，無弗記憶，蘊蓄閎深，搜羅繁富，析理論事，考
> 古證今，元元本本，精詳確當，發前人未見之隱，剖千古不決之疑〔註7〕。

竹垞的學識基礎，乃是植基於經史百家之上，且能廣泛涉獵各項的軼聞，致使在析理考證方面，莫不精當確切，剖析決疑，能有獨到之識。潘耒之言，誠非虛譽，也確能掌握其博識的特質。竹垞生平愛好古學，能精通各項掌故，甚至金石碑版、草木蟲魚之屬，皆能一一考索，遂奠定其深厚的學識基礎，成為清初時期的重要學者，開啟乾、嘉考證學派的先聲。

第一節　治學的觀念

竹垞在文獻考證方面，能贏得眾多學者的讚譽，究其治學的觀念，必有過人之處，足以提供讀者參考之處。下文即分項論說，藉以明白其治學的特點：

一、援據精博，信而有證

明末清初之際，理學之風熾盛，在崇尚理學之下，使得學風流於空疏，令學者難於捉摸。江聲在《問字堂集‧贈言》中指出：「性理之學，純是蹈空，無從捉摸。」〔註8〕，這種觀念的形成，乃是針對「束書不觀」的理學末流者，所提出的

先」等人。
〔註5〕參考註1，卷四十，〈孟彥林詞序〉，頁490。
〔註6〕趙爾巽等撰：《清史稿》卷二七一，〈文苑一〉，頁13339。
〔註7〕參考註1，卷首，〈潘序〉，頁1。
〔註8〕語見孫星衍《問字堂集》一書的卷首。

一番糾彈。明末之時，學風趨於蹈空，學術發展有停頓的現象。隨著明朝的滅亡，學者將亡國的原因，歸咎於虛空的學風，爲求改善蹈空的風尚，乃揚棄舊有的觀念，致力於經世濟用之學，於是學風趨於篤實，考證之學趁勢興起，成爲清代學術的重要特色。竹垞身處學風轉移之際，能深受風氣的影響，遂改變其治學方向，投身於實學的研究。

考據之學的特點，在於整理眾多的文獻，能以審慎客觀的態度，來從事學術的研究，惟有通過文獻的歸納、分析之後，才能具有確切可靠的結論。因此，學者在提出結論之前，必須徵引各類的文獻，並能客觀的分析、驗證，才可以奠定紮實的學問內涵。考證的基礎在於文獻，是以學者們無不卯足全勁，從掌握圖書文獻開始，積極拓展學術的視野，遂能逐漸扭轉空疏的弊病。自顧炎武、黃宗羲、朱彝尊、閻若璩、胡渭、姚際恆諸人以下，皆能以博學能考，顯揚於世，使得清初的學術發展，能邁向重整的格局。竹垞擅長考證之學，考證貴在徵實，徵實的基礎，在於掌握各類的文獻，惟有博覽群籍，言而有據，才能彌補蹈空的陋習。余嘉錫在《目錄學發微》中指出：

> 夫考證之學貴在徵實，議論之言易於蹈空。徵實則雖或謬誤，而有書可質，不難加以糾正。蹈空則虛驕恃氣，惟逞詞鋒〔註9〕。

考證貴在徵實，若能言而有據，方能徵實可信。竹垞在取材方面，首重廣徵博引，其主張「取材之貴夫博也。」〔註10〕，意謂考證之時，能博通各類典籍，方能考證周詳，是以其對於前賢博稽眾籍，以利考證的作法，則給予高度的評價。例如：〈萬氏歷代史表序〉中指出：

> 鄞人萬斯同，字季埜，取歷代正史之未著表者，一一補之。凡六十篇，益以明史表一十三篇，攬萬里於尺寸之內，羅百世於方冊之間，其用心也勤，其考稽也博，俾覽者有快於心，庶幾成學之功，而無煩費無用之失者與〔註11〕。

考稽博詳，始能有「成學之功」，可見其推崇博證的成效。又《曝書亭集》卷三五，〈顏魯公石柱記釋序〉云：

> 余友鄭元慶止咥，既輯《府志》成書，又別釋《石柱記》一卷以行，考證精核，廣見博聞，洵不刊之書也〔註12〕。

〔註 9〕余嘉錫：《目錄學發微》，（台北：藝文印書館，民國76年10月），頁56。
〔註10〕參考註1，卷三九，〈鵲華山人詩集序〉，頁480。
〔註11〕參考註1，卷三五，〈萬氏歷代史表序〉，頁431。
〔註12〕參考註1，卷三五，〈顏魯公石柱記釋序〉，頁434。

一部優秀的典籍，必須考證精核，詳細可證，若要達到考證的功效，則需要有博聞廣識的能力，始能畢竟其功。又《曝書亭集》卷三十三，〈報徐敬可處士書〉云：

> 辱示《春秋地名考》，采擇群書，援據精確，嘗惜鄭樵之譜，張洽之表，徐得之之記，未寓於目，足下書成，可以無撼矣〔註13〕。

因此，竹垞不僅推崇博學的功效，也樂於以「援據精確」許人，究其原因，係因爲「援據精洽，足以益學者之神智。」〔註14〕，其主張藉由博覽群書，可以達到增廣見聞之效。從其種種的論述之中，可以見其對於「博學」的重視，希望藉由廣博的閱讀群籍，來擺脫明末以來的虛空之習，是以學界開始流行實證的風氣，學者在撰著之時，能以廣徵博考爲功，正是這股風氣的鼓盪下，乃帶動乾嘉考證學派的發展契機。

竹垞既知博證的益處，也積極推動考證的風尚，對於局守一家之說的作法，乃持有反對的立場。《五經翼‧序》中指出：

> 蓋聖人之道，莫備乎經學者，必老成人是師，庶學有統而道有歸，然守一家之說，足以自信，不足以析疑，惟眾說畢陳，紛綸之極，而至一者始見，故反約之功貴於博學，而詳說之也〔註15〕。

局守一家之說，將無法剖析決疑，惟有博學詳證，才能破除虛空的陋習。因此，在其考證之時，必先大量徵引各家的論點，逐一剖析疑說，才能得到確切的結論。因此，其對於穿鑿附會，言而無據的論點，乃加以否定，《經義考》卷二六一，「《貍首》」下案語云：

> 武進鄒肇敏作《詩傳闡》，謂瓠葉之詩云『有兔斯首』即係『貍首』，此穿鑿無據，不足信也〔註16〕。

「有兔斯首」一句，係出自《詩經‧小雅‧魚藻之什（瓠葉）》之詩，鄭玄〈箋〉指出：「斯，白也。」，又云：「首者，兔之小者也。」〔註17〕，並非鄒肇敏《詩傳闡》解作「貍首」，尤其鄒氏的解說，並無實證可供驗證，且與古代箋注未合，是以竹垞批評其說，乃是「穿鑿無據，不足信也」。又《經義考》卷二八四，「伏勝今文」下案語云：

〔註13〕參考註1，卷三三，〈報徐敬可處士書〉，頁410。

〔註14〕參考註1，卷三四，〈周易輯闡序〉，頁419～420。

〔註15〕朱彝尊：《經義考》（台北：臺灣中華書局據揚州馬氏刻本影印，民國68年2月台三版），卷二五一，頁2。

〔註16〕參考註15，卷二六一，頁4。

〔註17〕毛亨傳，鄭玄箋，孔穎達疏《毛詩正義》卷十五之三，（台北：藍燈文化事業有限公司影印嘉慶二十年江西南昌府雕「重刊宋本毛詩注疏附校勘記」），頁522。

　　　　郭子橫《洞冥記》謂伏生受《書》於秦博士李克，然不見於他書，

　　未敢深信〔註18〕。

伏生受《書》於李克之說，雖見載於《洞冥記》所載，然未見其他文獻記載此事，是以不敢深信其說。因此，其對於各項論說的確立，乃主張有許多的佐證資料，才能證成其說，若僅爲孤證之例，則心存懷疑，未敢輕信其說，究其作法，已能細心考察論證的週延與否，上述觀點的成立，可以看出其對於考證之學，實有正確的認知觀念。

　　竹垞既知博證的重要，在其考證之時，也能取材廣博，以供佐證之用。例如：《日下舊聞》雖僅四十二卷，其中引用的文獻，即高達「1669」種的著作〔註19〕，不僅數量驚人，且引證的內容，乃「自六經以至百家、二氏、國史、家集、方輿、海外之記載，遺賢故老所傳聞，靡不蒐錄。」〔註20〕，這些豐富的引書文獻，能奠定其考證的厚實基礎，也使其考證的成果，能廣爲學者所引用。此外，在《經義考》的纂輯上，亦能廣徵各類的典籍，使得其書的編纂，能收致良好的參考價值，例如：在《連山》的著錄下，即徵引《周禮》、《山海經》、「杜子春曰」、「桓譚曰」以下，迄於「黃宗炎曰」、「顧炎武曰」、「尤侗曰」、「黃與堅曰」等等，凡七十六項次的解題，對於我們瞭解《連山》的內容，實有莫大的助益。

　　竹垞善於掌握各類的文獻，舉凡經史子集諸籍，乃至於軼文瑣事，佛道諸籍，甚至金石鐘鼎之文，皆有涉獵，是以在考證成效上，能有較多的突破。由於能講究實證，是以在其考訂之時，多能言而有據，徵實可信，遂能突破舊有空疏的學風，爲乾嘉考證學派的發展，提供指引的方向。在明清之際，學界盛行空疏的學風，其能重視文獻引證的功用，並能親體力行，實際從事各項考訂工作，故其考證諸作，能蘊含多種資料，以利考證的推演，視其作法，實有值得效法之處。明清之際，學風流於空疏，博證的推倡，實能改善此一風氣，使學術的風氣，實趨於篤實，在竹垞等人的推動之下，也逐漸能改善舊有的風氣，並進而影響到乾、嘉學者的考證觀念。

二、反對抄襲，注重創發

〔註18〕參考註15，卷二八四，頁1。

〔註19〕參考李慈銘：《越縵堂讀書記》八，頁1012的統計。時值同治壬申（1872）正月初七日。

〔註20〕朱稻孫：〈竹垞行述〉，（台北：藝文印書館影印《丙子叢編》，民國61年），頁5。

明代中葉以後，抄襲之風競起，抄襲、僞冒的情形，乃時有所見。潘耒在《曝書亭集・序》中指出：

> 自明中葉，僞文競起，擬倣蹈襲，浮囂鉤棘之病，紛然雜出。二三君子以清眞矯之，而莫能救也。迄於末年，纖佻怪誕，軌則蕩然，道喪文弊於斯爲極〔註21〕。

明代中葉以後，學風流於仿效，抄襲成文，僞冒作者之事，屢見不鮮。清初時期，此風益烈，竹垞亦曾倣效古人文句。及長，乃大悔少作，於是改變治學的觀點，卒能重視創發之見。竹垞〈報李天生書〉中指出：

> 僕少時爲文，好規倣古人字句，頗類于麟之體，既而大悔，以爲文章之作，期盡我所欲言而已，我言之不工，必取古人之字句，始可無憾，則字句工拙，古人任之，我何預焉。乃深有契乎韓歐曾氏之文，不自知其近於道思〔註22〕。

竹垞古文的創作，從不自覺的倣效開始，後來悔其少作，乃主張文章能夠盡所欲言，以爲己用。這種觀念的改變，使其文章能脫離抄襲的陰影，重視個人的創發，並且能擁有自我的風格。竹垞和朋友談經論文之際，亦時時流露出此一觀點。在〈報李天生書〉指出：

> 足下試取古人而神明之，勿規倣其字句，抗言持論，期大禆於世道人心，而不爲虛發〔註23〕。

其認爲文章的創作，不應該模仿前人的文句，否則將使內容空洞虛發，無法傳達心中的意旨。因此，其主張文章本乎自得，能暢所欲言，不受前人文句的束縛，失去創作的用意。《曝書亭集》卷三十七〈秋水集序〉指出：

> 文之有源者，無畔於經，無窒於理，本乎自得，抒中心所欲言，固不在襲古人以求同〔註24〕。

文章的創作，不應抄襲古人文句，乃主張文章理應「本乎自得，抒中心所欲言。」，這種觀念的轉換，使其文章的創作，能具有創發性，非專意尋求倣效而已，如此一來，才能突破模仿的層次，眞正具有個人的特色，也使其文章成爲表達的工具。當其晚年課孫讀書之時，也能表達其反對抄襲，重視創發的觀念，用以教導後輩治學之法。朱稻孫在〈竹垞府君行述〉中指出：

〔註21〕參考註1，卷首，〈潘序〉，序一。
〔註22〕參考註1，卷三一，〈報李天生書〉，頁395。
〔註23〕參考註1，卷三一，頁396。
〔註24〕參考註1，卷三七，〈秋水集序〉，頁458。

（竹垞）閒居謂稻孫曰：「凡學詩文，須根本經史，方能深入古人
突奧；未有空疏淺陋，剿襲陳言而可以稱作者。今汝年已長，《記》云：
『時過然後學，則勤苦而難成；獨學而無友，則孤陋而寡聞。』」斯言宜
三復也〔註25〕。

這種反對抄襲的看法，也展現在學術的研究上，凡是抄襲之作，均給予嚴厲的批
評，例如：胡廣《五經大全》的修撰，多是抄錄前書，集結成冊，竹垞對其作法，
乃深表不滿。《經義考》卷四九，《周易傳義大全》下案語云：

永樂中詔修《五經》、《四書大全》，開館則給月饌，書成則賜鈔賜
幣賜燕，又御製〈序〉文頒行，稱爲廣大悉備，不知胡廣諸人止就前儒
之成編，一加抄錄而去其名。如《詩》則取諸劉氏；《書》則取諸陳氏；
《春秋》則取諸汪氏；《四書》則取諸倪氏；《禮》則於陳氏《集說》外，
增益吳氏之《纂言》；《易》則天台、鄱陽二董氏，雙湖、雲峰二胡氏。
於諸書外，全未寓目，所謂《大全》，乃至不全之書也。夫既竊其廩賜，
並未效纖毫搜采之勤，攘私書爲官書，以罔其上，豈不顧博聞之士見而
齒冷乎？即此可見胡廣心術之不純，而同事諸臣亦苟且游戲甚矣〔註26〕。

竹垞對於《五經大全》的編纂，悉數抄襲前賢之書，「未效纖毫搜采之勤」，「攘私
書爲官書」的作法，甚表不滿，並以胡廣「心術之不純」，其餘纂輯諸臣「苟且游
戲」爲評，諸如此類的評論，可見其反對抄襲的作爲，並且對於此類的作品，提
出嚴重的批評。綜合上述所論，竹垞曾對抄襲之作深表不滿，但對於著作能有創
見者，則持肯定的態度。如：《經義考》卷二五一，郁禾《五經考辨》下案語：

郁氏不知何許人，亦未晰其時代，第知其字曰計登而已。休寧戴生
錡獲之揚州士人家，手錄以歸，文凡二十二篇，又〈序〉一篇，辭甚條
暢，不襲前人齒牙，可謂博雅之士〔註27〕。

竹垞對於郁禾《五經考辨》一書，能夠辭理通暢，內容能有創發，「不襲前人齒牙」
的作法，則深表肯定，並給予「博雅之士」的評價，這種重視創發的精神，使其
在學術研究上，也能審慎評估學者的論點，並能針對各人的論見，提出其個人的
創獲，使其考證的成果，能受到世人的重視。

竹垞反對抄襲，重視創獲，在其編纂之時，都能儘量標注出處，如《日下舊
聞》在編纂之時，雖採錄一千四百餘種圖書，但「慮觀者莫究其始，必分注於下」

〔註25〕參考註20，頁7。
〔註26〕參考註15，卷四九，頁8。
〔註27〕參考註15，卷二五一，頁4。

〔註28〕，究其作法，乃是效法衛湜《禮記集說》之意：

> 昔衛正叔嘗纂《禮記集記》矣，其言病世儒勦取前人之說以爲己出，
> 而曰：「他人著書，惟恐不出於己。予此編惟恐不出於人。」彝尊不敏，
> 竊取正叔之義〔註29〕。

竹垞反對抄襲他人之說。因此，當徐釚在編纂《詞苑叢談》之時，不注明出處時，竹垞尚能提出規勸，以盡朋友之責。〔註30〕竹垞能在治學的觀念上，反對抄襲前人的論點，並對於當時流行的抄襲風尚，提出批評與建言，顯見其對於學術的創發性，抱持著正確的觀念，這種觀念的延伸下，對於考證學的發展，能有所貢獻。

三、稽古崇漢，重視傳授

竹垞治學講究實證，凡事能審慎客觀的評量，於是從文獻的整理過程中，發掘漢學考據之學，未可盡廢，是以其治學的觀念，明顯傾向於漢儒考訂之學。《曝書亭集》卷三十五，〈江村銷夏錄序〉指出：

> 予嘗至太學，摩抄石鼓文，驗其行數，據以駁成都楊氏之作僞，因
> 是而思，漢儒訂詁之學，有未可盡非者爾〔註31〕。

竹垞能根據實物考察，得知經籍僞作的情形，並由實際的考訂中，能知漢儒訂詁之學，實非全然無益，能有功於經學的審訂者也。由於重視實物的考察，使其對於漢碑的學術價值，持有肯定的態度，從不斷的考證過程中，也深知漢儒學說的精當，實有值得參證之處，乃大力鼓吹漢儒的學術成就。例如：《經義考》卷二九七案語云：

> 漢之經師用力勤而訓義覈，有功於經大矣。而又兢兢各守其師說，
> 遇文有錯互，一字一句不敢移易，其尊經也至，莫有侮聖人之言者，平
> 心以揆之，漢人亦何罪之有？乃宋人之論，謂《詩》因《序》而亡，經
> 因窮而絕，至以訓詁之害等于秦火之燔，毋乃過與〔註32〕？

〔註28〕 參考註1，卷三五，〈日下舊聞序〉，頁440。

〔註29〕 參考註1，卷三五，〈日下舊聞序〉，頁440。

〔註30〕 參考本文第二章第二節「朱彝尊的交游」一文，該文有較爲詳盡的說明。

〔註31〕 參考註1，卷三五，〈江村銷夏錄序〉，頁439。有關於辨證楊慎僞作石鼓文的論證，見於朱彝尊：《曝書亭集》卷四七，〈石鼓文跋〉，頁561～562，相關的說明，詳見第二節「治學的方法」。

〔註32〕 參考註15，卷二九七，頁17。又參考註1，卷三四，〈授經圖序〉亦有類似的評論，其謂「漢儒洵有功於六經」者（頁428），即在推崇漢儒的成就。又竹垞曾於《曝書亭集》卷七八，〈儒學訓導倪君墓誌銘〉，頁884指出：「群經縱有錯簡，宜仍其

漢代經師致力於經文的訓釋，由於遵守師說之言，是以不輕言改經，有助於經文的保存。因此，竹垞在考證過程中，發現漢儒治經的成果，實非一無可取，乃積極轉爲尊崇漢學，後能以此名家，張之洞將其列入「漢學專門經學家」〔註33〕，即爲明證。

　　漢儒崇尚訓詁之學，往往說一經至百餘萬言，故博識之士，能深從其說。反之，宋儒尚義理之學，動輒改經以合論議，雖能發明經義，但往往缺乏實證，是以博古之士，必從批判宋儒開始〔註34〕，竹垞對於漢朝以下的經學風尚，有著如下的評論：

　　　　予謂經學之不明，非一日矣。自漢迄唐，各以意說，散而無紀，其
　　弊至於背畔，貴有以約之。此宋儒傳注之所爲作也。今則士守繩尺，無
　　事博稽；至問以箋疏，茫然自失，則貴有以廣之〔註35〕。

自漢迄唐的儒者，崇尚廣博，未能定於一說，易致於散亂無紀，必須濟之以簡約，使論點精簡深入，達到闡釋經義的目的；至於宋儒以下的學者，過份崇尚義理的發揚，反輕忽博證的功效，持守一經，以爲立論的根本，至於其他經疏之文，則未能涉及研究，必須濟之以廣博。竹垞對於漢代以迄清初的經學發展，皆有批評，其經學的觀念，則近於漢儒之說。由於從實證的觀點出發，使其對於漢儒的博學能文，不輕易改動經文的作法，表達出深切的認同。

　　竹垞崇尚漢學，對於宋儒的表現，能有所批評，尤其對於《太極圖說》、《皇極經世書》的評論〔註36〕，更曾獲得黃嗣艾的讚賞〔註37〕，並引爲有識之言。茲引《經義考》卷二七一，邵雍《皇極經世書》下的案語，以爲論說：

　　　　康節之水火土石，仿諸佛氏之地水火風也；色聲氣味，取諸佛氏之

舊，宋元諸儒，多逞臆見更易，未免每聖人之言」。案：「倪君」，爲「倪我端」，上
　述之文，雖是竹垞評論倪氏的經學概念，但其云「其持論頗與予（竹垞自己）合。」，
　顯見竹垞對於宋元諸儒的改經行爲，頗不以爲然。

〔註33〕張之洞、范希曾補正：《書目答問補正》附錄二〈國朝著述諸家姓名略〉，（台北：漢
　　　　京文化事業有限公司，民國73年1月31日），頁347。

〔註34〕翁方綱：《經義考補正》（台北：新文豐出版有限股份公司，民國73年6月初版），
　　　　卷第二，頁14，該文指出：「大約博聞洽見之士多喜駁宋儒，是亦後學所不可不知
　　　　也。」，這種說明，正符合竹垞觀念的轉變。

〔註35〕參考註1，卷三四，〈五經翼序〉，頁428。

〔註36〕有關《太極圖說》的論點，見於參考註1，卷二一，〈齋中讀書十二首〉，頁261。
　　　　又卷五八，〈太極圖授受考〉，頁677。至於《皇極經世書》一書的評論，則參考註
　　　　15，卷二七一，頁4。

〔註37〕黃嗣艾：《南雷學案》，（台北：明文書局，民國74年），頁683。

色聲香味也，遇數之五，率去其一，若夫天有五星，地有五服、五溝、五塗，人有五藏，教有五典、五禮，祭有五祀，目有五色，耳有五音，口有五味，鼻有五臭，手有五指，繪有五章，律有五度、五量、五權、五則，康節亦安能悉為減損其說？亦窒而不可通矣〔註38〕。

竹垞從客觀的比勘中，察知邵雍取佛家之說，用以解釋經義，並擅自更改經文的作法，評為「窒而不可通矣」。竹垞反對宋儒改經的行為，〈儒學訓導倪君墓誌銘〉指出：

群經縱有錯簡，宜仍其舊，宋元諸儒，多逞臆見更易，未免侮聖人之言，其持論頗與予合〔註39〕。

上文是竹垞總評倪我端的經學觀念，惟文末云「其持論頗與予合」，顯示其經學的觀念，同於上述的論見。從說明之中，可以感受其反對改經的行為，主張「縱有錯簡，宜仍其舊」，因此，在其校理經籍異文之際，也不輕言改動經文，以存其舊說者也，這種種的作法，與其平日的主張相符。此外，其批評宋元諸儒的改經行徑，乃是有侮「聖人之言」，顯見其能突破宋儒至上的想法，而在治學的觀點上，傾向於古學的主張。

竹垞雖反對宋儒的改經行為，使得經籍離其原貌愈遠，但其反對宋學最力者，卻是學者過度崇尚朱子學說〔註40〕，因而導致民眾僅習朱子之學，放棄其他經籍的研究，對於此一行為，竹垞提出高度的不滿，其認為「聖人之道，著在六經，是豈一師之所能囊括者與！」〔註41〕，是以其對於過度崇尚朱學，致使議論稍欠公允的情形，則提出其個人的批評。例如：《經義考》卷二八三，「張子《易》」下云：

伊川嘗語其徒學《易》先看王弼。蓋漢儒言《易》或流入陰陽災異之說，弼始暢以義理，而明道、涑水諸公皆訛其以《老》、《莊》解易。愚攷橫渠《易說》開卷詮〈乾〉四德即引「迎之不見其首，隨之不見其後」二語。中閒如「谷神芻狗」、「三十輻為一轂」、「高以下為基」皆《老子》之言。在宋之大儒，何嘗不以《老》、《莊》言《易》，然則弼罪未至深於桀、紂也〔註42〕。

〔註38〕參考註15，卷二七一，頁4。

〔註39〕參考註1，卷七八，〈儒學訓導倪君墓誌銘〉，頁884。

〔註40〕參考註1，卷三五，〈道傳錄序〉：「宋元以來，言道學者，必宗朱子，朱子之學，源於二程子，先二程子言學者為周子，於是論者尊之，謂直接孟子，為道統之正。」，即說朱學獨尊的現象。（台北：世界書局，民國78年4月），頁434。

〔註41〕參考註1，卷三五，〈道傳錄序〉，頁434。

〔註42〕參考註15，卷二八三，頁8。

歷來批評王弼緣引《老》、《莊》解經之罪，深於桀、紂者，始自范甯之說。宋儒深信其說，遂以此非議王弼之過，如程顥：「王弼注《易》，玄不見道，但卻以《老》、《莊》之意解說而已」、司馬光云：「輔嗣好以《老》、《莊》解《易》，恐非《易》之本旨。」〔註43〕，是以宋儒對於援引《老》、《莊》之言，以解經義的作法，提出許多的批評。竹垞以宋儒亦援引《老》、《莊》解說經文，說明其弊不足以深責，至於宋儒評論王弼之失，則是承繼范甯之論，致有失當之處，竹垞另作〈王弼論〉〔註44〕，藉以說明其說不足輕信，這種審慎評估，不輕信成說的態度，實值得我們的效法。

又《經義考》卷一一七，孫承澤《詩經朱傳翼》下案語云：

退谷孫氏謂「毛氏之罪豈在輔嗣下」。毛氏較齊、魯、韓三家，《詩》最醇，故獨傳，其亦何罪之有？此由尊朱子之過也，未免失言矣〔註45〕。

有關宋儒對於王弼注《易》的看法，已見上文說明，茲不贅述。承澤以毛亨之過，甚於王弼注《易》之失，乃是尊崇宋儒以來的一貫見解。由於過於尊崇朱子學說，致使議論失當，無法客觀評斷其價值，是以竹垞評為「失言」，表明其反對的立場。

竹垞治學既尊漢學，也能吸收漢儒的師承概念，故對於學術的演變，顯得十分重視。無論是學說的授受，或是典籍的流通，多能說明演變的歷程，例如：《經義考》卷三一，朱熹《易傳》下錄竹垞案語云：

程子《易傳》依王輔嗣本，朱子《本義》用呂伯恭本，原不相同。自克齋董氏合之，移朱子本以就程子之書，明初兼用之取士。其後學者多置程《傳》，專主朱《義》，於是姑蘇成矩叔度為奉化教諭，削去程《傳》，乃不更正以從朱子之舊，當新鋟時，楊文懿守陳序之，有云：「是編異朱子元本，亦以便士也。好事者何容喙哉？」文懿蓋心非之，而不能奪也。今用之三百年，習《易》者茫然不知《本義》元本，若矩者，豈非朱子之罪人與〔註46〕？

程頤《易傳》源自王弼之本，朱熹《本義》則源自呂伯恭本，二者授受不同，後經董楷強行併合二書，並以朱熹之本牽就於程頤之書。其後，朱熹之書通行於世，且成為科舉的樣本，程頤之書為士子略去，故成矩乃削去程《傳》之文，卻忘記朱子《本義》所用的底本，係取自呂伯恭之本，而非取自王弼之書，如此一來，

〔註43〕參考註15，卷十，頁5。
〔註44〕參考註1，卷五九，〈王弼論〉，頁695～696。
〔註45〕參考註15，卷一一七，頁2。
〔註46〕參考註15，卷三一，頁6。

則流傳體系錯亂，非原來次第。觀其案語的內容，可知程、朱二書的授受來源，也能得知其流傳的過程。竹垞重視經學的流傳過程，每於各期經說的風尚，能有清晰的認識，茲舉《曝書亭集》卷三四，〈涪陵崔氏春秋本例序〉云：

> 以例說《春秋》，自漢儒始。曰牒例，鄭眾、劉寔也。曰謚例，何休也。曰釋例，潁容、杜預也。曰條例，荀爽、劉陶、崔靈恩也。曰經例，方範也。曰傳例，范寧也。曰詭例，吳略也。曰略例，劉獻之也。曰通例，韓滉、陸希聲、胡安國、畢良史也。曰統例，啖助、丁副、朱臨也。曰纂例，陸淳、李應龍、戚崇僧也。曰總例，韋表微、成元、孫明復、周希孟、葉夢得、吳澂也。曰凡例，李瑾、曾元生也。曰說例，劉敞也。曰忘例，陳德寧也，曰門例，王鏓、王炫也。曰地例，余嘉也。曰會例，胡箕也。曰斷例，范氏也．曰異同例，李氏也。曰顯微例，程迥也。曰類例，石公孺、周敬孫也。曰序例，家鉉翁也。曰括例，林堯叟也。曰義例，吳迁也。而梁之簡文帝，齊晉安王子懋，皆有例苑，孫立節有例論，張大亨有例宗，劉淵有例義，刁氏有例序，繩之以例，而義益紛綸矣[註47]。

觀上述所論的諸多條例，從兩漢迄於宋元，凡是釐測《春秋》例則者，均能涵攝其中，觀其所論之例，內容紛雜多方，若非通於經籍流變者，實難以言明清楚，可見其對於經學的流變，頗為留意，在龐搜博考之際，所論能有參考價值。此外，《經義考》尚有「承師」五卷，專門說明各經師的傳授體系，於各經師的傳承過程，有清楚的記載，請詳見第八章第二節「類目的闡釋」的說明。

竹垞重視典籍流通的情況，其藏書多能記其來源，例如：〈太平寰宇記跋〉一文指出：

> 《太平寰宇記》二百卷，《目錄》二卷。宋朝奉郎太常博士樂史撰。康熙癸亥（1683），抄自濟南王祭酒池北書庫，闕七十餘卷。後二年，後借崑山徐學士傳是樓本繕寫補之。尚闕河南道第四卷，江南西道第十一至十七卷，聞黃岡王少詹購得上元焦氏所藏足本，及詢之，則卷數殘闕同焉[註48]。

據此，對其家藏《太平寰宇記》一書，係抄自王士禎家藏之書，惟闕七十餘卷，其後借抄徐乾學「傳是樓」藏本，使其內容僅闕八卷，大大補足原來的缺漏。從上文的說明中，可以得知其書流通的來源。在《經義考》、《曝書亭集》中，即有

〔註47〕參考註1，卷三四，〈涪陵崔氏春秋本例序〉，頁426。
〔註48〕參考註1，卷四四，〈太平寰宇記跋〉，頁530。

許多關於藏書的記載，從這些資料中，可以看出圖書流傳的經過。由於其重視傳授的過程，是以《經義考》在編纂之時，能加入學術的演變、藏書的始末、以及存佚的考察等等，有助於讀者瞭解經籍傳授的情形。

博識之士，易於接受漢儒的考訂之學，終將走向考證之路。同時，由於接觸資料愈廣，對於宋儒改經的情況，也能產生批判的心理。竹垞所處的時代，猶是理學發達的世代，是以其論學的觀點，雖偏向於漢儒的考證之學，但對於理學的排斥程度，並非十分嚴重，僅是客觀意識到宋儒的觀點，未能合乎實證，且在定於一尊的情況下，難以兼顧事實的正確判斷。嚴格說來，其對於宋儒的批判，僅是客觀的呈現事實，以供讀者抉擇。相較之下，顧炎武諸人，較能秉持「漢、宋兼采」的觀點，竹垞較偏向於漢學的考證，對於宋學義理的闡釋，也較少發揮，是以其經學的成就，僅在「考證」的部份，並無其他義理之學的撰著，這種崇尚漢學的思考方式，與其重視師承傳授的觀點，有著明顯的關聯性。

四、實事求是，不執成見

竹垞崇尚漢儒考證之學，考證在於求眞，求眞的精神，在於審愼評估，實事求是，故常能運用校勘、辨僞之法，以考求事實的眞象。中國典籍的流傳，在歷經百千年之後，文句常有改動，竹垞在考證眾多文獻之後，對於典籍內容的眞僞是非，能有清楚的認識。因此，在治學的觀點上，傾向實事求是，對於文獻的記載，也能提出不少的修正，茲舉數例以明之：《曝書亭集》卷四十六，〈溪州銅柱跋〉云：

> 康熙戊午（1678），崑山葉徵士奕苞，相聚京師，語及金石文，自言家有銅柱記拓本，乃託其郵致，具錄記文。審訂〈楚世家〉之誤，「弘皋」，止名曰「皋」；彭士愁，易以「士然」；其子師果，易以「師屬」，劉勍，本靜江軍指揮史，不書其官，未免太略，亦且失實，斯當以記爲正也〔註49〕。

這是針對歐陽修《五代史》的錯誤，提出糾彈。雖然歐陽修的學術聲望頗高，但其相關史實的記載，仍有謬誤，竹垞據〈溪州銅柱〉的銘文內容，來考察相關資料的錯誤，據以補證若干的史料，這種實事求是的精神，使其對於史料的正確與否，十分重視，是以辛勤考訂各種典籍，故能有卓越的成就，張之洞將其列入史

〔註49〕參考註1，卷四六，〈溪州銅柱記跋〉，頁 557～558。

學名家之列〔註50〕，即爲明證。

「實事求是」是考證學家的必備要件，隨著廣泛閱讀各項資料之後，竹垞對於史料的眞象，也能客觀的分析評斷，不輕信成說，爲求達成此一目標，其對於材料的選擇，十分重視。竹垞重視金石史料的價值，每引爲判斷的準據，但其運用之際，亦能審愼評量其正確性，〈晉汲縣齊太公二碑跋〉云：「金石之文亦有不足信者」〔註51〕，即表明其實事求是的觀念。例如：〈題僞刻李衛公告西嶽文〉云：

> 世傳李衛公未遇，爲文告西嶽神，意在取天下，次則擇主而仕，若微時預以帝王自許者。考之史，衛公初仕隋，爲殿內直長，尋爲馬邑丞，唐高祖擊突厥，衛公察其有非常志，乃自鎖，上急變。《新、舊唐書》所載略同，可謂不知天命之尤者，亦安得於未遇時，逆知爲唐佐命，出入將相乎。其事雖見李肇《國史補》，而告文不知何人所作，**其云「斬大王之頭，焚其廟宇。」**豈衛公之言，昧者從而刻之石，按歐陽、趙氏所錄皆無之，蓋近代作僞者爲之，眞妄男子也〔註52〕。

「李衛公」即爲「李靖」，相傳其未遇之時，曾爲文告西嶽神，期能得取天下，或擇明主而輔之，其故事後爲杜光庭〈虯髯客傳〉〔註53〕取法，以其能預知李世民之賢，乃盡力輔之，終得天下。然而，竹垞考之《新》、《舊唐書》，以李靖初時仕隋，未能襄助李淵，以其預知李氏之賢，擇明主而仕的論點，或有盲誤，其既未有爲文告西嶽神之事，則其碑文，必爲僞刻，不足爲信，是以金石碑文，未足全信，全需憑藉史實論定之。因此，竹垞雖能運用金石碑帖，但亦非全然盲從，能實事求是者也。此外，其對於實錄的取擇，亦非完全盡信，〈南京太常寺志跋〉云：「實錄出於史臣之曲筆，不足從也。」〔註54〕，這是針對明代實錄的缺失，所提出的批評。一般而言，學者對於實錄的史料價值，常持肯定的態度，但竹垞仍能查其實情，不輕信其說。在其晚年之時，曾有感於《建文實錄》的紕繆，乃發願重新考正釐訂，「無使後世滋惑也」〔註55〕，這種實事求是，爲求保存文獻的眞實

〔註50〕參考註33，附錄二〈國朝著述諸家姓名略〉，頁343～360。

〔註51〕參考註1，卷四八，〈晉汲縣齊太公二碑跋〉，頁574。

〔註52〕參考註1，卷四八，〈題僞刻李衛公告西嶽文〉，頁581。

〔註53〕其事見於《太平廣記》卷一九三，內容爲大多杜撰，不足爲信。由於文筆生動，故事流傳極廣，後爲明鳳翼及張太和《紅拂記》；凌初成《虯髯翁》；馮夢龍《女丈夫》、無名氏《雙紅記》等取法。

〔註54〕參考註1，卷四四，〈南京太常寺跋〉，頁541。

〔註55〕參考註20，頁7。

性，乃孜孜矻矻從事考訂工作，使其考證的成果，能具有參考的價值。

竹垞在文獻整理之時，能不執成見，對於前人論訂的成果，也能審慎評量，不輕信成說。透過這種獨立思考的審查，使其能夠突破成說，擁有嶄新的見解。〈史館上總裁第六書〉云：

> 明自萬曆間，顧高諸君子，講學東林書院，士大夫嚮風景從，主持清議，久而漸成門戶，不得其門入者，分鑣而馳，遷染之塗既殊，相爭如水火，當是時，中立不倚者寡矣。究之東林多君子，而不皆君子；異乎東林者，亦不皆小人，作史者，當就一人立朝行己之初終本末，定其是非，別有白黑，**不可先存門戶於胸中，而以同異分邪正賢不肖也**〔註56〕。

竹垞在整理典籍之時，主張不可先存門戶之見，以免有礙事實的探討，對其文獻的整理與考訂，能深有益處。文獻的整理，若有先入為主的概念，將妨礙考訂的正確性，也無法突破舊有的論點，惟有不輕信成見，能據文獻來判明真假，才能有助於正確的評斷。竹垞有關《明史》的諸多論點，能贏得世人的肯定。例如：《清史列傳》卷七十一，〈文苑傳二〉指出：

> （竹垞）謂方孝孺之友宋史珩、王孟縕、鄭叔度、林公輔諸人咸不及於難，則文皇當日無并其弟子友朋為一族戮之之事，其所謂九族者本宗一族也；謂東林多君子而不皆君子，異乎東林者亦不皆為小人。作史者不可先存門戶之見，而以同異分邪正、賢不肖。世皆以為有識〔註57〕。

竹垞重視文獻的真實性，凡事以實證為基準，不輕設立場，故能客觀評判史實，有助於文獻的整理工作。在其整理歷來經學傳授體系時，對於前人抱持成見的看法，也能提出批評，所謂「議祀之典，先橫七十子之目于心胸，慮溢七十二人之外，于是論者紛綸，以臆斷為進退。」〔註58〕，過去學者在整理孔子弟子的資料時，往往受限於「七十二人」的成見，致使考訂難以反映真實的情況，所得的結果，也會有極大的出入。因此，竹垞對於前人整理的概念，抱持不同的想法，使其考訂之時，能不先拘泥於成見，能以文獻為佐證，使其考證的成果，能有所突破。

以今日而論，「實事求是」僅是一個簡單的學術觀念，但衡諸當時的學風，普遍流行著「抄襲」的風尚，其能堅持「求真」的理念，尤屬難得。竹垞能堅持講究實證，不輕信成見，這種客觀思維、辨證的方式，將有利於考證學派的發展。處於清初時期，其能擁有如此的見解，使其考證的觀念，可以超越同時的學者，

〔註56〕參考註1，卷三二，〈史館上總裁第六書〉，頁407～408。
〔註57〕王鍾翰點校：《清史列傳》卷七一，（北京：中華書局，1987年11月），頁5776。
〔註58〕參考註1，卷五六，〈孔子弟子考〉，頁651。

能以考證聞名於世，觀其考證的成果，能屢爲後世學者取法，引爲考證的輔證，其中《經義考》一書，更名列考證學的經典著作。此外，「不執成見」的觀念，即是秉持客觀分析的理則，凡事不受限於前人的判定，能依據證據的多寡，來判斷事情的眞象與否，使其能突破傳統的觀念，在考證事理之時，能有很好的創見。每個人在判斷事理之時，往往會受到前人識見的影響，若多以前賢的觀點爲其依據，將很難從事客觀的分析，從其文獻整理的觀念來看，能不輕信傳言，凡事均能依據史料的內容，使其更能瞭解事件的眞象，所得的結果，也能突破舊有的觀點，擁有許多的創獲。

五、簡明精要，去除繁瑣

竹垞治學的觀念，雖講究援據精博，但非堆砌資料即可，其重視文獻的釐訂，並主張表達的方式，要能精要切當。《曝書亭集》卷三十四，〈春秋地名考序〉云：

> 《地名考》一十四卷。吾鄉徐處士善所輯，予受而讀之。愛其考跡疆理，多所釐正，簡矣而能周，博矣而有要，無異聚米畫地，振衣而挈其領也〔註59〕。

凡是考證之作，必須簡明周詳，博證能有條理，才是難得的佳作。竹垞強調博證的重要，但若僅求廣博，排比諸文，未能稍事剪裁，終非完善之作，故其主張博證之餘，需繩之以簡約精當，《曝書亭集》卷三十二〈史館上總裁第七書〉中指出：「纂修者，得以參詳同異，而不失之偏」〔註60〕，所謂「參詳同異，而不失之偏」，即是重視剪裁的作用。在眾多材料之中，詳參博考，釐訂異同，方能得出著作之精髓。因此，其雖提倡博覽群籍，但非一味的講究廣博，而不事剪裁。〈五代史記注序〉強調刪繁削簡的觀念：

> 歐陽子《五代史》，其初約尹師魯分撰，既而不果，師魯別撰《五代春秋》，載《河南集》，歐陽子〈諸帝紀〉實取其材。蓋心折其辭之簡而有法，務削繁歸於要，然〈司天〉、〈職方〉二考之外，舉凡〈禮樂〉、〈兵刑〉、〈職官〉、〈食貨〉諸大政，略焉勿書〔註61〕。

文辭能求其簡約，而有法度；內容求其精要，而刪其繁贅。取材宜廣，剪裁宜精，才能達到簡明精要的要求。竹垞〈讀禮通考序〉中指出：

〔註59〕參考註1，卷三四，〈春秋地名考序〉，頁427。
〔註60〕參考註1，卷三二，頁408。
〔註61〕參考註1，卷三五，〈五代史記注序〉，頁531。

（《讀禮通考》）凡一百二十卷，摭采之博而擇之精，考據之詳而執
之要，此天壤間必不可少之書也〔註62〕。

學術的撰著，需要採證廣博之外，也要重視題材的選擇，才能精要的闡釋事理。
竹垞雖強調博證的工夫，也重視精要，若僅要求廣博，而不能精當切要，終究不
是優秀的著作。因此，其對於文獻的考證，除要求內容的豐富之外，也能注重裁
剪，使考證的結果，能夠簡要精要的呈現，非單純的排比，所能比擬者。

竹垞重視剪裁的作用，對於繁雜累贅之書，亦提出其批評的論點，如〈夢梁
錄跋〉指出：

囊從古林曹氏借抄《夢梁錄》，係楊禮部南峰節文，止得十卷，後
留京師，聞棠村梁氏有足本，其卷倍之，亟錄而藏諸笥。歲辛巳（1701），
寓居昭慶僧樓，取而卒讀之，嫌其用筆拖沓，不知所裁，未若泗水潛夫
《武林舊事》之簡而有要也〔註63〕。

雖然竹垞重視文獻的引證，但對於資料的精簡剪裁，亦甚表重視，若其書繁瑣無
當，倒不如簡而有要，較能流傳久遠。在其晚年修訂《曝書亭集》之時，也能秉
持精要簡明，汰繁剔謬的要求，來刪改自己的全集，希望能透過採擇之後，使其
傳之久遠，其在〈寄禮部韓尚書書〉中，闡述這種觀念：

（竹垞）緣已刻未刻稿未免太多，慮不足以傳遠，尚須削繁剔繆，
存其十五，然後繕錄上呈記室〔註64〕。

竹垞書稿雖多，但為求流傳久遠，仍主張「削繁剔繆」，將稿件擇要刊行，這種整理
的觀念，並非一味的求多取勝，乃是主張簡明精要，去除繁瑣無用的內容，才能使
文章流傳後世。從《曝書亭集》的刊印，正可看出竹垞刪除許多的詩文稿件，是以
後世學者，時時輯錄其佚詩遺文，如：馮登府輯《外詩》五卷，《詞》一卷，《文》
二卷，有道光刊本行世〔註65〕；另有翁之潤《曝書亭詞拾遺》〔註66〕等等。從上述
的論點，可知其雖主張博引群書，但亦需加以剪裁，使其精要切當，去除贅文，這
種治學的觀念，使其作品能夠簡明精洽，流傳後世，且能贏得眾人的讚賞。

竹垞治學的觀念，自有一套運行的法則，以今日觀點視之，其治學的觀念，

〔註62〕參考註1，卷三四，〈讀禮通考序〉，頁424。
〔註63〕參考註1，卷四四，〈夢梁錄跋〉，頁534。
〔註64〕參考註1，卷三三，〈寄禮部韓尚書書〉，頁414。
〔註65〕（清）邵懿辰撰、孫詒讓等參校、邵章續錄邵友誠重編：《增訂四庫簡明目錄標注》
　　　　下冊，集部七‧別集六，頁865。
〔註66〕《北京圖書館古籍善本書目》集部‧詞類，頁2963。

或許並無太多創獲，但衡諸三百年前的學術環境，其中的論點，已能突破當時學者的見解，能以客觀析理的方式，來考察學術的眞實性。整體而言，其學術的論點，大抵圍繞在稽古、求新、求善、求眞等四項特點：在稽古方面，其能重視漢學，善用秦漢以前的文獻，對於經籍、鐘鼎、金石的運用，能有正確的概念，使其文獻的蒐求，能突破舊有的束縛，有較多的創獲。此外，其考證的觀點，受到漢儒訂詁之學的啓發，對其校勘、辨僞的發展，能有正面的貢獻。有關其師承傳授的概念，也明顯承繼漢儒的傳統，故能重視學風的演變，甚至於典籍存佚的追索，皆得力於此。在求新方面，其反對抄襲的作爲，凡是抄襲之作，皆給予嚴厲的批判，其主張學術貴在創新，能實事求是，審愼考量，再輔以實證，才能突破舊有的窠臼，擁有創新的觀點。在求善方面，由於明清之際，學風流於空虛奇誕，學者往往執守一經以立說，雖足以自信，卻未能析疑，針對此一特點，竹垞濟之以博證，從眾多文獻之中，剖析決疑，尋求合理的判斷。在顧炎武、黃宗羲，以迄竹垞、閻若璩等人，學者逐漸跳脫陋習，學風爲之一變，轉向實學的研究。在這些學者之中，竹垞的方法，雖非首創，但能承繼顧、黃等人的觀點，並能全面拓展文獻的運用，在研究的廣度及深度上，能有所突破，於文獻的運用上，更能重視經史、金石、方志的利用，顯出全方位的學風，增進學說的完善程度。在求眞方面，其能實事求是，尋求史實的眞象，對於去除疑說，明辨眞僞的發展，能有正面的作用。竹垞治學的觀點，明顯有著漢儒訓詁的影子，這種特質，顯然和清初漢、宋兼采的學風，有著明顯的差異。在稽古崇漢的觀念下，使其學術的發展，能逐漸走向考證之路，對於日後考證學的發展，也有著深遠的影響。

第二節　治學的方法

　　一位著名的學者，必有其完善的方法，以爲後盾，才能厚植學力。若方法未能觀照各項議題，所收的成效，必定十分有限。竹垞豐富的學術涵養，正是植基於完善的方法所致，是以能拓展學術視野，也能鑿深研究的深度，促使其成爲學養深厚，見聞廣博的學者。觀其撰著的性質，遍及經、史、子、集諸部，對於文獻的考證，也有優異的表現。豐富的學識，外加縝密的方法，使其析理考證，求眞訂僞方面，屢有創發之見，成爲著名的考證學者。下文之中，筆者嘗試歸納其方法，使讀者明白其運用的法則，可供治學的參考。

一、考訂版刻，審其優劣

明清之際，圖書取得不易，不少學者爲求有書可讀，乃借抄於各大藏書家，是以抄本頗多，爲求篇章的正確及其完整，乃四處尋覓善本，以供校勘異文，補正闕漏。在廣徵異本之下，也累積版刻判別的法則。竹垞重視版刻的價值，是以每遇異本，往往取以校勘，釐正文句異同，以爲讀書識學之用，對於不同版刻之間的異同，也能加以考訂，如《曝書亭集》卷四四，〈宋本輿地廣記跋〉指出：

> 亡友仁和吳志伊，以經史教授鄉里，束修所入，就市閱書，善價購
> 而藏之。歐陽忞《輿地廣記》，其一也。志伊既卒於官，書多散失，是書
> 偶歸予插架，顧闕首二卷。徐尚書總裁《一統志》，請權發文淵閣故書，
> 以資考驗，是編首二卷存焉，予亟傳寫，遂成完書〔註67〕。

《輿地廣記》一書，經過考訂補闕之後，得以成爲完書。竹垞重視版刻的功效，並從實際整理過程中，學會辨別版本的優劣，實有其獨到的見識。明末之際，藏書易主嚴重，善本時出，藏書家在收藏圖書之時，常侫於宋刻舊本，如錢謙益、錢曾等人，皆以賞鑒聞名。竹垞藏書，首重版刻的完善與否？對於殘本，常發出感嘆之辭，如：〈書絕妙好詞後〉云：「第七卷仇仁近詞殘闕，目亦無存，可惜也。」〔註68〕，又〈杜氏編珠補序〉亦云：「是書予獲之中簿，手抄以歸，惜闕其半。」〔註69〕諸如此類的例證頗多，可見其對圖書的追尋，乃是重視文獻的完整性。如遇見有價值的殘本，必尋異本對勘校補，冀求全帙，是以不少的古籍，能得其整理讎校，得以較完整的面貌，流傳後世。〈隸續跋〉中指出：

> 《隸續》二十一卷，范氏天一閣、曹氏古林、徐氏傳是樓、含經堂
> 所藏，僅七卷而已。近客吳關，訪得琴川毛氏舊抄本，雖殘闕過半，而
> 七卷之外，增多一百一十七翻，末有乾道三年（1167）弟邁後序。繹其
> 辭，尚有《隸韻》、《隸圖》，而今不得見矣。又淳熙六年（1179）添差通
> 判紹興軍府喻良能，亦有跋尾，稱《隸釋》二十七卷，《隸續》十卷，既
> 墨于版，**復冥搜旁取，又得九卷**，則當時刊本，亦止一十九卷，將毋餘
> 二卷爲《隸韻》、《隸圖》邪。要之闕文難以復完，合依婁氏《漢隸字源》
> 目錄次序，取陳氏《寶刻叢編》所有補之，庶幾十得其四五矣〔註70〕。

雖然《隸續》歷經鈔錄增補，猶未能成爲全帙，但經其整理之後，能有助於文獻

〔註67〕參考註1，卷四四，〈宋本輿地廣記跋〉，頁531。
〔註68〕參考註1，卷四三，〈書絕妙好詞後〉，頁522。
〔註69〕參考註1，卷三五，〈杜氏編珠補序〉，頁433。
〔註70〕參考註1，卷四三，〈隸續跋〉，頁526。

的保存，是以其「曝書亭」的藏書，能羅致珍奇異本，成爲著名的藏書家。在《曝書亭集》的相關書跋中，常可見其積極訂補古籍的記載，諸如《太平寰宇記》〔註71〕、《咸淳臨安志》〔註72〕等等，皆由於其校補闕陋，致使異本殘存行世，能有功於學林者也。

　　竹垞對於版本優劣的評判，除了著重其完整之外，也重視文句的正確性，若錯訛過多，或闕漏頗多，則時有批評，如〈書花間集後〉中指出：「坊板訛字最多，至不能句讀，此舊刻稍善，爰藏之。」〔註73〕，因此，其藏書的標準，在於重視文獻的正確與否，若文句錯誤太多，無法通讀全文，則縱使爲書法精妙的抄本、或是宋刻古本，亦不予重視〔註74〕，是以其取擇的標準，非一般的佞宋之家，所可比擬者也。此外，也重視文字筆勢的風格，若過於粗鄙難讀，也不予重視，如〈書熙寧長安志後〉云：

　　　　《長安志》舊有雕本，字畫粗惡，斯編借錄於汪編修文升，善本也，
　　　借乎《河南志》不復可得，爲之撫然〔註75〕。

可見其對版刻的書法，也能多加重視，若字畫粗惡難讀，也難以吸引竹垞的喜好。又〈跋元豐九域志〉指出：「宋槧字小而密，斯則格紙軒朗（指：經進本），便於老眼覽觀，極爲可喜，抄而插諸架。」〔註76〕，竹垞曾見到宋刊本及經進本二種不同版本，但對於該宋刊本，字小而密，不便於閱覽，未感太大的興趣，惟經進本便於覽觀，乃取而抄之。從上述說明可以得知，竹垞對於版本的要求，除了需要完整、正確之外，也要求其書法工整，便於閱讀。無論是完整、正確、美觀，皆是爲求能便於讀書所致，是以其不專主宋刻，能以識讀爲考量的重點，若其書內容不全，錯誤滿紙，或字畫粗惡小窄，不便於閱讀，則不甚重視其書的價值。觀其累積的判斷標準，完全走向讀書爲導向，與傳統的鑒賞家，有著極大的差異，這種重視文獻的價值，使其後來能累積學術的根基。

二、徵引目錄，考其流變

　　目錄是治學的門徑，透過目錄的審訂，可以得知各典籍的流傳過程，也能考

〔註71〕參考註1，卷四四，〈太平寰宇記跋〉，頁530～531。
〔註72〕參考註1，卷四四，〈咸淳臨安志跋〉，頁533
〔註73〕參考註1，卷四三，〈書花間集後〉，頁521。
〔註74〕參考註1，卷四三，〈回溪史韻跋〉，頁523。
〔註75〕參考註1，卷四四，〈書熙寧長安志後〉，頁532。
〔註76〕參考註1，卷四四，〈跋元豐九域志〉，頁532。

知各種學術的演變，也助於瞭解典籍的各項訊息。竹垞善於書籍的考證，對於各書的審議，均能引證書目以證，頗能收致成效。在其撰著之中，常可見各項書目的纂輯，也成為其撰著的特色之一。除了書目的考證之外，其在《曝書亭集》中，每涉及書籍序跋的撰作，也能徵引各項書目，以明白各書的內容、流傳等等，對於典籍的認識，有著明顯的助益。茲舉證其運用的實例，以見一斑：

（一）考知卷帙的分合

歷來書籍的流通，卷帙往往析併不同，書目著錄的資料，也會也所不同，透過書目的內容，可以考知卷帙的分合情形，如：《曝書亭集》卷三四，〈東萊呂氏書說序〉云：

> 趙希弁《讀書附志》，稱是書六卷。康熙壬戌（1682），予抄自無錫秦氏，凡十卷，與馬氏《經籍考》同。《宋史·藝文志》云「三十五卷」，蓋并門人增修之書，合著於錄也〔註77〕。

竹垞引證《宋史·藝文志》、趙希弁《郡齋讀書附志》、馬端臨《文獻通考·經籍考》等三種書目，藉以明白其卷帙分合的情況，共有六卷、十卷、三十五卷的差異，並說明其所抄錄之本，同於《通考》的著錄。

從卷帙的分合，可以察知典籍的存佚情形，如〈乙巳占跋〉云：

> 《乙巳占》七卷，唐太史令李淳風撰，《唐志》作十二卷，陳氏《書錄解題》作十卷，則予家所藏，非完書矣〔註78〕。

此處從《唐志》、《書錄解題》所載卷帙，皆遠較自己藏本為多，而定己藏之書，非完書矣。

從卷帙的分合，可以瞭解各書併合的過程，也能成為藏書存闕考訂的依據。在竹垞的考訂中，每引及書目著錄的卷數多寡，來從事圖書的考訂工作，其餘類此之例甚多，顯見其對於書目的運用，亦有正確的概念。

（二）考察典籍的偽作

透過書目的著錄，則典籍流通的情形，可得而觀之，若其書前代書目，概不見載，而後世出現其書，由於其書的傳授源流，頗有疑慮，乃定其書為偽冒，如《經義考》卷二七九，馬融《忠經》下案語云：

> 按《忠經》蓋擬《孝經》而作，攷之隋、唐經籍藝文志俱不載，恐

〔註77〕參考註1，卷三四，〈東萊呂氏書說序〉，頁422。
〔註78〕參考註1，卷四四，〈乙巳占跋〉，頁530。

是僞託扶風馬氏者〔註79〕。

竹垞查考諸家書目，俱不見載馬融《忠經》之作，其流傳的過程，既有疑誤，則或爲僞冒者也，這種透過書目的記載，以考典籍眞僞的情況，屢受到目錄學者的使用，竹垞亦能運用此法，藉以考知書籍的僞作，有關其相關的運用方法，詳見下文「辨明眞僞，直探本質」一文，該文有較爲詳細的說明，茲不贅述。

（三）考知典籍的性質

歷來書目，皆繫之以類目，類目各有其特質，透過類目的聯繫，可得知典籍的性質，如《經義考》卷二二一錄有《孔子徒人圖法》一書，其下案語云：

> 《徒人圖法》、《三朝記》，《漢藝文志》俱在「論語」部。所謂《徒人圖法》者，殆即《家語》所云「弟子解」、《史記》所云「弟子籍」也〔註80〕。

若單從《徒人圖法》來加以判斷，實難以斷定其書的性質，竹垞舉《漢書·藝文志》入於「論語」部，以其書與「弟子解」、「弟子籍」同屬，可以得知其書的性質。

（四）考知作者姓名

在書目著錄之中，「作者」是著錄的要點之一。透過書目的資料，可以得知作者的姓名，竹垞常運用此法，藉以考知作者的身份。如《經義考》卷一八六，吳曾《春秋考異》下案語云：

> 《春秋考異》，陳氏《書錄解題》云：「不著名氏，錄《三傳》文之異者」，而《宋藝文志》題作吳曾，今從之〔註81〕。

此處考察《書錄解題》、《宋史·藝文志》的著錄差異，並以《宋志》題作「吳曾」爲據，判其作者爲「吳曾」。

又《經義考》卷四七，錢義方《周易圖說》條下案語云：「葉氏《菉竹堂書目》有篷錢氏《圖說》，當即義方別號」〔註82〕是則引葉盛《菉竹堂書目》的著錄，謂「篷錢氏」爲「錢義方」的別號，此處引錄書目的著錄，藉以考知作者的別號者也。因此，可以得知竹垞對於目錄可以考知作者姓氏的功效，甚爲瞭解，在其考訂過程之中，也時常徵引書目的著錄，藉以考訂作者的姓名，有關其對於書目的功效，亦有正確的認知者也。

（五）考察學術的演變

〔註79〕參考註15，卷二七九，頁8。
〔註80〕參考註15，卷二二一，頁6。
〔註81〕參考註15，卷一八六，頁5。
〔註82〕參考註15，卷四七，頁5。

　　透過書目的著錄，可以考察學術的演變之跡，尤其在數量的增減上，更能透顯學風的變化，《曝書亭集》卷三四，〈周易義海撮要序〉指出：

　　　　自漢以來，說經者惟《易義》最多。《隋經籍志》六十九部，《唐志》增至八十八部，《宋志》則二百一十三部，今之存者，十至一二而已〔註83〕。

從《易》學典籍的大量增加，可以得知其受到重視的程度。在《經義考》的著錄之中，著錄易學典籍的數量最多，可以窺知此類典籍遽增的情況，是以學術的演變情況，可以藉由書目著錄的多寡，得以窺知一二。

　　竹垞在考證古籍之時，往往習慣徵引前代的書目，或考其流變，或審其卷帙，或定其作者，或得其性質，或辨其真偽，這些種種的運用，都顯示其能善用書目的價值，使其在古籍考訂上，能有優異的表現。觀其對於書目的運用，首重史志的引用，如《漢志》、《隋志》、《唐志》之屬，其能運用史志所錄的內容，來考訂其他書目的缺失，所獲得的結果，十分可觀。其次，重視《郡齋》、《直齋》等解題書目，以其能考知典籍的內容，有利於考證的進行。竹垞在文獻整理之時，每能引用書目以證，使其能掌握前目的歧異，進而做出正確的判讀，其對於書目的運用，乃至於書目的編纂，均可成為我們佐證的重要依據。

三、蒐集佚文，以利考訂

　　竹垞重視佚文的價值，在其整理文獻之時，每遇見各種佚文，必能順手輯錄，以利考證。在《經義考》中，設有「逸經」一目，藉以收集各種的經籍佚文，雖非肆力為之，仍有其參考價值。其後，馮登府將其裁篇而出，酌加增補，以成《逸經補正》一書，可見其輯佚的成果，仍能受到肯定。竹垞考察典籍之時，能考典籍的存亡闕佚，對於佚文的蒐求，能多所留意，以利於考訂的進行。在《經義考》的編纂中，除「逸經」一目，曾摘錄佚篇遺文之外，在其他諸經的著錄下，亦能酌加案語，指明各種佚文的內容。例如：卷二一一，譙周《論語注》條下案語云：

　　　　劉昭注《續漢書·禮儀志》「先臘一日大儺」引譙氏《注》云：「儺，卻之也，以葦矢射之。」又《釋文》「不亦樂乎」引譙氏《注》云：「悅深而樂淺」〔註84〕。

〔註83〕參考註1，卷三四，〈周易義海撮要序〉，頁419。
〔註84〕參考註15，卷二一一，頁7。

譙周《論語注》已佚，竹垞轉錄二條佚文，藉以考知其大致的風格。從佚文之中，可以看出譙周《論語注》一書，注文過於簡略，隨著字書的逐漸完備，依其解釋的風格，已難收致參考的價值，如「儳」字的解釋屬之。又從「悅深而樂淺」的解說，雖可看出「悅」、「樂」對等，但如此的解釋風格，實難滿足讀者的需要。由於此類的解釋，所涉的事理單純，甚或語焉未詳，終將失去參考價值，是以逐漸爲時代洪流所沒，不存於世。

又《經義考》卷二一二，繆播《論語旨序》下案語云：

> 《釋文》「夫子矢之」引繆氏《旨序》云：「誓也，予所否者，否，方有反〔註85〕。」

繆氏之書已佚，據竹垞所輯的佚文，可以得知繆氏之書，亦有切語的記載。從《經義考》之中，不乏此類的例證，可見其重視文獻的輯佚，並能引爲治學的重要方法。由於能重視文獻的價值，當其遇見佚文之時，則逐條徵引，雖未能全面完整考之，專心致力於文獻的輯佚，但其作法，已受到學者的重視，並且紛爲效法，帶動清代經籍輯佚的風潮，說法詳見第十章第一節《經義考》對經學的影響」。

清人對於輯佚價值的認識，尚處於「懷疑」的概念，學者對於輯佚的成果，多僅視爲考證的附庸，未能專心肆力，以輯佚爲本務，縱有學者從事大規模的輯佚，亦僅是站在考證的需要，來從事輯佚的工作。張升在〈對清代輯佚的兩點認識〉中，論述清代學者對輯佚的普遍認知：

> 當時的輯佚家并不能以輯佚名家，他們得以求名的只能是考據上的建樹。他們也不能以輯佚名家，他們得以求名的只能是考據學上的建樹。
>
> 他們也不能據「輯佚之道」開業授徒（惠棟授弟子以輯書法，只是把輯佚作爲考據之入門，恰恰證明輯佚是等而下之的學問。）〔註86〕

竹垞輯錄的範圍甚廣，但未有真正的專著，藉以收錄各種佚文，是以其對輯佚的認識，僅是停留在片斷星的輯錄，並未能全面的蒐求，系統的考訂，也未有完整的理論，但其收集各種佚文，以資考證的作法，卻對乾嘉考證學派的發展，產生重要的影響。輯佚是傳統治學的重要方法，雖然其發展的過程中，一直附屬於考證學的支系，未能形成完善的系統，但竹垞身處清代初期，已能重視輯佚的功效，並引爲治學的重要方法之一，對於日後經學輯佚的發展，能有啓示的作用。

〔註85〕參考註15，卷二一二，頁1。
〔註86〕張升：〈對清代輯佚的兩點認識〉，（《文獻》1994年第一期，1994年），頁127。

四、博通文字，析音釋義

　　文字是學問的基礎，尤其是考證之學，更應博通字學，細審字音，講求訓詁，才能校勘異字，明辨真偽。竹垞既然重視文字的異同，故在校讎之際，也能嘗試斷其正訛，究其運用之法，係利用文字音訓的知識，來從事異文的審校工作。一個善於讀書者，必先能審音辨字，才能識讀文獻。竹垞在《曝書亭集》卷三十五，〈江村銷夏錄序〉中指出：「昔之善讀書者，匪直晰其文義音釋而已，其於簡策之尺寸也詳焉。」〔註87〕根據上述的論點，則其所謂善於讀書者，必能明析文義音釋。因此，其對於文字音讀的重要，十分重視，也能成為其考訂的重要方法之一。如果文字不明，音讀不審，字義不辨，將難於析理、考證。基於這種認知下，其對於當時不講字學，不明六書的情形，則提出嚴正的批評：

　　　　今之摹印者，不明六書之源，至以蟲魚科斗之文，雜之大小篆，由
　　其所見者寡，宜為有識所騰笑也〔註88〕。

當時摹印者，往往以秦漢篆文，夾雜於周代金文之中，這種不明文字演變的先後，導致錯亂次第，易生差錯。針對這種不講字學的缺陷，竹垞主張回歸《說文》、《玉篇》、《類篇》等書，以其較近古義，易於訓詁之故。《曝書亭集》卷三十四，〈字鑑序〉云：

　　　　嗟夫！字學之不講久矣。舉凡《說文》、《玉篇》、《佩觿》、《類篇》
　　諸書，俱束之高閣，習舉子業者，專以梅氏（膺祚）之《字彙》，張氏（自
　　烈）之《正字通》，奉為《兔園冊》，飲流而忘其源，齊其末而不揣夫本，
　　乖謬有難畢舉也已〔註89〕。

雖然《字彙》、《正字通》同屬字書，但竹垞以其「飲流而忘其源，齊其末而不揣夫本」，加以認定其書配屬不當，分合乖離古訓，所謂「所立部屬，分其所不當分，合其所必不可合。」〔註90〕，故主張回歸《說文》諸書。竹垞深知古字書的價值，故積極推動字書的刊印，是以《說文解字》、《玉篇》、《汗簡》等字書，皆得其推薦，而得以刊印行世，對於日後學術的發展，能有助益。

　　竹垞重視文字的異同，每能運用文字學的概念，來從事古籍的整理工作，例如：《經義考》卷二八一，「樂欬」下云：

〔註87〕參考註1，卷三五，〈江村銷夏錄序〉，頁439
〔註88〕參考註1，卷三五，〈丁氏印譜序〉，頁438。
〔註89〕參考註1，卷三四，頁530。又同卷，〈字鑑序〉頁530、卷四三，〈汗簡跋〉，頁524，
　　　　亦有近似之論，讀者可自行參看。
〔註90〕參考註1，卷三四，〈重刊玉篇序〉，頁429。

《春秋》定公十二年（西元前498年）：「費宰公山不狃率費人以襲
魯，孔子命申句須、樂頎勒士眾下伐之，費人北，遂墮三都之城。」杜
預注以二人爲魯大夫，考「樂欬」，《家語》作「樂欣」，「欣」與「頎」
偏旁相同，疑「頎」即是「欣」〔註91〕。

「樂欬」，《家語》題作「樂欣」，竹垞復考出《春秋》定公十二年有「樂頎」者，
以「欣」、「頎」二字偏旁相近，而疑二處所錄人名相同，這種根據「偏旁相同」
爲斷的方法，常是學者使用的方式之一，是以竹垞在此處所做的判斷，可以提供
我們思考之用。

又《經義考》卷十一，干寶《周易玄品》下云：

《隋志》：「《周易玄品》二卷。」不注撰人姓名，當即干氏之書。

又有「王氏《周易問難》二卷，疑譌干爲王也。」〔註92〕

竹垞根據《冊府元龜》所記，干寶有「《周易問難》二卷」，復尋《隋志》載有其
書，惟題作「王氏」，乃疑其爲「干氏（寶）」之誤，由於此書未見其他書目著錄，
《新、舊唐書》〈藝文志〉〈經籍志〉皆未載其書，竹垞乃根據「干」「王」字形相
近，乃定其爲誤出，其說雖有參考價值，只是孤證難立，難以成爲定論。

又《曝書亭集》卷四七，〈溧陽長潘校官碑跋〉云：

紹興十三年（1143），溧水尉喻仲遠，得漢碑于固城湖中，驗之，
則靈帝光和四年（181）溧陽丞尉吏掾，爲其長潘校官乾元卓立，其出
也晚，故猶未漫患，辭稱「惠我犁蒸」，「犁」、「黎」通，蒸犁字乃顚
倒用之〔註93〕。

在二十五史之中，一共出現十八處使用「黎蒸」二字者〔註94〕，惟獨未見錄有「犁
蒸」二字之例，竹垞根據正史所錄，均題作「黎蒸」二字，乃以「犁蒸」爲「黎蒸」，
考「犁」、「黎」二字，其字形相近，音讀相通，是以定爲相互通用，且合於正史通
則，其說確有其參考的價值。又「黎蒸」或作「蒸黎」，乃是顚倒其例的作法，其義
實同，竹垞亦一併敘明，可收參證之效。如此一來，可使讀者得知「惠我犁蒸」一

〔註91〕參考註15，卷二八一，頁7。
〔註92〕參考註15，卷十一，頁8。
〔註93〕參考註1，卷四七，〈溧陽長潘校官碑跋〉，頁567。
〔註94〕根據台北：中央研究院計算中心編製：《二十五史》電腦資料庫查詢得知，其中《史
記》一處；《漢書》一處；《後漢書》一處；《晉書》三處；《宋書》一處；《魏書》
二處；《北史》三處；《舊唐書》六處，總計十八處。又題作「蒸黎」者，凡十三處，
計《晉書》二處；《魏書》一處；《北史》一處；《隋書》一處；《舊唐書》二處；《舊
五代史》四處；《新五代史》一處；《清史稿》一處，合計十三處。

句，乃是「惠我黎蒸」的通用，此乃因為文字形音相近，而有相互通用的情況，惟此法容易流於主觀認定，故需配合其他諸法，才能更客觀的釐訂事實。

竹垞對於當時不講韻學的情況，也提出批評，《曝書亭集》卷三四，〈重刊廣韻序〉云：

> 嗟夫，**韻學之不講久矣**。近有嶺外妄男子，偽撰沈約之書，以眩于
> 世，信而不疑者有焉，幸而《廣韻》僅存，則天之未喪斯文也〔註95〕。

韻學不受到重視，致使有人偽冒古代韻書，以眩於世人者，亦有人深信不疑。此處所謂的沈約之書，應係指沈約《四聲譜》一書，然其書久佚，此處所謂「偽撰沈約之書」者，未詳為何人所為，待考。竹垞既知音韻之學的重要，故在治學之際，也能引以為助，成為析理考證的依據。在其考訂之中，每有運用音韻之學，以證其異，例如：《經義考》卷二九二，王履貞〈唐太學壁經賦〉下案語云：

> 是〈賦〉載《文苑英華》，當日試官以「六經典法刊正文字」為韻，
> 篇中既有「俾四海之同文」句，不應後轉入文韻，且法韻在乏部，韻雖
> 險，亦無止押一字之理，然則「反正為文」句，非文字有誤，必其下尚
> 有闕文，刊本失去也〔註96〕。

王履貞〈賦〉文，未見其他文獻錄之，竹垞根據文句押韻之理，斷定其有缺文，雖未能確實校出異文，但其論點可供佐證。

竹垞在考訂之時，亦能運用訓詁之法，以為判別正訛的依據。例如：《經義考》卷二八一，「魯申子續」條云：「魯申子續，字子周。（小注云：《家語》今本作續）」〔註97〕，又「申子棠」條云：「申子棠，字周。（小注云：《史記》今本作「黨」，《禮殿圖》作「儻」），唐贈邵陵伯，宋贈淄川侯」〔註98〕。此外，另有一條「申子根」云：

> 申子根（小注：《論語》），字子續（小注：《咸淳臨安志》）唐贈魯
> 伯（小注：《臨安志》作阿伯），宋贈登侯〔註99〕。

三者易致混淆，如陸德明以「申根」、「申續」同人〔註100〕；王應麟以「申根」、「申棠」同人〔註101〕，諸如此類，究竟三人同為一人，或分屬三人，往往判定有所不

〔註95〕參考註1，卷三四，〈重刊廣韻序〉，頁429。
〔註96〕參考註15，卷二九二，頁2～3。
〔註97〕參考註15，卷二八一，頁6。
〔註98〕參考註15，卷二八一，頁6。
〔註99〕參考註15，卷二八一，頁6。
〔註100〕參考註15，卷二八一，頁6～7。
〔註101〕參考註15，卷二八一，頁7。

同。竹垞說明其看法如下：

> 若申棖、申棠，文翁圖記並列，開元、祥符亦並追封，鄭康成、
> 陸德明疑爲一人，則以續、黨並字周也。夫棠、黨字義相近，合之可
> 耳〔註102〕。

竹垞將其分作三人，僅說明申棠、申黨判爲一人的論點，乃在於「字義相近」的緣故。然而，考「棠」「黨」二字的字義，似乎未有字義相近之理，何以竹垞有此見解，猶待詳考，惟其運用字義相近之法，來判定異文的現象，即所謂的訓詁之法。

竹垞對於文字、聲韻、訓詁的認知，顯然有正確的看法，其主張三者兼治，將有利於佐證。〈合刻集韻類篇序〉中指出：

> 今夫聲音文字之學，講之正非易易已，五方之民，風土各異，發于
> 聲，不能無偏，輕土多利，重土多濁，北人詆南爲躞舌，南人詆北爲荒
> 傖，北人不識旴眙，南人不識盩厔，此限于方隅者也。楚騷之音，殊于
> 風雅，漢魏之音，異于屈宋，此易于時代者也，書文既同，而音不同，
> 統歸於一，斯聲音文字，必相輔以行，而義始備〔註103〕。

音韻隨時代、地域的差異，代有移轉，由字形推其音聲，由音聲求其大義，若三者合一，將有助於取證，庶幾可以左右逢源，論斷無礙。有關其審訂文字的能力，也已受到學者的肯定，《曝書亭集》卷四十七，〈會稽山禹廟窆石題字跋〉云：

> 黃岡張編修，視學兩浙，按部於越，拓會稽山禹穴窆石題字見寄，
> 請予審定其文〔註104〕。

此處所審議的文字，乃是指漢隸而言，由於竹垞擅長隸書的創作，是以對於漢隸的識讀，能有獨到的能力，與朋友出游，亦能考古碑，辨文字，據以驗證經史，故其文字辨讀的能力，也能受到良好的肯定。文字辨識僅是考訂古文獻的基礎之一，在遇著異文之後，也能輔以聲韻、訓詁之法，對於小學字書的刊印，亦能極力的推倡，這種具備宏觀的遠見，對於乾嘉考證學派的發展，能有許多的貢獻。乾嘉時期的考證發展，多能據《說文》、《玉篇》、《廣韻》、《集韻》、《類篇》以證異說，這些典籍的刊刻，皆受到竹垞的啓示，其能實際的運用上，得知小學的重要，並積極推廣字書的重要，對於後世學術的發展，確有重要的貢獻。

文字是學術研究的基礎，竹垞重視小學字書的功效，以其有助於考證的進行。一般而言，大凡崇尚博雅，善於考證的學者，皆能重視字學的重要，以其有助於

〔註102〕參考註15，卷二八一，頁7。
〔註103〕參考註1，卷三六，〈合刻集韻類篇序〉，頁530。
〔註104〕參考註1，卷四七，〈會稽山禹廟窆石題字跋〉，頁563。

訓詁考證者也。就治學的觀念而言，這種重視字學的內涵，更是崇尚漢學的一種表現，漢代學者善於訓詁，能以精於字學著稱，如《說文解字》等書，在歷經千年之後，仍成爲學者考訂古籍的重要參考。竹垞在經學的表現上，明顯有著「尊古崇漢」的觀念，故對漢儒的訂詁之學，也頗有涉獵，其特重文字、聲韻、訓詁的運用，對於考訂文句異同，史實眞僞，皆能有所貢獻。因此，其對於當時學界不重小學的情況，曾表達深切的不滿與嫌惡，爲求改善上述的缺失，乃大力提倡字書的刊印，對於後世考證之時，能善用小學字書，以爲考證的依據，實有正面的作用。乾、嘉考證學派的興起，能善用《說文》、《廣韻》、《集韻》等書，這些典籍的刊印，多曾經過竹垞的推薦，使得後世考證之時，不致於缺乏字書的佐證，這種重視小學典籍的觀念，實對後世考證的發展，能有重要的貢獻。從其考證的撰著中，亦乏利用文字、聲韻、訓詁的知識，以成爲判斷典籍正訛的依據，這種方法的運用，實有先見之明，對其考證的成果，也有所貢獻。

五、精於校勘，善析異同

校勘是治學的重要方法，究其目的，在於求得典籍的正確，使讀者不致於惑於異文，導致錯引研究的文獻。竹垞重視校勘的功效，在其研究學問之時，能引爲治學的重要方法。無論是刊印或研究，皆能重視校勘的價值，是以每能親自領導校勘工作，雖不能以校勘名家，但其校讎的精神，卻是十分令人敬佩。《雞窗叢話》云：

> 竹垞凡刻書，寫樣本親自校二遍，刻後校三遍。其《明詩綜》刻于晚年，刻後自校兩遍，精神不貫，乃分于各家書房中，或師或弟子，能校出一訛字者，送百錢。然終不免有訛字，《曝書亭集》中亦不免，且有俗體，可知校訂斷非易事〔註105〕。

其能重視作品的正確性，凡是刻書之時，皆能親自校讀五遍，始發行於世，縱使仍有疏漏，學者亦能諒之。《明詩綜》刻印於康熙四十一年（1702）四月〔註106〕，其時已爲七十四歲的老翁，猶能親自校讀二遍，後因精神不貫，才將其發送各書房，請人校勘，並許以校一錯字，「一字百錢」的酬金。至於《曝書亭集》在刊印

〔註105〕 清：蔡澄撰，李文田手批：《雞窗叢話》，（清光緒間新陽趙氏刊峭帆樓叢書本，台北：國家圖書館藏本），頁 12。

〔註106〕 羅仲鼎、陳士彪《朱彝尊詩詞》附錄〈朱彝尊年譜〉，（杭州：浙江古籍出版社，1989年 10 月），頁 233。

之時，甚至能以八十一歲的高齡，「每日刪補校刊，忘其疲勞。」〔註107〕，這種學術的熱忱，的確能讓人感佩不已。畢華珍在《曝書亭詞稿》的題跋中，即推崇其校勘的用心：

> 秀水先生手訂《全集》，一字一句之推敲，至於再三，蓋易簀時尚未斷手。《詩餘》二冊，是其原稿，曝書亭刻本校之，尚有更易，前輩以文章為千古事，洵不誣也〔註108〕。

「一字一句之推敲，至於再三」，這種費心校勘的精神，能受到學者的讚揚。在其著作之中，能屢見其運用校勘方法，釐訂文句異同，以從事學術的研究。

竹垞深知校讎之法，也孜孜於讎校工作，究其運用的法則，不乏可供借鏡之處。例如：在校勘之時，善於利用「對校法」，此法係尋覓異本，用以校對文字的異同。竹垞重視「對校」的重要，每遇異本，必能親自讎校，在《曝書亭集》中，不乏可見此類的例證，如〈五代會要跋〉云：

> （《五代會要》）予抄自古林曹氏，康熙甲戌（1694）春，復從商丘宋氏借觀江西舊抄本，勘對無異，編中闕紙數翻，兩本亦同也〔註109〕。

原書抄自曹寅家藏之書，雖不知屬於何種版刻，但其取宋犖家藏「江西舊抄本」對勘，發覺兩本缺文相同，應是出自同一系統的傳本，此係取「抄本」校勘之例。又〈書尊前集後〉云：

> 《尊前集》二卷，不著編次人姓氏，萬曆十年（1582），嘉興顧梧芳鏤板以行，僉以謂顧氏書也。康熙辛酉（1681）冬，予留吳下，有持吳文定公手抄本告售，書法精楷，卷首識以私印，書肆索直三十金，取顧氏本勘之，詞人之先後，樂章之次第，靡有不同。始知是集為宋初人編輯，較之《花間集》，音調不相遠也，既還其書，因識于顧氏本後〔註110〕。

竹垞以「吳文定公手抄本」校「萬曆十年顧梧芳刊本」，這種不同版本之間的讎校，是為「對校」之例。明末清初之際，圖書難求，學者多蓄抄本，故每遇異本，則持與相校，藉以補闕訂誤，是以對校之法，盛行於世，此亦當時風尚所致。竹垞家富藏書，尤多抄本，故每遇異本，則取以校訂文句異同，亦兼補版刻闕漏，經

〔註107〕參考註106，〈朱彝尊年譜〉，頁236。

〔註108〕轉錄屈興國、袁李來點校：《朱彝尊詞集》，（杭州：浙江古籍出版社，1994年5月），頁451。

〔註109〕參考註1，卷四五，〈五代會要跋〉，頁546。

〔註110〕參考註1，卷四三，〈書尊前集後〉，頁521。

其校勘之後，能提高原書的價值，如《太平寰宇記》、《咸淳臨安志》等屬之〔註111〕。
「對校法」的運用，易於發現異文，但要廣稽博考，必須有機會得到各種異本，
竹垞交友之中，不乏藏書之家，是以取得異本較易，有助於校勘的進行。對校法
的校勘方式，易於發現異文，但難於決斷，若要論斷文句正訛，需配合其他諸法，
一同施行，方能有助於判明異文，得到較爲正確的答案。

　　除「對校法」的運用外，也能善用「他校法」，由於竹垞博覽群書，在其校對
之際，也能善用群書以校，是爲「他校法」。「他校法」的使用，是廣徵各類典籍，
復根據其中異同，判明正確的實情。例如：《經義考》卷二八一，有關「秦商」的
考訂如下：

　　　　高郵夏氏《孔門弟子記略》及《闕里廣志》皆云：「商少孔子四十
　　歲。」然秦子父菫父偪陽之役與叔梁紇俱以力聞，宜與孔子生年相近。
　　　　今據《家語》舊聞暨《史記索隱》、蘇氏《古史》文正之〔註112〕。

有關「秦商」與孔子的相差年歲，一說「四歲」，一說「四十歲」，竹垞校其異同，
則動用《孔門弟子記略》、《闕里廣志》、《孔子家語》、《史記索隱》、《古史》等書，
並取《孔子家語》、《史記索隱》、《古史》之說，以二者相距四歲爲正，其豐富的
引證方式，可供我們校勘的參考。竹垞重視博證的功夫，故在校勘之時，能引錄
各種的典籍參校，審愼呈現各項異文的情況，並據以爲斷。

　　又《經義考》卷二八一，有關「閔子損」的考訂如下：

　　　　閔子少孔子十五歲，《史記》、《家語》文同，小司馬《索隱》可證。
　　　　今本《家語》多譌作五十歲，夏氏從之，非也〔註113〕。

竹垞引證司馬貞的《史記索隱》，考知《史記》、《孔子家語》俱作「十五歲」，乃
據以訂正今本《孔子家語》、夏洪基《孔子弟子傳略》的錯誤。觀上述校勘方法的
運用，乃是運用「他校法」的方式，來從事校勘的工作，觀其所用材料，由於所
得的結論，確有實證，正所謂善得其法者也。

　　在「理校法」的運用方面，竹垞亦能運用此法，以爲校勘之用。所謂的「理
校法」，係在沒有其他資料，可供佐證之時，依據校者的學識，加以推求其間異文。
《經義考》卷二八一云：

　　　　蔡漆雕子開，字子若（《史記》作子開），少孔子十一歲，習《尚書》。

〔註111〕參考註1，卷四四，〈太平寰宇記跋〉，頁530～531。又同卷〈咸淳臨安志跋〉，頁
　　　　533。
〔註112〕參考註15，卷二八一，頁1。
〔註113〕參考註15，卷二八一，頁1。

唐追贈滕伯，宋贈平輿侯〔註114〕。

其下有竹垞案語一則云：「慈湖楊氏《先聖大訓》以『開』爲『憑』，恐誤。」〔註115〕全文並未舉有其他例證，僅斷以己見，是爲「理校法」的運用。

又《經義考》卷二八二，「公祈哀」條下案語云：「公祈哀疑即公晳哀，以『晳』作『祈』，形相類而譌也」〔註116〕。此類的考訂，缺乏直接的文獻佐證，僅據「晳」、「祈」字形相近，因而推測其同屬一人，這種校讎的方式，亦屬於「理校法」的應用。「理校法」的校錄方式，係依據學者的學術涵養，來從事異文的校訂工作，通常需輔以其他諸法，才能使結果確切可證。否則，若單純利用此法，將導致自由心證的困局，反與考證求實的觀念，有所不符。

竹垞在文獻整理方面，能大量採用校讎之法，據以釐訂文句正訛，究其目的，在於求得文獻的正確。古籍在傳刻的過程中，往往會產生缺漏、竄改、僞造等諸多情況。這些種種的改動，若未能校訂其誤，容易降低史料的價值，甚至有礙知識的傳授與利用。竹垞善於校理異文，尤能善用「對校法」、「他校法」二種校勘的方法，來從事異文的審議工作，由於參證的資料、版刻眾多，所得的效果，十分可觀。昔日楊希洛在獲得白樸《天籟集》時，擬將其版刻行世，曾先將其囑託竹垞校正其誤〔註117〕，可見其校勘的成果，能有助於《天籟集》的刊印；又曾校理《焦螟集》一書，也得到宋犖的讚賞，並以其「燦若列眉，錫鬯有功於是集，俾撰書者苦心不泯矣。」爲評〔註118〕，諸如此類的讚譽，可見其校勘的成果，能深獲肯定，是以一些錯亂、缺文的典籍，經其校理之後，乃能重現行世，有助於典籍的流通。

六、辨明眞僞，直探本質

竹垞在治學之時，也重視古籍眞僞的考察，其辨僞成果方面，明顯有尊崇古文經學，貶抑宋明僞經的意味。除經籍之外，也能兼及其他諸類的辨僞，累積眾多的辨僞經驗之後，其在辨僞的方法，明顯有一套完整的體系，茲說明如下：

〔註114〕參考註15，卷二八一，頁1。
〔註115〕參考註15，卷二八一，頁1。
〔註116〕參考註15，卷二八二，頁5。
〔註117〕參考註1，卷三六，〈白蘭谷天籟集序〉，頁446。
〔註118〕請參考丁原基〈王獻唐先生於目錄版本學上的貢獻〉（《國立中央圖書館館刊》新23卷第2期，民國79年12月），頁44引《柳城楊氏海源閣藏書之過去現在》的資料。

（一）根據前志不錄，判定其書為疑偽之作

《經義考》卷二七九，馬融《忠經》一書下案語云：

按《忠經》蓋擬《孝經》而作，攷之隋、唐經籍藝文志俱不載，恐是偽託扶風馬氏者〔註119〕。

舊志未載馬融《忠經》之書，故疑為後人偽作，其說可供參考。又《經義考》卷二，《連山》下云：

《連山》、《歸藏》，《漢志》不載，其亡久矣。酈道元注《水經》引《連山易》云：「有崇伯鯀伏于羽山之野。」，是元魏時尚有其書。若司馬膺所注，度即劉炫偽本〔註120〕。

竹垞據史志不載《連山》，乃斷其亡佚已久，且為後人偽作之書。整體而言，透過前志未錄，故判其書為偽作的方法，是較常使用的方法之一，竹垞亦有此法的運用，但書目的著錄，僅是客觀存在的依據，是以此法雖行之有年，且常為辨偽學者運用，以為判別偽書的準繩，但其說僅供參考，若未能輔以他法的運用，則結果未必屬實，是以讀者在考察圖書偽作時候，宜特別注意其判別準據。

（二）前志著錄的卷數，與現存之書未合，定其書為偽籍

竹垞在偽書的考訂上，有前志著錄，但卷帙與現今之籍不符，因而訂為偽籍者，如《經義考》卷五，卜商《易傳偽本》下案語云：

《子夏易傳》見於《隋經籍志》止二卷，《釋文序錄》止三卷爾。至宋·《中興書目》益為十卷，而今本多至十一卷。不獨篇第悉依王弼，並其本亦無異辭。……其偽不待攻而自破矣〔註121〕。

卜商（子夏）《易傳》，雖見載於《隋經籍志》、《釋文序錄》，然其卷帙與今本悉異，故定為偽籍者也。

（三）依其書文字內容，不同於當代風格，乃判為偽作

每個時代的作品，皆有其時代風格，是以審其文字風格，與其所題時代不符，乃據以定其偽書。竹垞審其寫作內容，若不符當代文字風格，則判其書為偽籍。例如：《經義考》卷二，《連山》下案語云：

黃佐《六藝流別》載《連山繇辭》：「復，初七日：『龍潛于淵，存神無畛，』」……豈有《連山》之《易》乃效王弼《易傳》之體乎？作偽

〔註119〕參考註15，卷二七九，頁8。

〔註120〕參考註15，卷二，頁5。

〔註121〕參考註15，卷五，頁2。

者拙，且爲劉炫笑矣〔註122〕。

此處以《連山》一書，其作品風格，頗類於王弼《易傳》之體，乃定其書爲僞作者也。

又《經義考》卷五，卜商《易傳僞本》下案語云：

> 孫坦疑是杜鄴，徐幾，趙汝楳疑是鄧彭祖，蓋兩人俱字子夏也，然繹其文義，總不類漢人文字，并不類唐人文字，謂爲張弧所作，恐非今本〔註123〕。

此處以其文字修辭，不類前代風格，所謂「繹其文義，總不類漢人文字，并不類唐人文字」，係從其文字使用的風格，不但與漢人修辭未合，縱使衡諸唐人文字，亦頗有差異，乃判爲僞作者也。

又《經義考》卷五，《周易子夏十八章僞本》下案語云：「《紹興闕書目》亦有之，五行家言託名子夏，尤不倫矣」〔註124〕。此處乃審其文字風格，近於五行家之言，竟託名子夏之書，然子夏之時，何嘗有五行家之言，則其書爲僞作可知矣。根據上述所論，竹垞常考辨書中文字風格，並與作者風格相較，若有不類作者風格者，則定其籍爲僞作，此舉雖有直斷之失，但所判定的結果，仍可供稽證之用。

（四）其書內容與古本不符，故定其書僞冒

每部經籍皆有流傳的體系，故書中的文字，能爲多種古籍所引，但後世造僞之人，未必能盡覽所有古籍，若現存之書的文句，與古本內容不符，則必出僞冒。如《經義考》卷五，卜商《易傳僞本》下案語云：

> （《子夏易傳》）不獨篇第悉依王弼，並其本亦無異辭。考陸氏《釋文》所引，……。今文皆不然。又王氏《困學紀聞》引「〈泰〉六五〈傳〉云：陽之〈歸妹〉也」，今亦無之。且書中引《周禮》、《春秋傳》，其僞不待攻而自破矣〔註125〕。

子夏《易傳》的內容，與《釋文》、《困學紀聞》所載古本文字不合，乃定爲僞籍者也。

古書的流傳，自有其體系，後世的僞冒者，未必能盡覽前世之書，故能取前人引用之文，與後世典籍相較，若其中內容相距頗大，則其書僞冒的成份居多，竹垞在考訂僞籍時，能運用此法，將經籍之文，與前世引用之文相較，若內容與

〔註122〕參考註15，卷二，頁6。
〔註123〕參考註15，卷五，頁4。
〔註124〕參考註15，卷五，頁4。
〔註125〕參考註15，卷五，頁3～4。

古本不符，則定其後世之書爲僞籍。

（五）其書轉引後世名物，乃定為僞籍

前代之書，不應得見後代之籍，若其書的內容，曾經轉錄後世的書籍，則必出於僞作者也。例如：《經義考》卷五，卜商《易傳僞本》下案語云：「書中引《周禮》、《春秋傳》，其僞不待攻而自破矣」〔註126〕。其書既題作卜商（子夏）所作，子夏爲周朝衛國人，其活動的時代，理應早於《周禮》、《春秋左氏傳》的成書時代，是以不應該見到二書的內容，但卻能摘引二書之文，則其題作「卜商」所作，將明顯是僞作的作品。有關卜商《易傳》的僞作情況，歷來早有定說，是以竹垞能根據其書轉引後世的典籍，乃定其爲僞籍，其辨僞方法的運用，實能值得我們的參考。

又其書涉及後世名物，亦必爲僞籍，例如：《經義考》卷七六，孔安國《尚書傳》下引案語云：

> 孔安國〈書序〉，《昭明文選》錄之，世皆篤信。惟朱子謂其不類西漢文字，疑後人所托。而魯齋王氏、仁山金氏亦疑之。攷之《漢書》，司馬遷嘗從安國問故，遷蓋與都尉同受《書》於安國者也，然遷述《孔子世家》，稱安國爲今皇帝博士至臨淮太守，早卒。〈自序〉則云：「予述黃帝以來至太初而訖」。是安國之卒，本在太初以前，若巫蠱事發，乃征和二年（西元前 91 年），距安國之歿，當已久矣。班固敍〈藝文志〉於《古文尚書》云：「遭巫蠱事，未列於學官。」乃史氏追述古文所以不列學官之故爾，而僞作安國〈序〉者，乃云「會國有巫蠱事，經籍道息」，竟出自安國口中，不亦刺謬甚乎！或曰：「劉歆移書讓太常博士，其文載於《漢書》、《文選》稱『古文《書》十六篇，天漢之後，孔安國獻之』，此不足信耶？」曰：「荀悅《漢紀》於孝成帝三年備述劉向典校傳，考集異同，於《古文尚書》、《論語》、《孝經》云：『武帝時，孔安國家獻之，會巫蠱事，未列於學官。』則知安國已逝，而其家獻之。《漢書》、《文選》鋟本流傳，脫去家字耳。按其本末，安國《書序》之僞，不待攻而自破矣〔註127〕。」

孔安國《書序》言及「巫蠱之事」，但當時安國既歿，不當得知身後之後，是其書爲僞籍，亦有確切證據。

〔註126〕參考註 15，卷五，頁 4。
〔註127〕參考註 15，卷七六，頁 6。

又《經義考》卷七六，孔安國《尙書傳》下案語云：

> 安國《書傳》於「賄肅愼之命」注云：「東海、駒驪、扶餘、馯貊之
> 屬，武王克商，皆通道焉！」考《周書·王會篇》，北有稷愼，東則穢良
> 而已。此時未必即有駒驪、扶餘之名。且駒驪主朱蒙，以漢元帝建昭二年
> （西元前 37 年）始建國號，載《東國史略》。安國承詔作《書傳》時，恐
> 駒驪、扶餘尚未通於上國，況武王克商之日乎！此又一疑也〔註 128〕。

孔安國之時，「駒驪、扶餘」恐尙未通於中國，更何況是武王克商之時，更不該出
現這些地名，然安國《書傳》竟有後世的地名，則其書當爲僞作，亦爲顯明易見
之事。諸如上述所論事項，則經籍的僞作，若曾涉及後世人事地物，當據以訂其
書僞作，是以竹垞在考訂僞籍之時，亦能運用此法，藉以從事經籍的辨僞工作。

（六）同一作者之書，解經內容、次第，或不相同，其中必有僞作

同一撰者解經，理應前後相符，若同一處說經，有前後論點不合，則其作者
可疑，應非同一撰者，竹垞亦以說經不同，乃定其書疑僞。如《經義考》卷七六，
孔安國《尙書傳》下案語云：

> 《論語》：「雖有周親，不如仁人。」，孔氏注云：「親而不賢不忠則
> 誅之，管蔡是也。仁人謂箕子、微子來則用之。」於《尚書傳》則云：「紂
> 至親雖多，不如周家之少仁人。」一人而兩處說經互異。又《論語》「予
> 小子履」一節云：「此伐桀告天之文。」墨子引〈湯誓〉若此，亦與《書
> 傳》相戾，此一疑也〔註 129〕。

同一作者的解經觀念，理應相同，然孔氏《書傳》的解經內容，與孔氏其他著作
不合，乃知其作者當有疑僞之處。

又《經義考》卷一二五，吳澂《周禮經傳》下案語云：

> 艸盧吳氏著書，不聞有《周禮經傳》。康熙丁丑（西元 1697 年，爲
> 康熙三六年）五月之望，西吳書賈以抄本求售，紙墨甚舊，題曰「吳澄
> （即吳澂）著」，中間多有改削，又有黏箋，其議論序次，均不同於《考
> 注》，疑是其孫伯尙之書，然無先公字樣。但有聞之師曰之文，不審爲誰
> 所撰，姑附於此〔註 130〕。

類似的論點，尙見於《經義考》卷一六四，吳澂《三禮考註》下案語云：

〔註 128〕參考註 15，卷七六，頁 7。
〔註 129〕參考註 15，卷七六，頁 7。
〔註 130〕參考註 15，卷一二五，頁 9。

　　　　艸盧先生經解各有《敘錄》，余購得《周官禮》，乃先生孫當所補，
　　其餘《儀禮》則有《逸經》，《戴記》則有《纂言》，今所傳《三禮考注》
　　以驗對先生之書，**論議體例多有不合，其爲晏氏僞託無疑**〔註131〕。
由於同題某人所撰，但所論次序不合，乃定此書爲僞書者也。同一撰者之書，其
解經的內容、次第，理應相符一致，若有不同，其中必有一書出於僞作，竹垞能
細審書中的內容、次第，並發現其中不合之處，乃定其書或有出於僞作者也，其
辨僞的方法，可供我們加以參考。

　　又《經義考》卷二四五，《六經奧論》下案語云：
　　　　世傳《六經奧論》六卷，成化中旴江危邦輔藏本，黎溫〈序〉而行
　　之，云是鄭漁仲所著，荊川唐氏輯《稗編》從之。**今觀其書，議論與《通
　　志略》不合**，漁仲嘗上書曰：「十年爲經旨之學，以其所得者作《書考》，
　　作《書辨訛》，作《詩傳》，作《詩辨妄》，作《春秋考》，作《諸經序》，
　　作《刊繆正俗跋》；五、六年爲天文、地理、蟲魚、艸木之學，所得者作
　　《春秋列國圖》，作《爾雅注》，作《詩名物志》」而《奧論》曾未之及，
　　則非漁仲所著審矣〔註132〕。
《六經奧論》一書，世傳爲鄭樵所撰，惟竹垞根據其書議論，與《通志略》不合，
而《通志》一書，確爲鄭樵所撰，既然《六經奧論》的論點與之不合，則非鄭樵
所撰明矣，是以題作「鄭樵」所撰，實爲僞冒者也。然而，此法的運用，若非精
通作者的其他撰著，並得知該書體例，實難以判別，是以竹垞此則判例，實乃積
累不少的經驗，始能判定其書爲僞冒者也，其說可供參考之用。

（七）從抄襲他書加以考辨

　　《經義考》卷一〇〇，端木賜（子貢）《詩傳僞本》下案語云：
　　　　《中庸》，子思所作，而子貢反襲其言，竊「凡爲天下國家有九經」
　　「修身則道立」以下十句以說〈小正〉。竊〈大學〉「心正而後身修」四
　　句以傳〈關雎〉，陋矣哉〔註133〕！
子貢所處時代，在子思之前，然子貢所作《詩傳》，竟有子思《中庸》的內容，且
《詩傳》均襲自《中庸》、《大學》之文，是則前後錯亂，乃定子貢《詩傳》爲僞
本，其書非子貢所作明矣。

〔註131〕參考註15，卷一六四，頁4。
〔註132〕參考註15，卷二四五，頁7。
〔註133〕參考註15，卷一百，頁1。

又《五經四書大全》一書，乃是胡廣等人奉敕編撰之書，然胡廣等人，卻據前書抄錄，並據爲己書，則竹垞亦視同僞作，並給予抨擊。如《經義考》卷四九，胡廣等人《周易傳義大全》下案語云：

> 永樂中詔修《五經四書大全》，開館則給月饌，書成則賜幣賜燕，又御製序文頒行，稱廣大悉備。不知胡廣諸人，止就前儒之成編，一加抄錄，而去其名；如《詩》則取諸劉氏，《書》則取諸陳氏，《春秋》則取諸汪氏，《四書》則取諸倪氏，《禮》則於陳氏《集說》外，贈（增）益吳氏之《纂言》，《易》則天台、鄱陽二董氏，雙湖、雲峰二胡氏。於諸書外全未寓目，所謂大全乃至不全之書也。夫既竊其廩賜，並未效纖毫搜採之勤，攘私書爲官書，以罔其上，豈不顧博聞之士見而齒冷乎？
> 即此可見胡廣心術之不純，而同書諸臣亦苟且游戲甚矣〔註134〕。

胡廣所撰的《五經四書大全》之書，乃襲自諸多前人的作品，竹垞乃大加撻伐，視同僞作之書。竹垞反對抄襲的作品，對於抄襲之作，則給予嚴厲的批評，說法已見於上文「反對抄襲，重視創發」，該文有較爲詳盡的說明。

（八）依作者〈行狀〉、〈墓誌〉未著錄，乃判其書僞作

作者的〈行狀〉、〈墓誌〉，多能載其撰著，尤其諸書俱備，但未及言明該書，則此書疑爲僞作，竹垞曾據以定其某書爲僞作。例如：《經義考》卷一一一，林泉生《詩義矜式》云：

> 泉生〈行狀〉、〈墓志〉俱吳海作，平生著述秖載《春秋論斷》而無《詩義矜式》一書，殆書賈所託也〔註135〕。

據〈行狀〉、〈墓志〉所錄，林氏撰有《春秋論斷》一書，然未論及撰有《詩義矜式》，故定其書非林氏所撰，乃爲書賈所託。竹垞十分重視〈墓誌〉的著錄價值，如《經義考》卷一九一，牟子才《春秋輪輻》下云：「右子才未成之書，見〈墓誌銘〉」〔註136〕，是以對於竹垞而言，〈墓誌銘〉是考察著述的來源之一，也因此有引錄〈墓誌銘〉的內容，來斷定某書爲僞作的作品。

（九）依據簡策尺寸大小、行款，辨明其偽

竹垞曾依據簡策尺寸的大小、行款，用以辨明僞籍，例如：《曝書亭集》卷三十五，〈江村銷夏錄序〉云：「予嘗至太學，摩抄石鼓文，驗其行數，據以駁成都楊

〔註134〕參考註15，卷四九，頁8。
〔註135〕參考註15，卷一一一，頁8。
〔註136〕參考註15，卷一九一，頁5。

氏之作僞〔註137〕」。石經的大小、行款皆有定數，如五經皆一尺二寸，古文篆書的石經，一簡八字，根據其大小、行款的記錄，可以得知是否爲僞冒之籍。有關其考訂的過程，見於《曝書亭集》卷四七，〈石鼓文跋〉〔註138〕，根據其文，可知所謂的「成都楊氏」，是指「楊愼」而言。楊愼自言所得的石鼓籀文，乃是來自李賓之所藏的唐人拓本，全部文字多達七百有二字，然竹垞考及歐陽修所見之本，共爲四百六十五字；薛尙功所得之本，僅爲四百六十七字；胡世將所得之本，爲四百七十四字；潘恬山之藏本，僅有三百八十六字，皆離楊愼所見之文，相距甚遠，竹垞指證歷歷，且指出楊愼所見之本，與歐陽修所見之本，字句行款，相距甚多，若同出一源，不當有此差異。根據〈石鼓文跋〉所得的論證，楊愼所見之本，確係僞作無疑。竹垞爲求證明其誤，曾親自太學，驗明石鼓之文的行款，其云：

> 至於第六鼓，因民間窪以爲臼，其上漫漶，以諸鼓驗之，每行多者七字，少者六字，此鼓行僅四，上皆缺二三字，用修（楊愼）每行增一字，強之成文。又如第七鼓，用修增益徒御嘽嘽，會同有繹，或群或友，悉率左右，以燕天子，咸與小雅同文，不知鼓文每行字有定數，難以增益〔註139〕。

竹垞逐一推敲其行款，據以定其僞作訛增，這種藉由實證，驗以行款、字數，可以推知其僞作的方法，實有值得效法之處。

（十）根據跋尾印記，察知其僞

　　無論書籍或字畫，大都有跋尾、印記，可藉以考知其流通的情況。《曝書亭集》卷三十五，〈江村銷夏錄序〉指出：

> 錢唐高詹事，退居柘湖，撰《江村銷夏錄》三卷，於古人書畫眞蹟，爲卷爲軸，爲箋爲絹，必謹識其尺度廣狹斷續，及印記之多寡，跋尾先後，而間以己意，折衷甄綜之，評書畫者，至此而大備焉。今之作僞者，未嘗不倣尺度爲之，然或割裂跋尾印記，移眞者附於僞，而以僞者雜於眞，自詹事之書出，稍損益之不可。雖有大騧鉅狡，伎將安施哉〔註140〕。

據跋尾印記等資料，以辨明眞僞情況，是長期累積版本、書畫鑑賞者，所能考知其詳情。又《曝書亭集》卷四十三，〈書淳化閣帖夾雪本後〉云：「吳中黠工，每

〔註137〕參考註1，卷三五，〈江村銷夏序〉，頁439。
〔註138〕參考註1，卷四七，〈石鼓文跋〉，頁561～562。
〔註139〕參考註1，卷四七，〈石鼓文跋〉，頁562。
〔註140〕參考註1，卷三五，〈江村銷夏序〉，頁439。

割裂跋尾圖書，以眩人耳目，雖善鑒者，或致疑焉。」〔註141〕，諸如此類，皆指明僞作者，每割裂跋尾圖書，以眩人耳目，可據其跋尾印記，察知其僞冒者也，考竹垞此處雖無實例證明其說，但其說明跋尾印記，可以辨知書畫眞僞，此一辨僞的方法，的確有其參考的價值。

（十一）藉由書法的體勢，證知其僞

書法的文字風格，可以成爲判別眞僞的依據。不同時期的金石、碑版等等，皆有其特有的文字風格，尤其是眞蹟法帖，或是抄本、石經，皆有其各自流通的字型風格，若能審知書法的風格，則能成爲辨明眞僞的依據，竹垞亦曾利用此法，藉以判明眞僞的情況。例如：《曝書亭集》卷四八，〈晉平西將軍周孝侯碑跋〉云：

> 宜縣周孝侯碑，相傳平原内史陸士衡文，會稽内史王逸少書。孝侯戰沒，而碑辭云：「元康九年（299），舊疾增加，奄捐館舍，乖謬已甚。然書法亦不惡，但假逸少之名，是爲不知量矣。末題元和六年（814）歲辛卯十一月，承奉郎守義興縣令陳從諫重樹，疑文字皆此君僞託爾〔註142〕。

此據其碑文的書法，不似王羲之的風格，而定其石爲僞作。竹垞的書法創作成果，已受到學者的肯定，尤其善於隸書、行書的創作，其作品曾被賞鑒家列入「逸品下」〔註143〕。有關其隸書的創作，得自於碑石的研習，此處得以藉由書法的體勢，得知其僞作的情況，乃是積累平日的賞鑒心得所致，其辨僞方法的運用，頗具有廣度，能從各種分析的角度，來從事僞作的審議，其方法能有取法之處。

竹垞善於辨明眞僞，觀其所用的方法，綿細縝密，能從各種角度來辨明眞僞，且分析的內容，不侷限於經籍，也能兼及其他文獻的考辨。因此，林慶彰將其列入清初經籍辨僞名家，的爲有識之言。典籍的僞冒，徒然使史實的眞象，蒙上一層灰暗的色彩，文獻的假冒，既經辨僞求眞的程序，則可探明其本實，對於學術的研究，也有正面的功效。一如清初其他的辨僞學者，其能致力於文獻的辨僞工作，乃是爲了掃除文獻僞冒的疑霧，使學者不再惑於僞籍，對其學術的研究，能有助益。竹垞能善用辨僞的方法，來從事古籍的整理工作，使其在文獻整理的成就，頗有貢獻。《經義考》的案語、解題資料中，不乏涉及辨僞的情事，顯見其甚

〔註141〕參考註1，卷四三，〈書淳化閣帖夾雪本後〉，頁525。
〔註142〕參考註1，卷四八，〈晉平西將軍周孝侯碑跋〉，頁575。
〔註143〕李放纂輯：《皇清書史》卷四，（台北：明文書局，民國74年），頁134。；又《藝舟雙楫》參見於馬宗霍輯《書林藻鑑》（清代篇），（台北：明文書局，民國74年），冊八六，頁95。

爲重視此類的考訂工作，觀其所使用的方法，能從各種角度分析，所用的方法，能有參考價值，故雖未有辨僞的專著，但在辨僞的成就上，卻值得我們的重視。

七、實地遊歷，證以文物

在文獻內容之中，往往涉有地方風土文物的記載，若能實地遊覽，將有助於文獻的考察，且能得其實情。清初的幾位大儒，都能四方遊歷，參經考古，方能奠定深厚的考證基礎，如顧炎武、黃宗羲、閻若璩等人屬之。竹垞早年生活困頓，爲謀求生計，常常四方遊歷。在遊歷的過程中，「每遇殘碑破冢，必摩抄其文響拓之，考其與史同異。」〔註144〕，是以其考訂文獻之時，能佐以遊歷的見聞，卒能奠定其考證的成就。觀其〈遊晉祠記〉一文，即可看出其考證皆有按據，能證以實地遊歷的經驗，其考訂能有參考的價值。茲引錄其文如下：

> 晉祠者，唐叔虞之祠也。在太原縣西南八里，其曰「汾東王」、曰「興安王」者，歷代之封號也。祠南向，其西崇山蔽虧。山下有聖母廟，東向，水從堂下出。經祠前，又西南有泉曰「難老」。合流分注于溝澮之下，溉田千頃。《山海經》所云「懸甕之山，晉水出焉」是也。水下流會于汾，地卑于祠數丈。《詩》言「彼汾沮洳」是也〔註145〕。

據此，若非親臨其境，實難正確考出其方位、距離、流向等資料。由於竹垞能親遊其地，對於該地的地理環境，能有深切的認識，故其議論的事項，十分精確可信，至於舉《詩經》、《山海經》以證，更可見其「行萬里路」「讀萬卷書」的遺風雅緻。在實際的遊歷中，對於山勢的外觀，溪水的走向，能有所認識，故其對於《山海經》所謂「懸甕之山，晉水出焉」的眞正內涵，也有所瞭解。又《詩》所謂「彼汾沮洳」一句，其中的「沮洳」之義，乃是意指低濕之地，由於河水流至汾地，其地勢低窪，流水至此，自會有「低濕」的景況。因此，若能親歷其境，不用透過解說，即可瞭解各地的特點，以之驗證文獻，將能更有收穫。

又竹垞曾親遊嶧山，撰有〈登嶧山記〉，以記其地的風光景緻，且能引證史實以證，對於瞭解其地的相關作品，能有清楚的剖析：

> 嶧山上下皆積石，間不容趾，大若堂房，若鬼工所運，而驚濤駭之突於前也。山遠近草木不殖，然「嶧陽孤桐」，載在〈禹貢〉，豈以其生之不易，故貴之歟？石質粗惡，游者鑱姓名於壁，未及百年，輒漫漶磨泐，不

〔註144〕參考註1，卷三五，〈五代史記注序〉，頁432。
〔註145〕參考註1，卷六七，〈游晉祠記〉，頁782。

可辨識，李斯篆，其不存於今宜也。按《詩》言「保有鳧繹」，釋者謂繹
與嶧同，鳧山在今嶧縣，縣雖以嶧名，山去縣二百里，在鄒縣之南，杜預
以為在鄒縣北，蓋縣治之徙久矣！山徑块扎，無燕憩之所，以是游者特少，
然升高遠望，風檣煙浦，出沒百里之外，於是覽神禹之跡，笑亡秦之愚，
足以增懷慨慷，豈必林木鬱蔥，臺館高下，然後為名山也邪〔註146〕。

竹垞曾親登嶧山遊歷，對其山上遍佈積石，草木不長的情形，留下深刻的印象。
根據當地的實況，證以《尚書・禹貢》所謂「嶧陽孤桐」一句〔註147〕，確實符合
當地實景。由於其地處處積石，難生草木，故連「桐木」亦屬難得之物，其中「孤」
字，正貼切的傳達出其地缺乏草木的特點。又當地石質粗惡，故刊刻其上的碑文，
未經百年，銘文即已漫漶不清，難於辨識，更遑論千百年前的李斯刻石〔註148〕，
更早已不知去向，若非親歷其地遊歷，如何得知其故。惟上述所論「杜預以為在
鄒縣北」，考《史記集解》錄有一則韋昭曰：「鄒，魯縣，山在其北。」〔註149〕，
是以其說出於韋昭之言，而竹垞以為杜預之論稍有出入，或為一時誤記所致。透
過實地的訪察，確實能對史實的始末，能有正確的認識，也能補正史書所載的事
物，諸如此類的造訪，能有助於學問的精進。

　　竹垞重視實地遊歷的功效，當其為求注解歐陽修《五代史》時，曾親遊晉地，
以其地為五代諸主的發跡之地。朱稻孫在〈皇清欽授徵仕郎、日講官、起取注、
翰林院檢討、祖考竹垞府君行述〉中指出：

　　　　王父（指彝尊）方欲注歐陽《五代史》，以五代之主，其三皆起於
　　晉陽，最後劉旻三世固守其地，恒策馬縱遊覽，其廢墟冢墓之文，祠堂
　　佛刹之記，莫不搜剔，以資考證〔註150〕。

竹垞為求注記史書，甚且親遊晉陽發跡之地，進行資料的搜集、考證工作，其作
法頗有可取之處。對於前人未能親訪實地，僅根據傳聞甄錄，因而造成失誤的行
為，其能提出批評。如〈書王純碑後〉指出：

〔註146〕參考註1，卷六七，〈登嶧山記〉，頁784。
〔註147〕漢・孔安國傳，唐孔穎達撰：《尚書正義》卷第六，（台北：藍燈出版社，「十三經
　　　　注疏本」），頁82。
〔註148〕有關秦始皇刻石一事，事見司馬遷《史記》卷六〈秦始皇本紀〉「始皇二十八年」，
　　　　（台北：藝文印書館影印清乾隆武英殿本），頁121。該文摘錄如下：「始皇東行
　　　　郡縣，上鄒嶧山，立石，與魯諸儒生議刻石，頌秦德，議封禪，望祭山川之事。」
〔註149〕同前註，卷六〈秦始皇本紀〉「始皇二十八年」，頁121。
〔註150〕原文出自趙詒琛、王大隆輯《丙午叢編》一書，今轉錄葉元章、鍾夏《朱彝尊選集》
　　　　（上海：上海古籍出版社，1991年11月），頁508～509。

冀州刺史王純碑，婁彥發《漢隸字源》謂在鄆州中都縣，立于延熹
四年（161）冬十二月，而酈善長以純爲紛，以延熹爲中平，**蓋未嘗親至
其所，而傳聞之誤也**〔註151〕。

只要實地遊歷，訪得其碑文，即可斷知酈道元考訂此碑的錯誤，是以傳聞不可憑
據，惟有親臨實地訪察，可據以補證史料的漏誤，此一方法的運用，將有助於驗
證史料的正誤，實是一種正確的治學法則。明末清初的大儒，多能實地訪錄，驗
以正史所錄，考訂群經所記，從實地的訪察中，發展出一套完善的治學方法，這
種重視實地考察的成效，實能成爲絕佳的輔證材料，其方法值得仿效。

除實地遊歷之外，竹垞也能證以實物，對於出土的文物，能多所留意，以其
助於研經考史，對其考證的成果，能有十足的助益。觀其考訂的成果，其中受惠
於金石碑帖等文獻，使其能突破舊有的傳統，在考證成果方面，能有優異的表現。
竹垞十分重視金石、鐘鼎的考古價值，其於〈跋石淙碑〉中指出：「予性嗜金石文，
以其可證國史之謬」〔註152〕，從《曝書亭集》中，可見其徵引各類的金石文字，
藉以考證其內容的正誤。同樣的論點，又見於〈唐北嶽廟李克用題名碑跋〉云：

惟金石之文，久而未泯，往往出風霜兵火之餘，**可以補舊史之闕，**
此好古之士，窮搜于荒崖破冢之間，而不憚也。（李）克用本武人，未嘗
以知書名，而碑文楷畫端勁，詞亦簡質可誦，英雄之不可量如是夫。嗚
呼！益以見金石之文爲可寶也〔註153〕。

竹垞屢陳金石具有補證史實的功效，其遊歷四方的過程中，亦能取法於金石文字，
以爲考證之資。在《曝書亭集》中，即有許多關於碑帖的考證之文，使其能藉以
參經證史，增進考證的成效。因此，其考證文獻的成就，多半要歸功於金石文物
的運用，使其在文獻的使用上，能有所突破。

竹垞於金石鐘鼎之文的運用，已深受學者肯定。葉衍蘭、葉恭綽《清代學者
象傳合集》云：

國朝詞筆，首推二家（指竹垞和陳迦陵二人），二百年來，直無其
比先生（指竹垞）於詩、古文、詞之外，更研精經學，考訂金石，善八
分書〔註154〕。

〔註151〕參考註1，卷四七，〈書王純碑後〉，頁570。
〔註152〕參考註1，卷四九，〈跋石淙碑〉，頁585。
〔註153〕參考註1，卷五十，〈唐北嶽廟李克用題名碑跋〉，頁598～599。
〔註154〕葉衍蘭、葉恭綽：《清代學者象傳合集》，（上海：上海古籍出版社，1989年7月），
頁90。

又查慎行在《曝書亭集》中的〈序文〉中，亦有近似之論：

> 他若商周古器、漢唐金石碑版之文，以及二篆八分，莫不搜其散軼，
> 溯其源流，往往資以補史傳之缺略，而正其紕繆〔註155〕。

其他如王士禎、魏禧諸人的〈曝書亭集・原序〉，皆推崇其金石考古的成就。竹垞重視碑帖的文獻價值，故每得碑文墓誌，能以史實相考，務求其實情，故能有史學整理的貢獻。在《經義考》中，亦有「刊石」一類，藉以涵攝各類的石經資料，若非對於石刻文獻有著深厚的認知，實難有此識見。此外，其對於鐘鼎彝器的銘文，十分重視，甚至自比於九經的價值。其於〈周鼎銘跋〉中指出：

> 自秦銷金咸陽，屬禁所至，爲段冶改煎，殆不可勝數，世徒懲秦燔
> 《詩》、《書》之禍，不知銷金爲禍之益烈也。嗚呼！三代之文，自九經
> 而外，其得見于今者希矣，顧神物顯晦，或有時復出，惜乎又委之荒山
> 梵宇中，莫之寶惜，徒令好古君子摩抄歎息之不已也〔註156〕。

《曝書亭集》的序跋考訂，可見其審訂各類文獻之時，能善用金石文字，以資考證。例如：上述〈周鼎銘跋〉一文，即考知鐘鼎彝器之文。此外，尚有寶劍銘文，如〈周延陵季子劍銘跋〉〔註157〕；古鏡銘文，如〈漢尚方鑑銘跋〉、〈書漢鏡銘〉〔註158〕；錢幣銘文，如〈跋新莽錢范文〉、〈跋甘羅城小錢文〉〔註159〕，其他如佛像、香鑪、佛塔、銅柱、畫像磚、壁畫等資料，均有徵引，這種引證出土文物，藉以從事考證的作法，有值得效法之處。

竹垞懂得徵引出土文物，藉以考經證史，下文即試引數例，明白其對出土文物的運用。例如：《曝書亭集》卷四十七，〈跋蔡中郎鴻都石經殘字〉云：

> 今觀宛平孫氏所藏《尚書》、《論語》殘字，平生積疑，爲之頓釋。
> 《論語》書云：「孝乎惟孝」。包咸注云：「孝乎惟孝，美大孝之辭。」今
> 石本「乎」乃作「于」字，然則「孝于惟孝，友于兄弟，施于有政」，句
> 法正相同也〔註160〕。

竹垞根據石經的殘字，用以校勘《論語》的異文，雖僅校出「孝乎惟孝」的「乎」字，以爲「于」字之誤，但其利用石經的資料，並參以句法的排列，使其校訂能

〔註155〕參考註1，〈查序〉，頁2。
〔註156〕參考註1，卷四六，〈周鼎銘跋〉，頁552～553。
〔註157〕參考註1，卷四六，〈周延陵季子劍銘跋〉，頁553。
〔註158〕參考註1，卷四六，〈漢尚方鑑銘跋〉，頁554；又同卷，〈書漢鏡銘〉，頁555。
〔註159〕參考註1，卷四六，〈跋新莽錢范文〉，頁554；又同卷，〈跋甘羅城小錢文〉，頁555。
〔註160〕參考註1，卷四七，〈跋蔡中郎鴻都石經殘字〉，頁566。

有創獲。又《經義考》卷二八一，「魯大夫子服子何景伯」下案語云：

> 漢〈魯峻石壁畫〉七十二子像有子服景伯，唐劉懷玉作《孔聖真宗
> 錄》，以子服景伯在七十子之間〔註161〕。

此處運用〈史峻石壁畫〉中的圖像，並參以文獻的佐證，藉以證明子服景伯在七十子之間，這種運用實物的內容，使其考證的成果，益發徵實可信，其餘類此之例尚多，不一一贅舉。

　　竹垞在整理文獻之時，能重視實地訪察，再佐以文獻的內容，藉以從事考證的工作，這種重視實地訪察的方法，使其考訂的成果，能夠確實可信。如此的方法運用，普遍盛行於清初諸儒身上，大凡以考證著稱者，皆能佐以實際的遊歷，使其論定的內容，能夠明確可信，足以補輯文獻的闕漏。較之僅考文獻的記載，卻忽略實地的訪查者，更具有參考的價值。基於某些記錄，未能備載於文獻中，若僅蒐求文獻，難免有所錯失，若能夠實地考察其地，將能補充文獻不足徵的缺漏。此外，竹垞在考訂之時，能善用出土文物，尤其在金石鐘鼎方面的運用，更有正確的觀念，這種運用實際文物，藉以考訂史實的作法，亦值得我們參考。

　　綜合上述所論，竹垞治學的方法，能有完整的學說體系，並能親體力行，擁有良好的成效。如就使用的方法而論，文字是研究的基礎，目錄是學術研究的門徑，惟有廣徵群籍，善析事理，方能明辨真偽，精於讎校，才能在虛空的學風中，尋覓出實證的新途徑。竹垞積極從事文獻整理工作，其整理的方法，與後世考證學派的發展，有著明顯的承繼關係。當我們檢視其方法時，不時可見其重視目錄、版本、校勘、輯佚、辨偽方法的運用，使得其文獻整理方面，能有所貢獻，皆歸功於整理得法所致。明末清初之際，學風變動劇烈，當時學者為求改正虛空的學風，乃積極推動文獻的蒐尋、刊印、研究，隨著學術發展日益細密，大凡有識之士，已不能滿足傳統文獻的收集，並將研究的視野，放在金石、鐘鼎等資料，也確實收致考證經史的成效，帶動考證的發展，影響所及，其所運用的法則，也紛紛為後世學者襲用，開創出日後乾、嘉考證學派的豐碩成果。

第三節　文獻整理的貢獻

　　竹垞重視文獻的保存，能積極的從事文獻整理工作，故有其卓越的成就。舉凡在史傳的編寫，以及圖書的徵集與刊印，乃至於詩詞總集的編印等等，皆有值得紹

〔註161〕參考註15，卷二八一，頁11。

述的功績。至於經文的輯佚、典籍的讎校、僞籍的考訂、目錄的編纂等等，能有優異的表現。綜合其文獻整理的貢獻，堪稱爲清初重要的文獻學家，對於各種典籍的整理與探索，均能提供考見之得，下文即分項論述其文獻整理的貢獻〔註162〕：

一、經籍整理的貢獻

竹垞在經學方面，能汲汲於經籍的考訂工作，張之洞曾將其列入「漢學專門經學家」〔註163〕，且補敘此類學者的特色，乃在於「篤守漢人家法，實事求是，義據通深者。」〔註164〕，竹垞在治學的觀念上，主張稽古崇漢，重於考證，其考訂的成果，能延續明儒考證學者的成就，並發展出更豐碩的果實。總計其在經學整理的貢獻如下：

（一）追索經學的傳授〔註165〕

漢儒重視師承、家法的觀念，雖有政治的利益，牽涉其中，但其堅守師說的觀念，卻能形成漢儒的一股特色。竹垞既能崇尚漢學，對於漢儒的此一傳統，自有深刻的體認，此點從《經義考》立有「承師」五卷，藉以考知經學傳授體系，即可略窺一二。「承師」五卷，上起自孔子弟子，下迄宋元諸儒的經說傳授，能條理分明，清楚整理各經師傳授的體系，對於瞭解經學傳授的體系，實能正面的貢獻，例如：《經義考》卷二八三，「程子（頤）《易》」條下云：

> 監察御史建陽游酢定夫
> 工部侍郎延平楊時中立
> 永興軍路提點刑獄河南郭忠孝立之
> 國子博士金堂謝湜
> 祕書省正字藍田呂大臨與叔

〔註162〕朱彝尊對於四部典籍的整理工作，均有整理的貢獻，由於本文偏向其經、史的成就，是以先就其經、史部份的表現，提出研究的心得，至於子部、集部的討論，由於所涉極廣，擬於日後再行整理成文，特此說明。

〔註163〕參考註33，附錄二〈國朝著述諸家姓名略〉，頁347。

〔註164〕參考註33，附錄二〈國朝著述諸家姓名略〉，頁347。

〔註165〕林慶彰《清初的群經辨僞學》（台北：文津出版社，民國79年3月），將明代從事經學考證的貢獻，區別爲「追尋經學的授受源流」、「斥責疑經改經之非」、「考辨經書眞僞」、「考訂文字音義」、「考訂名物制度」、「蒐集經書的佚文」等六項，衡諸竹垞的經學考證成就，亦大抵延續此一傳統，惟更加邃密，下文即依據上述諸項，略事更改，佐以竹垞的經學成果，來闡釋竹垞對於經學整理的貢獻。

左奉議郎洛陽尹焞彥明

尚書右丞瑞安許景衡少伊

上舍永嘉鮑若雨商霖

處士壽安張繹思叔〔註166〕

在「承師」一目中，處處可見其類似的例證，竹垞將各經師傳授經學的體系，逐項條列，細說分明，對於瞭解經學授受的體系，頗有助益。除去「承師」之目外，在竹垞案語之中，亦能見到相關的議題，如《經義考》卷五，孟喜《周易災異》條下案語云：

東漢之爲孟子《易》者，南陽洼丹子玉、中山觟陽鴻孟孫、廣漢任安定祖〔註167〕。

此則案語，對於瞭解孟喜《易》學傳授的過程，能有較爲清楚的認識，其效果等同於「承師」所論的內容。又在《經義考》的解題中，屢能收錄經學授受的過程，如卷五，施讎《周易章句》下錄「《漢書》」云：

施讎，字長卿，沛人，從田王孫受《易》，拜博士，甘露中，與《五經》諸儒雜論同異於石渠閣。讎授張禹、琅邪魯伯。禹授淮陽彭宣、沛戴崇子平，魯伯授太山毛莫如少路、琅邪邴丹曼容，繇是施家有張、彭之學〔註168〕。

此處的解題，對於施讎的傳經過程，能有清楚的說明。綜觀《經義考》全書，無論是「承師」五卷的內容，或係案語、解題的資料，皆能涉及經學的傳授體系，此一項特點，係承繼崇尚漢學的觀念所致。

　　除《經義考》之外，其《曝書亭集》的相關序跋考訂，亦能重視各種傳授的演變，如〈陸氏春秋三書序〉中指出：

唐丹陽主簿啖助，考《春秋》三傳短長，撰《集傳》，復攝綱條爲《統例》，助卒。其子異，裒錄遺稿，於是門人洋州刺史河東趙匡損益之。

而給事中陸淳師事匡，纂會其文，爲《春秋集傳纂例》十卷。又撰《集注春秋》二十卷，《微旨》三卷、《辨疑》七卷〔註168〕。

由此可知，啖助傳授其子啖異，啖異傳給趙匡，趙匡傳給陸淳，這種清楚的傳經體系，實得力於竹垞平日重視經學體系所致。竹垞所提出的經學體系，可以上溯

〔註166〕參考註15，卷二八三，頁7。

〔註167〕參考註15，卷五，頁7。

〔註168〕參考註15，卷五，頁6。

〔註168〕參考註1，卷三四，〈陸氏春秋三書序〉，頁424。

孔門弟子，下迄宋元諸儒，這種考訂的成果，可以彌補宋人不重傳經體系的缺失，也是表彰漢學的具體表現。從傳授過程的親疏遠近，將有助於釐測各經說的異同變化，對於瞭解經學的相關問題，能有正面的貢獻。

（二）反對妄自的改經

宋儒重視經義的闡釋，對於經文不合己意者，往往妄自刪改，以合於經義的闡發。林慶彰《清初的群經辨偽學》指出：

> 疑經、改經是宋學傳統的新觀點和新方法，明代學者師宋人之餘技，改經者也不少。如要重振經學的地位，對前人的疑經、改經自應加以譴責批評〔註170〕。

大凡治漢學者，多能重視實證，故對於妄自改經，以牽合訓詁字義的作法，常提出反對的意見，竹垞亦有類似的概念。《經義考》卷七八，唐孝明皇帝《今文尚書》條下案語云：「竊謂經文一字之改，雖無大害，然亦當復古本爲是。」〔註171〕，竹垞反對經文的妄改，其主張經文的改動，都應該有古本爲據，在這種觀念之下，常對於妄改經文者，提出其個人的評論。例如：《曝書亭集》卷四二，〈石經月令跋〉指出：

> （宋、元）說經者逞其私智，移易《尚書》，離析《大學》，筆削《孝經》，變置《周官》，出入《風》、《雅》，皆唐之君臣爲之作俑已〔註172〕。

宋元以下的學者，常有改動經文之舉，以便能合乎經義的闡釋，如《尚書》、《大學》、《孝經》、《周禮》、《詩經》等經疏，皆有其例，改動的範圍，已擴及各種經書，究其改經的作法，則殊不可取。竹垞從實際的校勘中，已能審明宋儒改經的行爲，並給予批評，其於〈跋王氏詩疑〉中指出：

> 自朱子專主去〈序〉言《詩》，而鄭衛之風，皆指爲淫奔之作，數傳而魯齋王氏，遂刪去其三十二篇，且于二南刪去〈野有死麕〉一篇，而〈退彼穢矣〉〈甘棠〉于王風，夫以孔子之所不敢刪者，魯齋毅然削之，孔子所不敢變易者，魯齋毅然移之，噫！亦甚矣，世之儒者，以其淵源出於朱子，而不敢議，則亦無是非之心者也〔註173〕。

王柏《詩疑》一書，有感於朱熹去〈序〉言《詩》之說，乃進而主張去除鄭衛之

〔註170〕參考註165，頁43。
〔註171〕參考註15，卷七八，頁6。
〔註172〕參考註1，卷四二，〈石經月令跋〉，頁516。
〔註173〕參考註1，卷四二，〈跋王氏詩疑〉，頁512～513。

風，以及〈野有死麕〉、〈何彼襛矣〉、〈甘棠〉諸篇，這種妄自刪改經文的作法，
實乃錯誤的行徑，然世儒以其淵源出自朱熹，是以不敢妄自議論其非，竹垞乃評
其爲「無是非之心」。竹垞對於刪經行爲，表示極度的不滿，且對議動錯簡的作
法，也深表反對之意，其認爲「群經縱有錯簡，宜仍其舊，宋元諸儒，多逞臆見
更易，未免侮聖人之言。」〔註 174〕，因此，其對於更動經文的作法，也能多所
留意，時加點明其改動之處，例如：《經義考》卷一一二，陸深《儼山詩微》下
案語云：

> 《詩微》業有成書，公子楫稱公攜入京師，爲朝士竊去，僅存〈二南〉、
> 〈邶風〉而已。其於〈大序〉疑有錯簡而更正之，存《儼山集》中〔註175〕。

竹垞批評宋元諸儒的改經行爲，以其有侮聖人之言。在考訂過程之中，每遇有妄自
更動經文者，則加以標示，藉以提醒讀者勿輕信其說。竹垞重視漢學，對於漢儒不
輕易更動經文的作法，能抱持肯定的態度，至於宋儒的妄改經文，則多能提出其批
評的論點，以免學者們輕言改經，淆亂原經的次第，甚且割裂原文，造成經學研究
的困擾，這種積極反對改經的行爲，使其後來在校訂經籍異文之時，也多僅羅列異
文，不肯輕易議定文句的正誤，是以直接影響到其校勘的表達方式。

（三）考辨經籍的僞冒

竹垞重視經籍的眞僞，其遇著僞冒的情況，必盡心審議，因此累積完善的辨
僞方法，其辨僞的成就，已列入清初時期的辨僞學家〔註176〕，林慶彰指出：

> 彝尊沒有辨僞的專著，《曝書亭集》中，辨易圖的有〈太極圖授受
> 考〉；辨《古文尚書》的，有〈古文尚書辨〉、〈讀蔡仲之命篇書後〉、〈讀
> 武成篇書後〉、〈答蕭山毛檢討書〉等。辨《魯詩世學》的有〈豐氏魯詩
> 世學跋〉等文。《經義考》中，論辨各僞經的按語也有一些〔註177〕。

上述列舉竹垞辨僞的成果，主要是針對其具有專文探述的僞籍，考之《經義考》
全書，尚有許多考辨的僞籍，大抵言之，有二種情況：首先，其在書名著錄上，
明白標示「僞」字，以表明其判定僞籍的結果，此類的例證不多，茲繪一簡表，
以利說明：

〔註174〕參考註 1，卷七八，〈儒學訓導倪君墓誌銘〉，頁 884。
〔註175〕參考註 15，卷一一二，頁 8。
〔註176〕參考註 165，頁 56～57。
〔註177〕參考註 165，頁 57。

《經義考》於書名著錄示「偽」字之例證表：

書　名	作　者	分　類	卷：頁	書　名	作　者	分　類	卷：頁
易傳偽本	卜　商	易	5：1	偽尚書	張　霸	擬　經	273：2
周易子夏十八章偽本	卜　商	易	5：4	鞫小正偽本	陶　潛	擬　經	274：6
偽三墳書（三皇五帝之書）		書	72：1	晉史乘偽本	吾　衍	擬　經	275：1
詩傳偽本	端木賜	詩	100：1	楚書檮杌偽本	吾　衍	擬　經	275：1
詩說偽本	申　培	詩	100：3	魏正始石經大學偽本		刊　石	291：3

　　竹垞藉由書名標示「偽」字，來表明其個人的主張，此類的表達方式，明白易懂，使讀者可以一覽書名，即知得知其書為偽作，進而達到指引的功效。其次，在案語之中，亦屢屢陳述其考訂的成果，茲將重要典籍表列如下：

書　名	作　者	分　類	卷：頁	書　名	作　者	分　類	卷：頁
連　山	司馬膺	易	2：5	魯詩世學	豐　坊	詩	113：4
歸　藏	薛貞注	易	3：6	周禮考注	吳　澄	周　禮	125：8
周　易		易	4：16	周禮經傳	吳　澄	周　禮	125：9
易傳偽本	卜　商	易	5：3	儀禮逸經	吳　澄	儀　禮	130：8
周易傳義大全	胡　廣	易	49：8	三禮考註	吳　澄	通　禮	164：4
三皇五帝之書		書	72：6	春　秋　傳	左邱明	春　秋	169：9
尚　書　傳	孔安國	書	76：6	禮元命包		緯	265：9
古　詩		詩	98：6	十六國春秋	崔　鴻	擬　經	276：3
詩　序	卜　商	詩	99：20	忠　經	馬　融	擬　經	279：8
詩傳偽本	端木賜	詩	100：1	詩義矜式	林泉生	詩	111：8
詩說偽本	申　培	詩	100：4				

　　至於各經考訂的內容，已見於上文說明，茲不贅述。若將《經義考》、《曝書亭集》的相關辨偽的成果，合而觀之，其考辨的成果，十分可觀。此外，其輯錄的解題中，也多能表明偽經的情況，從其審訂的數量來看，明顯集中在五經的考辨上，如就其內容來看，其對於宋明經籍作偽的情況，頗不以為然，也能痛加針砭，說法詳見第七章第五節「案語體例」，茲不贅述。

　　綜合上述所論，竹垞在經籍辨偽方面，頗有考訂的成果，較之明儒的造偽而論，其重視文獻的正確性，是以對於偽經的假冒，也能給予批評，這種求真的要求，正是考證學派的重要特質。相較之下，明儒雖然也有經籍辨偽的成果，但相互比較之下，竹垞辨訂的經籍，已能全面展現辨偽的成果，較之明儒而言，所能提供的思辨之語，也使其在辨偽成就上，能再向前推進，對於瞭解經籍偽作的情況，可以有更多的助益。

（四）釐析文句的異同

　　文字是研究的基礎，竹垞在治學的方法上，能善用文字之法，以釐析文句異同，說法詳見上文。竹垞重視文句的讎校，多能列出經籍異文，以供參考。例如：《經義考》卷十，翟玄《易義》下案語云：

> 翟氏《易義》：「先張之弧，後說之弧」，「弧」亦作「壺」。「惕號」作「錫號」，云：「賜也。」「來徐徐」作「荼荼」，云「內不定不意。」「正位凝命」作「擬命」，云「度也」〔註178〕。

此處列出各項異文，但對於文句的正誤，未作說明，究其方法的使用，與盧文弨「相形而不相掩」、顧廣圻「不校校之」的校勘理論，較為接近，其在校勘成果，較強調異文的現象，卻不妄自議論經文，正與上述「反對妄自改經的行為」，觀點不謀而合。又《經義考》卷八，馬融《周易注》下云：

> 馬氏《易傳》見於《釋文》，與今《易》異者：「聖人作而萬物睹」作「聖人起」。「婚媾」作「冓」，云：「重昏也。」「擊蒙」作「繫蒙」。「血去」作「恤去」。「履愬愬」作「虩虩」。「天道虧盈」作「毀盈」。「介于石」，「介」作「扴」，云：「觸小石聲。」「由豫」作「猶豫」，云：「疑也。」「盍簪」作「臧」。「天命不祐」作「右」。「百果草木皆甲拆」作「甲宅」，云：「根也。」「萃亨」無「亨」字。「德之修也」，「修」作「循」〔註179〕。

類此之例甚多，竹垞都沒有做出任何的論斷，由於其十分反對宋儒的改經行為，

〔註178〕參考註15，卷十，頁12。
〔註179〕參考註15，卷十，頁12。

是以在經籍異文的校理上,主張存其異文即可,不需要做出過多的評判,以免有誤判之嫌。竹垞對於校勘方法的運用,能重視對校法的使用,頗能廣徵異本,羅列文句異同,雖然缺乏是非的論斷,使讀者根據異文的現象,自我評判,視其作法,仍有值得參考之處。

竹垞對於異文的審校上,雖缺乏論斷,以免有擅改經文之失,但若遇見有實物佐證之時,亦能酌加論斷,《曝書亭集》卷四十七,〈跋蔡中郎鴻都石經殘字〉云:

> 今觀宛平孫氏所藏《尚書》、《論語》殘字,平生積疑,爲之頓釋。
> 《論語》書云:「孝乎惟孝」。包咸注云:「孝乎惟孝,美大孝之辭。」今石本「乎」乃作「于」字,然則「孝于惟孝,友于兄弟,施于有政」,句法正相同也〔註180〕。

此處根據石經殘字,復參以句法相同,乃定「孝乎惟孝」爲「孝于惟孝」之誤,雖然其說法,未能爲後世學者所取法,但其所論的結論,亦可聊備一說,頗有參證的功效。總體而論,竹垞十分重視異文的說明,雖然大多數的異文,僅是羅列其中的差異,但其校理的成果,可使讀者確實掌握異文的差異,如此的作法,可使讀者在閱讀經文之際,能多方取證各種異文,以做出正確的判斷。此外,其能善用石經的內容,據以考訂異同,使其在經籍讎校方面,能提供良好的參考價值。

竹垞對於經籍異文的變動,常能提出校勘的成果,但多僅釐析文句的異同,卻甚少從事異文的判斷,僅提供讀者佐證的機會,究其作法,主要是緣自對於文獻的重視,且由於尊經之故,是以不妄自議論經文的正誤,使讀者可以自行判定結果。古籍歷經各種傳抄、刻印、僞冒等情況,文句異動十分嚴重,爲求保有各種異本的現象,是以學者在遇見異文之時,多能從事校勘的工作,竹垞也能積極從事經籍的讎校,雖未能直接評判文句的正誤、優劣,但其校對的文句,仍能提供參考的作用。相較之下,其對於史籍的讎校,則多能據以改正異文,在作法上,頗有不同的取擇標準,顯示其對於經籍的崇敬程度,實非史籍所可比擬者也。

(五)考訂名物制度

竹垞善於考證之學,對於名物、制度,常引經籍以證,舉凡「經史子集及金石碑版,下至竹木虫魚之類,無不一一考索。」〔註181〕,在《詩經》之中,常有鳥獸、草木、蟲魚之屬;至於三禮之籍,常有圭、琰、璋、璧、琮諸物,許多的名物,與後世或有不同,竹垞每能引經籍以證,並驗之實物,藉以考釋各種名物,

---

〔註180〕參考註1,卷四七,〈跋蔡中郎鴻都石經殘字〉,頁566。
〔註181〕參考錢仲聯《清詩紀事》,(江蘇古籍出版社,1987年6月),頁2699。

如：〈釋圭〉、〈釋棠〉、〈釋杬〉諸文屬之〔註182〕，今舉〈釋棠〉一文，以爲說明：

> 《詩》：「蔽芾甘棠」，毛公《傳》：「甘棠，杜也。」鄭康成注：「北
> 人謂之杜梨，南人謂之棠梨。」《爾雅》：「杜，赤棠。」郭璞曰「今之杜
> 梨也」，樊光曰「赤者爲杜，白者爲棠。」陸璣曰「赤棠與白杜同，但子
> 有赤白美惡，子白色爲白棠，甘棠也。少酢滑美，赤棠子澀而酢，無味。」
> 《通志》「甘棠謂之棠梨，又有沙棠。」《廣志》云「如棠，味如李，無
> 核。」竊疑今之蘋婆果，即《詩》所云甘棠。而俗呼沙果，即沙棠。呼
> 檳子者，乃赤棠也。其曰棠梨者，似花似棠，實似梨，合而稱之爾〔註183〕。

「甘棠」之名，係周代流行的名稱，竹垞爲求考訂其實，乃大量採錄《毛傳》、《鄭
注》、《爾雅》、《通志》、《廣志》諸籍，也兼及郭璞、樊光、陸璣諸人之說，其徵
引浩繁，並能以實物考之，這種博識的長才，使其考證的成果，能有客觀的參考
價值。在上述的考證中，除了擁有博考文獻的能力，也能多識現實之物，故其能
考古知今，使其擁有的知識，將有助於判斷。此外，在上文之中，尚有一項較特
殊的情況，即是其引證之時，也能重視「引經證經」的運用，在其考訂經籍之時，
習慣徵引其他經籍以證，這種方法的運用，值得我們的重視。

　　竹垞對於名物的考訂，十分用心，其考訂之時，多能引用現實的名物，加以
對應，使讀能確知其考訂的內容。例如《曝書亭集》卷三十一，〈與顧寧人書〉中
指出：

> 〈采苓之詩〉曰：「采苓采苓，首陽之顛。」釋者謂「苓，蘥也。」
> 今甘草是也。而枚乘曰：「蔓草芳苓。」李善注《文選》以爲「苓」，古
> 「蓮」字。僕因是悟向者箋釋之誤。蓋「苓」之爲「蓮」，猶夫「茄」之
> 爲「荷」爾。蓮，水花也。而采於山巔，五沃之土產蓮，而首陽至瘠之
> 地，正以喻人言之不足信也。而鄭氏以爲首陽山之上信有苓矣，豈不謬
> 哉〔註184〕。

此處考察「苓」字之義，一作「蘥」；另一作「蓮」字，同一名物，解說各有不同。
竹垞根據其生長的環境，以爲「苓」字當作「蓮」字，以其符合「人言不足信」
的譬喻。從上述的考訂中，可知其對於實物的成長背景，能有深刻的認識，且對
於名物的審議，能舉實物以證，這種考訂《詩經》名物的作法，實能成爲其考證

〔註182〕有關竹垞考釋名物之文，主要見於《曝書亭集》卷六十，上述所舉諸篇，皆是出自
　　　　此處的內容。
〔註183〕參考註1，卷六十，〈釋棠〉，頁701。
〔註184〕參考註1，卷三一，〈與顧寧人書〉，頁396。

的重要特色。

　　除了名物考訂之外，竹垞也能重視禮制的研究，《曝書亭集》卷四七，〈會稽山禹廟窆石題字跋〉云：

> 考窆石之制，不載于聶崇義《三禮圖》，惟《周官》冢人之職，及甕，共喪之窆器，及窆，執斧以莅，鄭康成以爲下棺豐碑之屬。《圖經》：「禹葬于會稽，取石爲窆。」石本無字，迨漢永建元年五月（126），始有題字，刻于石，此王厚之《復齋碑錄》，定以爲漢碑，殆不誣矣〔註185〕。

上述是考訂窆石的制度，以取石爲窆，雖可上溯大禹之時，但其時所取之石，尚無刊字，刊字的風俗，係自漢代以後始有其制，其說可補會稽山禹廟窆石的始末，且能補聶崇義《三禮圖》不載窆石之制的疏漏，其認爲「碑有銘，而窆無銘，驗其文，乃東漢遺字。」〔註186〕，乃據以定其爲漢代的碑石，從上述的考論中，能使讀者對於窆石的制度，有個初步的認識。又〈釋齋〉一文，論及「齋禮」的演變，與古禮不合，茲引其文如下：

> 今人多以茹蔬不肉食爲齋，稽之古不爾也。《周禮》膳夫，掌王之食飲膳羞，王日一舉，王齋日三舉，殺牲盛饌曰舉。蓋周制王日食供一太牢，遇朔，加日食一當，當兩太牢，而散齋致齋必變食，故加牲體至三太牢，是齋日仍肉食，反加矣〔註187〕。

竹垞舉《周禮・天官冢宰・膳夫》之文以證，說明古代的「齋禮」制度，並不忌諱肉食，甚至較平日食肉更多，是以今日流通的「齋禮」制度，已非古法矣。此外，依據《周禮》所載的內容，則古禮不能肉食的時機如下：

> 大喪則不舉，大荒則不舉，大札則不舉，天地有災則不舉，邦有大故則不舉〔註188〕。

除了上述五項原因之外，其他時日則不忌肉食，是以後世以「齋禮」茹素，已非古代的禮俗。竹垞在上述的考訂中，仍保持其「考古證今」的原則，對於禮制的考訂，也能尋出經文以證。在其考訂名物制度之時，也多能掌握古今相證的原則，去分析出古今的演變情況，這種不純然考證古制，也能著重在實際的運用，使其

〔註185〕參考註1，卷四七，〈會稽山禹廟窆石題字跋〉，頁563。
〔註186〕參考註1，卷四七，〈會稽山禹廟窆石題字跋〉，頁563。
〔註187〕參考註1，卷六十，〈釋齋〉，頁701。
〔註188〕鄭玄注・賈公彥疏《周禮注疏》卷四，（台北：藍燈文化事業公司影印嘉慶二十年江西南昌府雕「重刊宋本周禮注疏附校勘記」），頁59。

考訂成果方面，能建構在現實的基礎上，也贏得潘耒的稱讚〔註189〕。禮法制度往往隨著時代的改變，而有不同的變化，竹垞考察古禮制度，主要是凸顯當時制度的改變，這種有關於古今名物、制度的差異，能成為其考察的重點。

竹垞在經學的考訂上，多能針對名物、制度的變化，提出考察的結論。首先，其能建立完善的引證法則，除廣徵博引之外，也能重視「引經解經」的原則，是以觀其考證的材料，多能徵引經籍，來證明自己的論點，由於引證的材料較古，也較符合聖人之道，這種重視經籍文獻的價值，也影響到其後學術的發展，成為乾嘉學者引證的重要法則。其次，其能提出古今相證的原則，在其考訂的事項中，除了運用古代文獻之外，也能重視現實的對應，使其考證的成果，不單純侷限在學術課題的討論，也能深入現實生活之中，能有考古論今的功效。這種觀念的發展，有點類於「經世致用」之學，只是運用的事項，已從政治、經濟、軍事的課題，轉為文化的議題，但多少能反映當時社會的面相，有助於經籍研究的推動。

（六）蒐求經籍的佚文

隨著時代的轉移，許多的經籍，佚失不存，這種情況，將有礙於經學的研究。竹垞從實際的考訂中，發覺經籍的佚失，十分嚴重，曾致力於佚經的蒐求，在《經義考》中，列有「逸經」之目，藉以蒐求經籍的遺篇逸文（相關的說明，見於第八章第二節「類目的闡釋」），另在案語之中，也能錄及遺經佚文，以利考證。《經義考》的存佚考察，以及其輯佚的作法，對於後世經籍輯佚的風氣，顯然能產生影響，詳見第十章第一節「《經義考》對經學的影響」。竹垞對於佚經的蒐求，雖非專意致之，但其蒐求的結果，也曾被馮登甫裁篇而出，以成《逸經補正》一書，則其輯佚的成果，亦能受到學者的肯定。

竹垞在經學方面的表現，多在於文獻的考證及整理，究其整理的目的，在於恢復經學的原貌，使經學的研究，不再侷限於宋儒的觀點，能朝向全方位發展。從其整理的成果來看，大抵沿續明儒考證學者的要點，只是更加細密，所考察的要點，也能全面探索各種的相關問題，遂帶動後世經學的考證風氣，例如：在朱睦㮮《授經圖》中，所錄的圖表和傳略，僅限於漢儒而已，但竹垞更能全面起自孔子弟子，終於宋元諸儒，這種考證範疇的擴大，能有助於提昇學者的學識視野，

〔註189〕參考註1，卷首，〈潘序〉，頁1。該文指出竹垞的成就，為「搜羅繁富，析理論事，考古證今，元元本本，精詳確當，發前人未見之隱，剖千古不決之疑」，是以竹垞能引用文獻，證明現實的社會，實是其治學的一項特點。

也能全面觀照各種經學的問題。在辨偽方面，所發展出來的辨偽方法，能有更完整的體系，且辨訂的偽籍，也較明儒偶一考訂，或是考訂的內容，侷限於某部的典籍，顯得更爲全面、完整。在研究觀念上，其重視經籍的功效，凡是考證的事項，都能引經文以證，對於經籍校勘方面，更發展出「以經證經」的學術法則，且有著「考古證今」的觀念，在其考論古籍之時，能重視古今的結合，無形之中，能擴大研究的價值，影響所及，使得後世學者在考證名物，或論定禮制之時，能引用經籍爲證，間接推動經學的研究，其考證經學的觀念，也能影響乾、嘉考證學派的發展。

二、史籍的纂修與校訂

　　滿清以異族入主中原，曾掀起漢人的抗清風潮，清世祖順治七年（1650）嘉興南湖十郡大社的集會，竹垞曾親臨盛會，其後偕同祁理孫、祁班孫等人，共圖起事，以興復明室爲己任，後來事情洩露，起事不成，若干的反清志士被捕入獄，或囚或戮，由於竹垞曾經參與其事，乃避走他鄉避禍，但其曾經從事「反清復明」的熱忱，卻是無庸置疑的。隨著清代統治階層的穩固，「反清復明」確已無望，爲防止史實受到竄改，不少的抗清名士，轉而投注心力，專心致力在史實的蒐求與整理工作。方祖猷在〈明清之際的經學思潮和史學思潮〉中，曾討論清初史學發達的潛在因素：

> 　　清廷在寧波地區實行屠城、洗山、遷界、禁海以及留髮不留頭，留頭不留髮等殘酷的屠殺和鎮壓，以寧波爲中心的浙東抗清鬥爭是極其艱苦的，出現了許多可歌可泣、動人心魄的壯烈事跡，遺民們或爲記錄自己患難一生，抒發心中憤懣，總結明亡教訓，或爲發潛德之幽光，避免烈士姓名淪於狐貉之口，於是各以文或詩，訴之於筆，所以清初寧波地區的史學十分發達〔註190〕。

黃宗羲、萬斯同、林時對、李文靖等人，皆能親體力行，發揚史學精神，卒能獲致卓越的成就。又如黃宗羲於《南雷文定·凡例》中，乃主張搜求明末「亡國大夫」的事跡。萬斯同曾發願纂編《明史》，擬藉以上報先朝〔註191〕，這些共通的

〔註190〕方祖猷：〈明清之際的經學思潮和史學思潮〉，（台北：萬卷樓，《清初浙東學派論叢》，民國 85 年），頁 15～16。

〔註191〕參見萬斯同《石園文集》卷首，楊無咎《萬季野先生墓誌銘》一文指出「（萬斯同）但願纂成一代之史，可藉手以報先朝。」

論點，使得此期盛行史學纂修的風氣。竹垞與黃宗羲、萬斯同二人為友，亦會受其觀念的影響，也將心力放在史料的蒐求，對於史籍的纂修及考訂，能有良好的表現。張之洞在〈國朝著述諸家姓名略〉中，將其列入史學家〔註192〕，可見其史學的成就，有值得紹述之處。下文即探討其史學的諸多貢獻：

（一）《明史》的纂修與建言

　　竹垞重視史籍的研究，當其遊歷各地之時，尚能「橐載十三經、二十一史以自隨。」〔註193〕，辛勤的考訂，使其對於歷朝各史，皆有所涉獵，但論及貢獻的程度，首推對於明季史料的研究。竹垞出生於明末，對於前朝人物典故，知之甚詳，當明朝皇室淪喪之後，其曾經聯絡「抗清」活動，事情失敗之後，一如許多的抗清名士，憂慮史實被纂改，乃致力於文獻的蒐求，以期為保存明代史料，盡一份心力。綜觀其對明季史料的保存，能有許多具體的貢獻。首要的成就，莫過於《明史》的預纂工作，康熙十八年（1679），開博學鴻詞科，竹垞自江寧北上應試，獲得拔擢錄取，授翰林院檢討，入史館纂修《明史》，其撰有稿傳三十餘篇〔註194〕，對於《明史》的纂修，實有卓越的貢獻。竹垞擅長傳記的寫作，魏禧《曝書亭集·原序》評其：「（竹垞）考據古今人物得失為最工。」〔註195〕，乃是肯定其傳記寫作的能力，是以竹垞在《明史》的纂修上，多負責傳記的撰稿。除了親自負責稿傳的撰寫之外，其對於同僚所寫的文稿，也能提出批評的意見，《曝書亭集》卷三十二，〈史館上總裁第六書〉云：

> 明自萬曆間，顧高諸君子，講學東林書院，士大夫嚮風景從，主持清議，久而漸成門戶，不得其門入者，分鑣而馳，遷染之塗既殊，相爭如水火，當是時，中立不倚者寡矣。究之東林多君子，而不皆君子。異乎東林者，亦不皆小人，當就一人立朝行己之初終本末，定其是非，別有白黑，不可先存門戶於胸中，而以同異分邪正賢不肖也〔註196〕。

竹垞備有例證，以證成其說，其云：

〔註192〕參考註33，附錄二〈國朝著述諸家姓名略〉，頁343～360。
〔註193〕陳廷敬：〈日講官起居注翰林院檢討朱公彝尊墓誌銘〉（台北：明文書局，《碑傳集》（三），民國74年），冊一〇八，頁568。
〔註194〕李晉華：《明史纂修考》，（《燕京學報》專號之三，民國22年12月），附帶條件圖十五。而竹垞另撰有《史館稿傳》，其間撰有三十人的明人傳記，其文章多保留在《曝書亭集》卷六二～六四，讀者可自行參看。
〔註195〕參考註1，卷首，〈原序〉，頁4。
〔註196〕參考註1，卷三二，〈史館上總裁第六書〉，頁406～407。

　　吳人文秉，撰《先撥志始》一書，凡涉冊立事，纖悉具錄，獨於先
公劾（鄭）國泰，暨裁革貴妃四拜禮，皆削而不書，無他，以先公名不
入東林黨籍也。秉爲文肅公子，文肅中天啓壬戌（1622）進士，是年先
公實主會試，文肅固先公所取士也，雖淵源有自，而秉一字不以假人，
其待中立者且然，況與東林樹離者乎〔註197〕！

明代東林黨爭劇烈，往往有排除異己的行爲。朱文恪公（朱國祚）爲尚書左侍郎
攝本部尚書事時，曾上疏劾鄭國泰，指其不應干預政事，妄議東宮冊立之事。文
秉撰寫《先撥志始》之時，凡涉及冊立之事，都能纖細具錄，獨缺此事，究其原
因，則以朱文恪公非東林黨人之故，是以略而不書。朱國祚雖非黨人，但其曾經
拔擢文肅，文肅爲文秉之父，其中尚有淵源情誼，但文秉不依史實爲憑，而以黨
人與否爲斷，從其取捨的標準來看，顯然是心思狹隘之輩，又如何稱得上君子呢？
是以竹垞以其不純然皆爲君子，實能根據其行事加以判斷，其說誠屬公允。此一
論點，後已受到肯定，《清史列傳》卷七十一，〈文苑傳二〉指出：

　　（竹垞）謂東林多君子而不皆君子，異乎東林者亦不皆爲小人。作
史者不可先存門戶之見，而以同異分邪正、賢不肖。世皆以爲有識〔註
198〕。

從「世皆以爲有識」，可以得知其論點，頗受讚賞。竹垞對於明史掌故，知之甚詳，
尤詳於建文帝始末，曾撰有〈明文皇帝紀（稿）〉〔註199〕，其曾據史實批評史館
同僚所撰〈建文帝紀〉的錯誤，凡十三處，具體剖析史實，其中對於方孝孺牽連
朋友，併合十族株滅之事，提出反駁〔註200〕，其論點亦受到肯定。《清史列傳》
卷七十一，〈文苑傳二〉指出：

　　（竹垞）謂方孝孺之友宋史珩、王孟縕、鄭叔度、林公輔諸人咸不
及於難，則文皇當日無并其弟子友朋爲一族戮之之事，其所謂九族者本
宗一族也。……世皆以爲有識〔註201〕。

竹垞舉證方孝孺一干友朋，未曾被戮，藉以證成明成祖並未戮及方氏「十族」之
事，其說確有實證。竹垞對於建文帝一朝史實，能特下苦功研究，晚年臨終前夕，

〔註197〕參考註1，卷三二，〈史館上總裁第六書〉，頁407。
〔註198〕參考註57，卷七一，頁5776。
〔註199〕參考註1，卷三二，〈史館上總裁第四書〉，頁404。
〔註200〕參考註1，卷三二，〈史館上總裁第四書〉，頁405。
〔註201〕參考註57，卷七一，頁5776。

甚至發願糾繆《建文實錄》〔註202〕，以免其內容遺誤後學。

　　除史傳的草擬之外，竹垞對於《明史》的體例，也能提出建言，其在史館期間，曾七次上書總裁，表明其對《明史》編纂的意見，其說見於《曝書亭集》卷三十二，茲簡述各書文的內容：第一書請定體例，其認爲編纂之前，宜先訂定體例，並主張「志」、「傳」不相沿襲，提出反對抄襲的理念。第二書請聚典籍，以備考證，其認爲撰寫史書，不宜單據實錄一書，宜參酌各種文獻，如文集、奏議、圖經、傳記、碑銘、志碣等資料。竹垞主張先覓訪明文淵閣藏書，以供取證之用，若有不足，宜開立書目，訪漢唐明遺史搜求，以備論證的需要。第三書請寬期限，先放寬撰著的時限，以免重蹈《元史》纂修的缺失。在纂編之時，仿晉書分層授受之法，先就各人專才，授以擬作稿傳之責，再將稿傳責付一人，運以文筆刪削，纂成一篇，再上呈總裁點定完成。第四書辨訂建文帝史實的不當之處，凡有十三處，由於竹垞曾被委託撰以〈明文皇帝紀〉，故對於相關的史實，能有清楚的認識，當其書稿上呈之際，也發現同僚撰有〈建文帝紀〉一篇，二文史實、見解，差異頗大，竹垞乃撰文一篇，以考其實。第五書，道學不必立傳，應從司馬遷、班固舊法，不必效法《元史》之粗疏，由於〈儒林傳〉可以包含〈道學傳〉的內容，〈道學傳〉卻無法包含〈儒林傳〉，故僅立〈儒林傳〉即可，不需兩存之，以免體例有乖。第六書，東林黨人，非盡皆君子；非東林黨人，亦非盡皆小人，作史書者，宜平心察其實情，定其是非，不應心存門戶之見，以免是非不公，誤判史實。第七書，萬曆以後，史官素質不佳，評論往往有失實情。崇禎一朝，無實錄可據，未可專據邸報，宜廣徵文獻，參詳同異，始能得其史實。

（二）人物傳記的撰寫

　　竹垞擅長人物傳記的撰寫，除《明史》稿傳之外，也積極撰寫各類人物的傳記，擬藉以保存史傳資料，觀其所撰的傳記，皆有史籍的功效。據其所整理的內容，竹垞曾收集「復社」人物的傳記，以備於考證之用，王重民在《中國善本書提要補編》「史記・傳記類」頁十五錄有竹垞《復社姓氏》一卷，現藏於北京圖書館，該書錄有曹寅題識一則，茲轉錄於後：

　　　　合復社姓氏，共二千二百五十五人爲一卷，竹垞太史曰：「是得之
　　於檇李士人家。知而記之者如此，其後附會增益與脫落者，不知凡幾
　　也。」丁亥十月退院考閱姓氏知者十之不能一，求其所以合社之本意

〔註202〕參考註20，頁7。

者，十一之中，又無幾焉。嗚乎！即二千二百五十人，而明亡矣，棟
亭曹寅識〔註203〕。

「復社」爲明代天啓年間，張溥、陳貞慧等人共創所成，初名「應社」，後取「復
古學」〔註204〕之義，乃改名爲「復社」。由於名士的積極參與，其後聲勢大振，
但曾涉入黨禍，牽連甚夥，遂亡於黨爭。復社爲明末的重要組織，其參加人數眾
多，亦有不少學者參與其中，對於晚明學術的發展，實有特殊的貢獻。竹垞感於
復社的創社宗旨，且其嗣父朱茂暉曾爲「復社」的重要人物，加以其交游之中，
不乏「復社」的人物，如黃宗羲等人屬之。因此，其能積極的收集「復社」的資
料，擬藉以保留相關的基本資料，以備於考索之用。《復社姓氏》僅有一卷，所錄
多達二千二百五十五人，故其內容，應只有人名，未有考證之文。但竹垞在編纂
《明詩綜》之時，對於復社人氏，曾極力表揚之〔註205〕，可持與《復社姓氏》相
互對照，即可明白其對於復社人氏的考證成果。

　　竹垞曾參與「抗清」的活動，對於孤臣節士之行，深感敬佩之意，但在朝局
改換之際，這些先賢隱士的資料，或不見載於史冊，或恐遭惡意的篡改，使史實
有失眞之虞。因此，許多的學者，乃投入史籍的編寫與收集，以期爲保留史學文
獻，盡一份心力，如黃宗羲、萬斯同、林時對等人，都有相近的觀念。竹垞有感
於孤臣節士之行，往往不見載於史籍的遺憾，抱持深深的感嘆，其在〈天愚山人
詩集序〉中指出：

　　　　從來易姓之際，孤臣節士，不見載於朝野史者，何者勝數？其偶然
　　著述，或隱姓名，或僅書甲子，如今所傳，亡宋遺民《天地間集》、月泉
　　吟社《谷音》之類是已〔註206〕。

竹垞與魏耕、祁班孫、顧炎武、屈大均等抗清名士，交往密切，且曾參與「抗清」
之事。其後，一干友朋相繼罹難，基於保留朋友的傳記資料，也能記載其事蹟。
例如：〈貞毅先生墓表〉中指出：

　　　　六月朔，二人（指魏耕、錢纘曾）坐慘死，祁子（祁班孫）亦株繫，
　　戍極邊以去。當予與五人定交，意氣激揚，自謂百年如旦暮，何期數歲
　　之間，零落殆盡！陳君（陳三島）久不克葬，二人者并骸骨亡之，慘更

〔註203〕王重民：《中國善本書提要補編》，（北京：書目文獻出版社，1991 年 12 月），頁 15
　　　　右。
〔註204〕《新校本明史》卷二八八，〈文苑四〉，頁 7404。
〔註205〕參考註 57，卷七一，頁 5777。
〔註206〕參考註 1，卷三六，〈天愚山人詩集序〉，頁 452。

甚於（張）宗觀！獨先生（朱士稚）之墓在焉爾。鳴呼！死者委之烏鳶
狐兔而不可問，徒者遠處寒苦不毛之地，幸而僅存如予，又以飢寒奔走
於道路，然則人生相聚，豈可常哉〔註207〕！

魏耕、錢纘曾、祁班孫、祁理孫、陳三島、朱士稚等人，或不見載於史書，或僅
見一二則史實，實無法瞭解其事蹟。竹垞曾與魏耕諸人定交，且意氣激昂，無奈
數歲之間，卻損傷殆盡。全文雖未能言明所犯何事，但魏耕、祁班孫諸人，皆因
抗清之事被捕，竹垞與之過從甚密，甚至參與其事〔註208〕。此事在當時而言，仍
屬忌諱之事，但基於對友朋的懷念，以及對史實的重視，是以在全集之中，仍對
其朋友的相繼慘死、流放，寄與無限的感慨。

　　對於詩人的相關史料，竹垞亦能多方蒐求，並逐一考訂其史實，在《明詩綜》
中，收錄三千四百餘人的詩作，在每個詩人之下，間綴以詩話，述其本事，考其編
纂的目的，有保存史傳的意味，至於收錄的方式，即所謂「死封疆之臣，亡國之大
夫，黨錮之士，暨遺民之在野」者〔註209〕，皆能「概著於錄」，可見其對於明代學
者的傳記典故，亦能加以整理，其功效可比擬史籍。《清史列傳》卷七十一評其：

　　　彝尊又嘗慨明詩自萬曆後作者散而無統，作《明詩綜》百卷，于公
　　安、竟陵之前詮之稍詳，若啓、禎死事諸臣、復社文章之士，亦力為表
　　揚之〔註210〕。

《明詩綜·自序》論及：「或因詩而存其人，或因人而存其詩，間綴以《詩話》述
其本事，期不失作者之旨。」，從其「因人存詩」的論點，可知此書的編纂，雖以
詩人學者為其重點，但不僅限於詩學的成就，而是透過「述其本事」的方式，來
達到保留史料的作用，尤其對於「啓、禎死事諸臣、復社文章之士」，亦能「力為
表揚」，故其編選的目的，乃在於「竊取國史之義，俾覽者可以明夫得失之故。」
〔註211〕，非專為詞章之作。李慈銘在《越縵堂讀書記》論及此書，乃云：「竹垞
此書，精心貫擇，與史相輔。」〔註212〕，可見其保留明人文獻的用心。

　　竹垞曾入選博學鴻儒，在其史館任職之時，對其他同僚的學識成就，也至感
欽佩，在臨終之前，曾經想為昔日僚友設傳，以記各項的學術表現。朱稻孫〈竹

〔註207〕參考註1，卷七二，〈貞毅先生墓表〉，頁828。
〔註208〕參考註106，附錄〈朱彝尊年譜〉，頁216～220。
〔註209〕參考註106，附錄〈朱彝尊年譜〉，頁234。
〔註210〕參考註57，卷七一，頁5777。
〔註211〕參考註1，卷三六，〈明詩綜序〉，頁448。
〔註212〕參考註19，八，文學（2）詩文總集、選集，頁706。

垞行述〉指出其事：

> （竹垞）以同時被薦百九十餘人，皆著作之材，不可無傳，思輯爲
> 《鶴書集》，未暇采錄，因以屬錢姑丈踵成焉〔註213〕。

此事雖未能完成，但在《曝書亭集》中，每見其評論相關學者的著作，其中亦有
涉及簡傳者，如《曝書亭集》卷三七，〈叢碧山房詩序〉云：

> 翰林院檢討任丘龐君，善古今詩，歲在戊午（1678），天子思得文
> 學之士，摛辭備顧問，俾廷臣各舉所知。次年春，試詩賦於體仁閣下，
> 君用是得受官，又六年，復試詩賦於保和殿，君所作不合意，當改調，
> 於是君閒居，集平生詩，爲《叢碧山房稿》〔註214〕。

龐垲爲博學鴻詞科的成員，竹垞於其詩集的〈序文〉中，兼述及其人的政治遭遇，
頗有作傳之準備。竹垞對於同時獲得薦舉的學者，逐加評其詩文，述其行事，官宦，
雖非專意爲傳記，其功效等同於史傳。又《曝書亭集》卷三七，〈錢學士詩序〉云：

> 錢君金甫，字越江，與予同被薦，同官翰林，予以入直內廷獲譴，
> 君由編修累遷至侍講學士，然敝裘羸馬，未嘗謁權倖門，惟與鄉黨故人，
> 數爲文酒之會，詞山曲海，魚經蟹志，靡所不談，坐有語及官資遷擢者，
> 君輒恚，後會有其人不速至，竟引避之，獨對予懽洽無間〔註215〕。

該篇〈序文〉頗長，達五七〇字，全文歷述彼此交誼，並述及錢君行事，已然有
傳記之實。從其所述行事之詳，顯示二人交誼匪淺，竹垞對於昔日同僚的事蹟，
顯然曾盡心蒐求，是以所論之事，皆詳細確實，在宮中當值的歲月中，所交文友，
對其學術的進展，頗有助益，尤其是博學鴻詞科中舉的文士，大都是學有專長之
人，竹垞亦能受惠良多，說法詳見第二章第二節「朱彝尊的交游」。晚年家居之後，
憶及昔往，乃立志爲當時同時獲薦諸人立傳，後雖事情未果，但其全集中，仍保
留大量的傳記資料，可供讀者參考之用。

竹垞對於經傳人物的考訂，也有相當良好的成果，其撰有〈孔子弟子考〉、〈孔
子門人考〉、〈孟子弟子考〉，乃至於〈王弼論〉、〈犝悲當從祀議〉、〈鄭康成不當罷
從祀議〉等等，皆有涉及經學家的評論，其對於經傳人物的評論，非跟隨世俗之
人起舞，能審其確切史實，加以評論功過。今引〈王弼論〉一文，以見其筆法：

> 毀譽者，天下之公，未可以一人之是非偏聽而附和之也。孔穎達有
> 言，傳《易》者更相祖述，惟魏世王輔嗣之注，獨冠古今。蓋漢儒言《易》，

〔註213〕參考註20，頁8。
〔註214〕參考註1，卷三七，〈叢碧山房詩序〉，頁460～461。
〔註215〕參考註1，卷三七，〈錢學士詩序〉，頁460。

> 或流入陰陽災異之説，弼始暢以義理，此伊川程子語其徒，學《易》先看王弼注也。惟因范甯一言，詆其罪深桀紂，出辭太激，學者過信之。讀其書者，先橫「高談理數，祖尚清虛」八字於胸中，謂其以老莊解《易》，然弼既注《易》，別注《老子》，義不相蒙，未嘗以《老》、《莊》解《易》也。吾見橫渠張子之《易説》矣，開卷詮乾四德，即引「迎之不見其首」，「隨之不見其後」二語，中間如谷神芻狗，三十輻爲一轂，高以下爲基，皆《老子》之言，在宋之大儒，何嘗不以《老》、《莊》言《易》，然弼之罪亦何至於深于桀紂邪〔註216〕。

王弼註解《周易》，實能提供我們不少的參考。惟范甯詆其罪深於桀紂，亦有學者信之。竹垞平心察之，亦不廢其功，並定范甯之說，有「出辭太激」之失。竹垞對於經傳人物的行事，皆能取諸文獻以證，如〈孔子弟子考〉、〈孔子門人考〉、〈孟子弟子考〉等等，分別見載於《曝書亭集》卷五十六、五十七等卷，又見於《經義考》卷二八一、二八二等卷，皆可見其博證之功。又對於孺悲未能配食孔廟之事，乃深不以爲然，於是徵引《雜記》之文云：「恤由之喪，哀公使孺悲之孔子，學〈士喪禮〉，〈士喪禮〉于是乎書。」〔註217〕，確立孺悲曾隨孔子學習〈士喪禮〉，並舉其與子夏、曾子之功並列，宜當從祀孔廟。諸如此類的議論，皆可見其審慎評量諸說，且心中自有定見，不會拘守於前賢論點，能有卓越的識見。

竹垞撰有各種人物的傳記，具有保留史實的功效，觀其所考的人物，從經師到處士，從古人到今賢，從官吏到烈士，從親朋到好友等等，皆能留下各種的評論，可供考察史實之用。此外，其作傳的目的，乃是害怕文獻不存於世，史實妄遭議改，野史雜出，無法呈現眞正的史實，乃親自撰寫各類的傳記，期能表彰人物的氣節，是以致力於收集明代遺民的資料，乃至於復社人物、黨錮人物，甚至有感於博學鴻詞科的應試人員，皆是學有專精的學者，也嘗試爲他們立傳，其能善用各種文獻，且不拘泥於前人的評論，使其所撰的傳記，能有別於前人的議論，故能時有新見，對於史實的保存，能有正面的貢獻。

（三）考訂歷朝的典制

竹垞對於史實的整理，能重視制度的考訂，對於前代的典章制度，常能盡心釐訂，善用考古的文獻，其成果十分可觀。例如：《曝書亭集》卷四七，〈漢冀州從事張君碑跋〉云：

〔註216〕參考註1，卷五九，〈王弼論〉，頁695～696。
〔註217〕參考註1，卷六十，〈孺悲當從祀議〉，頁698。

　　　　右漢冀州從事張君碑，石今不存，予所見者，宛平孫氏家藏宋搨本
　　也。嘗怪六朝文士，爲人作碑表志狀，每于官閥之下，輒爲對偶聲律，
　　引他人事比擬，令讀者莫曉其生平，而斯碑序述，全用韻語，不意自漢
　　已有作俑者，然其書法特在今世所存諸漢碑上〔註218〕。

竹垞閱讀六朝人的碑表志狀，常見到官閥之下，輒爲對偶聲律，甚且引用他人史
實爲例，乃深感不解，不能明白其事情的始末源流，何以會出現如此的現象，當
其見到漢冀州從事張君碑文之時，見到其行文的方式，皆採用韻語行之，乃知此
法在漢代之時，即已流通於世。據此，得知六朝文士撰寫碑表志狀，習慣用對仗
聲律之詞，其制度源自漢代碑文，即有此法，可知其典制演變之跡。

　　竹垞重視典章制度的演變，對其傳承之跡，多能廣徵文獻證之，且其典制的
考論，多能重禮法的審議，如〈金鄉守長侯君碑〉云：

　　　　碑末書夫人以延熹七年（166）疾終，蓋祔葬者，審思東京碑版之
　　文，莫多於蔡邕，今集中碑銘、頌贊、誄辭、靈表、神誥，男女各異其
　　篇目，疑東京之俗，夫婦同穴者寡，故廣漢屬國侯李翊暨夫人臧，其墓
　　並在渠州，各自井槨樹碑，可以概其餘矣。終漢之世，侯君而外，夫婦
　　合葬，僅有郎中馬江，并書夫人冤句，曹氏祔焉，此潘昂霄《金石例》，
　　王行《墓銘舉例》，未發其凡者也〔註219〕。

「合葬」之制，起源較晚，顏師古曾云：「《禮記》稱孔子曰『合葬非古也，自周
公以來未之有改也』。」〔註220〕《漢書·哀帝紀》云：

　　　　六月庚申，帝太后丁氏崩，上曰：「朕聞夫婦一體，詩云：『穀則
　　異室，死則同穴。』昔季武子成寢，杜氏之殯在西階下，請合葬而許
　　之，附葬之禮，自周興焉『郁郁乎文哉！吾從周。』孝子事亡如事存，
　　帝太后宜起陵恭皇之園。」遂葬定陶，發陳留，濟陰近郡國五萬人穿
　　復土〔註221〕。」

古代的學者們認爲，合葬之制，其制非古，乃起自周公制定禮法之後，始有其例。
竹垞根據頌贊、誄辭、靈表、神誥，都是男女各異，加以考古的例證，夫婦合葬
之例較少，乃判斷東漢時期，夫婦同穴者寡，其說僅是針對一般百姓而言，若擴
及帝皇之家，則兩漢之世，帝室合葬之例不少，散見於〈本紀〉、〈外戚傳〉、〈皇

〔註218〕參考註1，卷四七，〈漢冀州從事張君碑跋〉，頁566。
〔註219〕參考註1，卷四七，〈金鄉守長侯君碑〉，頁571。
〔註220〕班固：《漢書》〈本紀〉卷十一，〈哀帝紀〉第十一，頁339「註三」云云。
〔註221〕同前註，〈本紀〉卷十一，〈哀帝紀〉第十一，頁339。

后紀〉等等。早期的合葬，及於一般的大夫之家，非帝室之家專屬者，是以孔子合葬亡母於防，是爲其例者也。及至漢代，合葬屬於「大喪」，《後漢書》〈志第六〉禮儀下「大喪」條云：

> 合葬：羨道開通，皇帝謁便房，太常導至羨道，去杖，中常侍受，
> 至柩前，謁，伏哭止如儀，辭，太常導出，中常侍杖，升車歸宮，已下，
> 反虞立主如禮，諸郊廟祭服皆下便房，五時朝服各一襲在陵寢，其餘及
> 宴服皆封以篋笥，藏宮殿後閣室〔註222〕。

如此繁瑣的禮法，復加上幾乎專屬於帝室之家的葬法，是以尋常官家百姓，也不敢僭越禮法。竹垞檢閱正史所載，發現尋常夫婦合葬之例蓋寡，故其所謂「**東京之俗，夫婦同穴者寡。**」，乃是指一般的百姓而言，該篇論證說明東漢棺葬的禮制，多係夫婦分葬，相較之下，後世夫婦合葬之例，較爲常見，然竹垞考及東漢之時，禮制互異，這種考古證今的方式，隨處可見。

　　歷朝典制的特點，各有不同，隨著時代的不同，作法有所差異，許多的典制，或許是行之有年，使我們相應成習，不覺得有何特殊之處。有些的典制，卻隨著時代的推演，而有所改變，若其制度，見載於史冊，尚易於查考核對，若未錄於典籍，則需根據實物，以考察其演變之跡。竹垞對於典制的考訂，多著重在禮法方面，往往能參證禮書，這種經史並治的觀念，也對惠棟、王鳴盛等乾嘉時期的學者，產生重要的影響。竹垞審訂古經之時，往往能舉漢制爲對應，以漢朝的制度，承繼周、秦聖賢之行所致。典章制度的發展，會受到各種風氣的改變，而產生不同的變化，經傳所載的禮制，既是承繼周、秦觀念所致，要考察其沿革，最好能溯自周、秦時期，其次，乃求自漢代，以其去古未遠，所反映的現象，猶能尊崇古法。基於上述的緣故，使其在考察經籍之時，也能利用漢代的碑文，或考古的發現，來考求典制，這種考證的方式，也是尊崇古學的觀念。整體而論，竹垞雖能採用考古證今的方式，來從事古籍的審訂工作，但與顧炎武、黃宗羲諸人，強調經世致用的觀念相較，其議論的主題，比較缺乏政治、經濟、軍事等議題，縱使涉及政治的課題，也僅是史實的補正，已缺乏政治思想的詮釋，以及經邦定國等大計。從其考訂的主題來看，已偏向文化議題的發揮，對於政治、軍事的內容，已缺乏積極探索的熱忱。這種觀念的轉變，已和顧炎武、黃宗羲、王夫之等人的治學興趣，有著明顯的差異。

（四）補正正史的闕漏

〔註222〕范曄：《後漢書》〈志第六〉，「禮儀下」「大喪」條，頁3152。

竹垞旅遊之際，既能隨身攜帶二十一史，且時時翻閱，故其對於史實的記載，也間有考訂補漏，如就其考證的成果來看，也都集中在傳記的糾正，尤其對人名的改動，以及史實的添補，能有較大的貢獻。例如：《曝書亭集》卷四十七，〈漢郃陽令曹全碑跋〉云：

> 萬曆中，郃陽縣民掘地，得漢曹全碑，以其最後出，字畫完好，漢碑之存于今者，瘦或過焉。按碑文：全爲隃麋侯相鳳之孫，鳳嘗上書言燒當事，得拜金城西部都尉，屯龍者，而全以戊部司馬論疏勒，又定郭家之亂，信不媿其祖矣。時人語曰：重親致歡曹景完，蓋其孝友之性，尤人所難能也。嗚呼！今之爲吏者，雖遭父母之喪，必問其親與否，投牒再三，始聽其去。而全以同産弟憂，得棄官歸，以此見漢代風俗之厚，其敦孝友若是，宜士君子顧惜清議，而自好者不乏也。**全以禁網隱家巷者七年，可以補《後漢史》黨錮諸人之闕，史載疏勒王臣磐，爲季父和得所射殺，而碑云：和德弒父篡位，德與得文亦不同，史稱討疏勒有戊己司馬曹寬，而不曰全，又云：其後疏勒王連相殺害，朝廷亦不能禁。而碑云：和德面縛歸死司寇，蓋范蔚宗去漢二百餘年，傳聞失眞，要當以碑爲正也**〔註223〕。

《後漢書》卷六十七〈黨錮列傳〉未錄及「曹全」，竹垞則依據「曹全碑」的碑文，可以考知曹全曾爲黨錮之禍所禁，隱居七年，然范曄著錄黨錮諸人，獨不見載曹全，此其事一也。又史載疏勒王臣磐，爲季父和得所射殺，然據碑文所載，則臣磐與和得非僅不是姪叔，反係父子，且誤「和德」爲「和得」，名字音誤，此其事二也。史書所載討伐疏勒有功者，不及曹全，然據此碑內容，則可補史傳之漏，此其事三也。又史載疏勒王連相殺害，而朝廷弗能禁之，然據此碑可知，「和德」弒父篡位，而其後亦爲刑法所懲，此其事四也。「曹全碑」的出土，可以補訂多處史實的漏誤，觀其考訂的內容，多集中在人物的考訂，及史實添補二項。自竹垞考訂「曹全碑」開始，後世學者在校理《後漢書》之時，亦多據此碑的內容，來校訂其中的誤字，如《新校本後漢書》卷八十八〈西域傳〉錄有校文如下：

> 二九二七頁，九行，與戊司馬曹寬，據刊誤刪。按：《集解》引惠棟說，謂據「曹全碑」，全字景完，拜西域戊部司馬，討疏勒，無「己」字，與劉說合。王先謙謂其名是「全」，碑有墩證，范去漢二百餘年，而

〔註223〕參考註1，卷四七，〈漢郃陽令曹全碑跋〉，頁567～568。

傳錄文字脫落，完寬字形相似，故「完」誤爲「寬」也〔註224〕。

據此，曹全或訛作「曹寬」，由於版刻傳錄，或有舛錯，致使有形而誤之例，據「曹全碑」的出土文字，可以訂其錯誤，且據上述校文，可以得知惠棟、王先謙均有注意到此碑的價值。此外，「曹全碑」的碑文，尚可訂文字的誤倒之例，如《新校本後漢書》〈郡國志〉五，錄有校語一則云：

> 三五二一頁，二行，福祿，《集解》引錢大昕説，謂前志作「祿福」，《魏志‧龐淯傳》及皇甫謐《列女傳》載龐娥事，云「祿福趙君安之女」，又云：「祿福長尹嘉」，「曹全碑」亦云：「拜酒泉祿福長」，則知作「福祿」者誤也。又引惠棟説，謂《晉志》亦作「福祿」，誤。今按：《漢書補注》引吳卓信説，謂漢魏之閒（間）猶稱「祿福」，其改爲「福祿」，當自晉始。又按：本書《列女傳》云：「福祿長尹嘉」，則其誤不自續志始也〔註225〕。

據此，則知「福祿」爲「祿福」二字的誤倒。「祿福」爲漢代所置的縣名，在今甘肅省酒泉縣，《漢書‧地理志下》云：「酒泉郡，縣九，祿福。」，至於「福祿」則爲幸福與秩祿的合稱，由於後世運用「福祿」者多，見有「祿福」二字，乃以爲「福祿」二字之誤倒，殊不知「祿福」乃漢代的縣名，據「曹全碑」的碑文，可以還其原貌。因此，「曹全碑」的出土，可以改正許多史實的錯誤，也可以校正文字的誤倒，後世學者在校正《後漢書》之時，也多能據其碑文的內容，來從事校勘的工作。竹垞處於清初時期，即已能重視其碑文的價值，間接開啟惠棟、王先謙、錢大昕諸人的視野，其功不可泯滅。

竹垞對於正史的記載，屢能予以訂正，尤其對於《漢書》、《後漢書》、《五代史》的內容，訂正頗多，究其原因，主要是因爲其利用漢碑、唐碑的資料較多所致。視其所訂正的事項，主要集中在人名、官銜的考訂，例如：〈續書光孝寺鐵塔銘後〉云：

> （碑文）書翰林學士知制誥，正議大夫，尚書右丞，上紫金帶，臣盧應奉敕撰，文曰：「維大有十五年，歲次壬申四月，甲寅朔，念四日丁丑，高祖天皇大帝，崩于正寢，越光元年五月，癸未朔，十四日丙申，遷神于康陵，禮也。」云云。予方注《五代史》，衰年健忘，遂牽連書於前冊，亡友吳志伊撰《十國春秋》，盧應更作「膺」，謂事（劉）龑爲工

〔註224〕參考註222，卷八八，〈西域傳〉第七十八，頁2937。
〔註225〕參考註222，〈郡國五〉，頁3544。

> 部侍郎，大有中，加太尉，中宗時，拜中書侍郎同平章事，銜名不合，
>
> 惜其已逝，未得此異聞也〔註226〕。

據此，其能根據鐵塔的銘文，來補正相關的官名，以及訂正人名的錯誤。觀其校證的內容，主要著重在傳記的補充，舉凡官銜、人名、生平、行事等等，都能有所訂補，其採取的方式，與一般注解史書的性質相近，雖有零星片面的收穫，但成果未能集中，其創獲十分有限。整體而論，竹垞對於史傳的研究，能夠廣泛的涉獵，在其考證的成果上，也能引證史實以證，但多數的內容，仍集中在傳記的部份。例如：《經義考》的引文中，即引錄大量的史傳資料，幾乎遍及所有的正史，藉以補充經學家的生平資料，不僅引證的史籍眾多，且數量十分驚人。這種勤於翻閱，廣泛利用之下，也造就其對史傳的資料，有著特別的偏好。在日積月累之下，其對於史傳的錯誤，也能提出修正，只是成果瑣碎，不如其他史學的貢獻。

竹垞在史學貢獻方面，主要集中在史傳的部份，魏禧評其：「（竹垞）考據古今人物得失為最工。」〔註227〕，實乃知人之言。竹垞對於各種傳記的追尋，頗費心力，尤其在明人傳記的掌握上，更有顯著的成果。觀其所掌握的人物傳記，多和其治學的興趣，或其生平的際遇有關，如在漢代、五代史的研究上，主要能掌握漢、唐碑文的資料，使其考證，能收補證正史的成果。其次，其整理經學家、詩人的資料，則和其個人的興趣相符。至於整理「復社」人物、明代遺民、博學鴻詞科的應試人員，皆和其一生的遭遇有關。在其所有的史學整理中，多數仍圍繞在傳記的部份，雖有部份的內容，涉及制度的解說，但這些內容，數量較少，無法形成重要的體系，顯得十分可惜。

明清之際，宋明理學極度興盛，使學界盛行朱熹學說，學者談論的議題，都圍繞在性理之學，致使學風流於空疏之風。其後，顧炎武大力倡行古學，「古學之興也，顧氏開其端。」〔註228〕，竹垞與顧氏交往密切，其中的學術觀點，也會彼此相襲，《四庫全書總目》卷一一九，方以智《通雅》下云：

> （方）以智崛起崇禎中，考據精核，迴出其上，風氣既開，國初顧
>
> 炎武、閻若璩、朱彝尊的沿波而起，始一掃懸揣之空談〔註229〕。

竹垞能承繼顧氏之後，對於考證之學的推動，也能有做出貢獻。綜觀上文所論，他在文獻整理的觀念、方法等等，皆有縝密的理論，透過實際的運用之後，成效

〔註226〕參考註1，卷四六，〈續書光孝寺鐵塔銘後〉，頁558～559。
〔註227〕參考註1，卷首，〈原序〉，頁4。
〔註228〕原文見於凌廷堪《校禮堂集・汪容甫墓志銘》引。
〔註229〕永瑢等撰《四庫全書總目》（北京：中華書局，1992年10月），卷一一九，頁1028。

顯著。文獻的整理與考訂，是深入研究的前奏，透過整理之後的典籍，才能逐漸還其本眞，爲乾嘉考證學派的崛起，提供不小的助益。從上文的整理中，我們可以看到其整理的觀念，已逐漸脫離經世致用之學，朝向純學術的討論，雖仍有「考古證今」的學術理念，但多偏向於生活、禮儀的內容，至於史學的考訂，則多傾向於傳記的釐訂，汲汲於人名、官銜、行事的補正，對於政治、軍事等議題，顯然較不感興趣，這些種種的觀點來看，竹垞的治學觀念，已與顧氏有明顯的差異。竹垞在文獻整理方面，仍有許多值得借鑒之處，如倡導篤實的學風，反對抄襲的風尚，能重視文獻的佐證，甚至獎勵實地的遊歷等等，都有實質的參考功用。

第四章 《經義考》的成書背景

　　明末清初之際，學術發展逐漸走向成熟的階段。在這個跨世代的發展中，產生一部重要的經學書目。《經義考》的出現，使得專科書目的發展，逐漸走向定型的階段。當我們在探索此書之時，必須著重其時代的聯繫，這將有助於釐清目錄發展的脈絡，並給予正確的價值定位。李瑞良在《中國目錄學史‧序言》中，有著以下的見解：

> 中國目錄學史是一門內涵極為豐富的學科，需要從各個不同的角度
> 去研究。特別是聯繫時代背景，考察各個歷史時期目錄學的概貌、特徵
> 及其演變軌跡，清理中國目錄學史的發展脈絡，展現它在歷史演進中所
> 表現的文化特質，這還是一個有待深入研究的重要課題〔註1〕。

明末清初之時，不僅是時代的劇變時刻，也是目錄發展的嶄新時期。隨著學科的日益進展，分科的觀念，益趨於細緻，學者對於目錄的編纂觀念，也產生不少的變化。《經義考》是這種環境下的產物，其受到政治、社會、學術的影響，十分深遠，若能瞭解其時代的背景，將有助於掌握其變動的情況。

　　一個有為的學者，不僅能承繼時代的風尚，更能在既有的基礎上，發展出嶄新的格局。竹垞身處清初的學術環境，自會受到當代環境的衝擊，也會產生新的變革，更能開時代風氣之先，影響到後來學術的發展。書目是時代的產物，其在撰著之時，往往能隨時代的演變，來調整其編纂的方式，若能分析其時代的背景，將有助於瞭解其中的創獲，且能確立其書的價值。下文即針對目錄發展的演變、社會風潮的激盪，以及政治因素的鼓勵等三種原因，來說明該書的成書背景。

〔註1〕李瑞良：《中國目錄學史》〈序言〉，（台北：文津出版社，民國82年7月），頁1。

第一節　目錄發展的演變

　　明清時期，隨著文獻的增多，學科化的傾向，也就逐漸明朗，目錄的編纂，勢必會面臨新的改革。中國書目的編纂，往往能隨時代的變遷，來調整其編纂的觀念，在不斷的改進之下，也就促成《經義考》的出現，該書的出現，正是受到目錄發展的影響，使其能站在前人的基礎上，發展出更為完善的書目。究竟明清書目發展的演變，對於其書的影響為何？下文即分從明清書目的幾項特點，來闡釋其演變的情形：

一、書目數量的增加

　　明清時期，隨著雕版印刷的盛行，圖書取得便利，為求整理大量的文獻，於是產生為數眾多的書目，這些豐富的書目資料，正是奠定其後專科書目的編纂要件，可以成為輯錄解題的重要來源。竹垞在編纂《經義考》之時，即曾大量取自明清的書目，藉以考訂存佚，或是輯錄成為解題，著實增加書目的質量。李瑞良在《中國目錄學史》中指出：

　　　　藏書家編訂藏書目錄，到明代已蔚為風氣。明代私家藏書目錄的數
　　量，超過了以往各代。近現代各種目錄學論著中經常提到的明代藏書目
　　錄就有二十來種。這些藏書目錄大抵重在記載藏書之盛，不在目錄學的
　　研究，體例上因循的多，創新的少，質量和影響都不如宋代的晁（公武）、
　　陳（直齋）二家〔註2〕。

書目數量的急速增加，使得竹垞在取法前目之時，能增加不少的便利，在《經義考》的「著錄」一目，即收錄許多明代的書目，例如：《文淵閣書目》、《萬曆重編內閣書目》、王圻《續文獻通考》、朱睦㮮《授經圖》、焦竑《國史經籍志》〔註3〕若再加上其他的引書來源，則有黃虞稷《千頃堂書目》、陸元輔《續經籍考》、《澹生堂書目》、《世善堂藏書目錄》、《菉竹堂書目》、《聚樂堂書目》等等，諸如此類的書目內容，都能增加《經義考》的編纂質量。書目數量的增加，除了提供著錄的內容之外，也會對其編輯的類例、觀念，產生許多重大的影響，持續推動書目的改造運動，也加速專科書目發展的腳步。

〔註2〕同前註，頁214。
〔註3〕朱彝尊：《經義考》（台北：臺灣中華書局據揚州馬氏刻本影印，民國68年2月台三版），卷二九四。

二、分類類目的多變

　　隨著典籍的增多，傳統的分類類目，已難以符合學者的需求，加以求新求變的心理下，使得許多書目在分類類目上，常有改變，這種觀念，普遍行於明代私家書目，例如：茅元儀《白華樓書目》，類目分為九學十目，即所謂「九學者，一曰經學，二曰史學，三曰文學，四曰說學，五曰小學，六曰兵學，七曰類學，八曰數學，九曰外學。十部者，即九學之部，而加以世學。」〔註4〕，其他如陸深《江東藏書目》、孫樓《博雅堂藏書目》、沈節甫《玩易樓藏書目》等等，均能產生新的類目，帶動書目分類觀念的變化。

　　明代書目的類目，常能有所變化，在這種情況之下，會影響到後世書目的編纂，不會侷限於單一的分類架構，且能隨著學術體系的需求，去調整類目的安排，有利於專科書目的發展。《經義考》在類目上，與前代書目頗有不同，除了傳統類目之外，也增加許多的類目，如「儀禮」、「禮記」、「爾雅」等等，也兼收經義的解題，如「通說」等等，故其類目的安排，不純然以經籍著錄為主，也能收錄經義考證的內容，至於其他類目的改變，請參看第八章第二節「類目的闡釋」。

三、書目體例的完備

　　目錄體例的完備，使得竹垞在編纂過程中，能有良好的依循標準，其對於前代書目的襲用，並不限於內容的引用，也能兼及體例的參考，如在書籍的排列上，係採取《千頃堂書目》的編纂概念，能以科舉功名的先後，為其排列的次第。在類例方面，則立有「論語」、「孟子」、「四書」等類，也是承襲《千頃堂書目》的分類類例，至於「大學」、「中庸」置於「禮記」之下，更是襲用《隋志》舊制，在這種情況之下，顯示其能吸取前代書目的體例，並能從中尋求變化，發展出更完善的書目。

　　隨著學科化的進展，目錄分類的概念，也就日益成熟，加以典籍的大量流通，以及學界的需要，使得目錄的編纂，也就朝向專業化的發展，也就形成必然的趨勢。專科書目的編纂，涉於學科專業化的轉變，加以典籍的大量流通，使其分類的類目，能逐漸形成完善的系統。傳統綜合書目的分類類目，實無法滿足專科書目的需求，於是在分類類目方面，遂產生重大的變革。在這波書目演進的過程中，經學典籍的發展，由於歷時二千餘年，使得其經籍的數量、編纂的概念，均能形成穩定的狀態，於是率先完成改革，能有較好的發展。《經義考》的完成，正受到這種風潮的激盪，

〔註4〕參考註1，頁218。

能有良好的纂輯效果，以其收錄的典籍而論，即多達八千四百部的典籍，這些龐大的資料內容，正能提供其分類的絕佳依據，且傳統綜合書目的分類方式，已無法涵攝其收錄的內容，於是該書的纂輯，勢將面臨新的變革，在這種試驗與改變之下，使其能成爲專科書目的典範，成爲後世專科書目效法的對象。

　　《經義考》在成書之後，能成爲後世專科書目的典範，這是緣於該書質量兼備，可以視同專科書目的定型。在此書完成之前，專科書目的編纂，仍處於摸索的階段，未有質量兼備的作品，及至此書完成之後，學者始能注意到專科書目的重要性，也能開始效法其體例，以爲編纂書目的依據，於是歷來專科書目的編纂者，皆能祖述其書，並學習其體例。總其對於專科書目的纂輯，有著如下幾點啓發：

（一）收錄的內容，能以專門學科爲主，大至一個部類，小至一部典籍，均能纂成一部專科書目，故書目的編纂，將不限於綜合性的題材，是以在分類類目上，也能依據收錄的內容，來調整其類目的安置，這種編排的觀念，將使得後世專科書目的類目，能有較大的突破。

（二）排序略依時代先後爲次，若作者曾經進士及第，則依其登第之年，再輔以相近學者的作品，使其排序的方式，能夠頗有法度，此法雖源自黃虞稷《千頃堂書目》，但竹垞更能全面運用此法，來編纂此書，使得後世專科書目的編纂，亦能依據此法，是以成爲共通的準據。

（三）廣收序跋解題，藉以提供有關作者生平、書籍評價等參考，後世專科書目的編纂格式，率皆採用輯錄體的體例，以便能提供讀者更多的佐證資料，擴大其書目的參考價值。

（四）專科書目的編纂，大都提供「存」、「佚」、「闕」、「未見」等判斷，可提供讀者尋訪典籍的參考。舊有的書目，大抵都僅提供「存」、「佚」的判斷，及至竹垞開始，始將存佚分爲四例，其作法也爲後世書目效法。

（五）書目多能提供編者的考證案語，舉凡書籍的訂僞、辨訛、讎校，乃至於作者的評論等等，多能有所考論，藉以提供更完整的參考價值。

竹垞《經義考》的編纂，能提供後世專科書目的編纂準繩，是以此書的完成，可以視爲專科書目的定型。後世的目錄學者，多能取法其例，以爲編纂書目的參考，影響所及，《經義考》的出現，也對於後世書目的製作，產生決定性的影響，各種不同的書目，多能參考其錄製的法則，說法詳見第十章第二節「《經義考》對目錄學的影響。」

四、著錄範圍的擴大

　　明清之際，圖書漸漸增多，使得著錄的內容，亦能逐漸的擴大，形成私家書目的特色之一。李瑞良《中國目錄學史》指出：

　　　　隨著著述領域的不斷開拓，私家目錄的著錄範圍也不斷擴大。特別是把小說、戲曲列入書目，給以一定地位，成為明代私家目錄的顯著特點〔註5〕。

此處僅論及小說、戲曲二項，實則在明代書目中，著錄範圍的擴大，是普遍存在的現象，如徐𤏡《紅雨樓書目》中，專設「本朝世史彙」，藉以收錄八十五種的史書；其他如《文淵閣書目》獨立「性理」一目，《百川書志》錄有「大學」、「中庸」、「道學」，皆是反映此期學風的轉變。著錄範圍的擴大，將面臨分類類目的改變，為求因應這種變化，使得書目趨向學科化的發展，逐漸發展出更細緻的分類類目，帶動專科書目的發展。

　　著錄範圍的擴大，將會帶動書目類目的異動，在這種觀念的引導下，會使書目的分類，隨著收錄內容的不同，產生新的類目。《經義考》受到這種觀念的影響，使其在類目的安排上，能夠更加彈性，在其全書之中，即增加許多的類目，藉以收錄更多的典籍，例如：「擬經」、「刊石」等屬之。此外，在原有的類目中，也嘗試增加新的內容，如「易」類所收的典籍，不專主卜筮之類的經籍，也兼收五行類的典籍；除此之外，也擴大著錄的時限，所收的典籍，上起自周秦以下，下迄清初，這種著錄的觀念，使其著錄的範圍擴大，這些觀念的發展，都是受到當時目錄觀念的演變所致。

　　綜合上述所論，明清目錄的演變，使得《經義考》能有眾多的輯錄題材，也能取法各種的觀念，從而發展出更完善的書目。目錄的演進，是漸漸發展而成，隨著目錄觀念的改變，以及著錄題材的改變，目錄學者在編纂之時，也會隨時改變其觀念，以符合時代的需求。隨著經學文獻的增多，使得經學分類的概念，日益細緻，若無法打破傳統的分類法則，將難以建構出完善的經學書目。竹垞繼承前目的基礎，重新編纂新目，使得其能擁有個人的風格，影響所及，後世專科書目的編纂，也能取法此書，故其書在中國目錄學史上，已能擁有一席重要的地位。

〔註 5〕參考註1，頁218。

第二節　社會風潮的激盪

　　明末清初之際，社會已逐漸轉為安定，經濟的恢復，有助於書籍的流通，於是藏書、讀書、著書等風氣，也充滿在整個社會之中，竹垞承繼社會的風尚，編纂出質精量豐的經學書目。在下文之中，我們嘗試探索當時的社會風尚，並藉以瞭解其受到社會激盪的種種情況。

一、藏書之風

　　明清之際，隨著社會的逐漸安定，經濟發展的穩定，群眾的藏書風氣日盛，乃逐漸形成一股風氣。嚴佐之在〈清代私家藏書目錄瑣論〉中，即指出清代藏書家與學術的關係：

> 藏書樓既是藏書處，又是讀書處。且清代學者一反明末束書不觀、遊談無根的學風，崇尚以實事求是為宗旨，以考據為特點的樸學，更使越來越多的藏書家和學者懂得為讀書而藏書，藏書為讀書的道理。他們根據自己的治學要求搜藏圖書，為潛研學問而在藏書樓裏研讀書籍文獻，為研讀書籍文獻而編製目錄。治學和藏書，和編目相互促進，相輔相成〔註6〕。

明末文士多以心學為尚，是以考據之學，較難躍上學術的舞台。因此，形成「束書不觀、遊談無根」的怪異現象。隨著明代國祚的淪喪，一批有志之士，乃能有所自覺，遂將亡國之禍，歸咎於空疏的學風所致，為求彌補這種缺憾，遂藉由提倡藏書、讀書、著書等活動，來改善過去學界「束書不觀」的陋習。在學者的大力提倡下，遂逐漸帶動考據之學的興盛，也能開創出清代學術的新頁。學者們在博覽群籍，以求濟世之用的學風下，遂帶動文獻的搜集與閱讀的風尚，使得藏書的風氣，逐漸擴散於各處，帶動學術的發展。

　　竹垞處於當時文風鼎盛的浙西，自會受到當地崇尚「博雅」的影響，能積極從事書籍的收集工作。章學誠在《文史通義・浙東學派》中，即曾指出浙西的特色如下：

> 世推顧亭林為開國儒宗，然自是浙西之學……不知時有黃梨洲氏出於浙東，雖與顧氏並峙，而上宗王、劉，下開二萬，較之顧氏，源遠而流長矣。顧氏宗朱，而黃氏宗陸，蓋非講學專家，各持門戶之見者，故互相推

〔註6〕嚴佐之：〈清代私家藏書目錄瑣論〉，（上海：華東師範大學出版社，《近三百年古籍目錄舉要》，1994年9月），頁3～4。

服，而不相非詆。學者不可無宗主，而必不可有門戶，故浙東、浙西，道
並行而不悖也，浙東貴專家，浙西尚博雅，各因其所習而習之〔註7〕。

竹垞受到「博雅」風氣的影響，在其纂輯的各項撰著之中，多能具有廣博的內涵。
為求達到博雅的要求，勢必要能積蓄藏書，也惟有豐富的藏書數量，才能奠定篤實
的學術基礎。自唐、宋以後，江浙地區在較少戰禍的干擾之下，加上地饒人稠，是
以向為人文的淵藪。清高宗在纂輯《四庫全書》之時，即曾向江浙地區徵集大量的
圖書資料，在《辦理四庫全書檔案》中，即明白記載此一要點，茲錄其說如下：

遺籍珍藏，固隨地俱有，而江浙人文淵藪，其流傳較別省更多，果
能切實搜尋，自無不漸臻美備〔註8〕。

又云：

聞東南從前藏書最富之家，如崑山徐氏之傳是樓、常熟錢氏之述古
堂、嘉興項氏之天籟閣、朱氏之曝書亭、杭州趙氏之小山堂、寧波范氏
之天一閣，皆其著名者，餘者亦指不勝屈，並有原藏書目，至今尚為人
傳錄者。即其子孫不能保守，而輾轉流播，仍為他姓所有，第須尋原竟
委，自不至湮沒人間；縱或散落他方，為之隨處蹤求，亦不難於薈萃。
又聞蘇州有一種賈客，惟事收買舊書，如山塘開鋪之金姓者，乃專門世
業，於古書存佚原委，頗能暗悉。又湖州向多賈客書船，平時在各處州
縣兌賣書籍，與藏書家往來最熟，其於某氏舊有某書，曾贈某本，問之
無不深知。如能向此等人善為咨詢，詳加物色，因而四處借抄，仍將原
書迅速發還，諒無不踴躍從事〔註9〕。

竹垞藏書之富，不僅能傲視當時，能成為著名的藏書家，且其家藏之富，也深為其
後乾隆皇帝所深知，並點名為蒐求的重要對象，影響所及，在《四庫全書》之中，
亦能看到不少徵自「曝書亭」的藏書。鄭偉章〈《四庫全書》獻書人叢考〉中指出：

《總目》著錄朱彝尊家藏本33種，388卷。其中經部5種，69卷；
史部5種，53卷；子部13種，142卷；集部10種，124卷。入存目28
種〔註10〕。

〔註 7〕章學誠著，葉瑛校注《文史通義校注》，（台北：里仁書局，民國73年9月10日），
頁523。
〔註 8〕陳垣編：《辦理四庫全書檔案》上冊，（北平：國立北平圖書館，民國23年），頁
12。
〔註 9〕同前註。
〔註10〕鄭偉章：〈《四庫全書》獻書人叢考〉，（《書林叢考》，廣東人民出版社，1995年7月），
頁416。

可見其家藏之富，能有內府所無之書。竹垞藏書頗豐，〈曝書亭著錄序〉所云：「擁書八萬卷，足以豪矣」〔註11〕，可見其辛勤的蒐求、抄錄下，使得藏書倍增，是以蓄藏之書多有善本，稱得上是質量俱佳的藏書家，其豐富的文獻典藏，也能受到學者的重視，乃紛紛借抄其藏書，有益於文獻的保存。

清代學術日益進展，有關治學、藏書、編目之舉，亦日漸精進，民眾紛紛崇尚實學。袁同禮在〈清代私家藏書概略〉中指出：

> 清代私家藏書之盛，超逸前代，其效果何在乎？簡言之，則對於晚明理學一反動也。明代學術界虛僞之習，靡然全國。所刻之書，或沿襲舊訛，或竄改原文，昔人謂明人刻書而書亡，蓋有由矣。嘉靖以前，風尚近古，時有佳本。萬曆以後，風氣漸變，流弊極於晚季。流弊既多，故有反動，反動之動機，一言以蔽之，曰恢復古書之舊而已〔註12〕。

觀上述的論點，即可探知清代私家藏書的原因，係針對晚明理學的反動所致，由於明代書賈刻印的典籍，頗多造僞刪併，致生訛誤。因此，清初藏書家爲求恢復古籍舊觀，遂大力推動辨僞考訂，且大量徵集、刊印唐宋秘本的舉動，以便掃除書中的錯誤，竹垞更是這種活動的倡始者。在致力徵集、刻印之下，也帶動民間藏書的風氣，且藏書、讀書、刊書、抄書、校書等等，相繼並行，遂在各藏書家之中，造就出不少的考據名家，帶動學風的發展。

讀書、藏書、編目相互合流，造就出清代目錄學的蓬勃發展。學者在藏書之際，也能逐漸揚棄過去「束書不觀」的行爲，開始重視文獻的解讀工作，此時的藏書家，也多能有目錄傳世，是以帶動學術的發展。竹垞家中藏書甚富，足以雄霸一方，是清初著名的藏書之家。在藏書之餘，也能重視文獻的閱讀，閒暇之際，也能利用其藏書，進行編纂的工作。總計其編纂的成就，多奠定在其豐富的藏書。在經年累月之下，也累積其對於文獻的重視，當其入值史館之時，能大力倡導采書之議，且明瞭圖書與考證的密切關係：「采書之議，閣下既信鄙言行之，將來史館不患無書考證矣」〔註13〕。豐富的圖書文獻，將有助於考證之學的發展。竹垞在《曝書亭集》中，再三表明其對圖書文獻的重視程度。如：《曝書亭集》卷三十

〔註11〕朱彝尊：《曝書亭集》卷三五，〈曝書亭著錄序〉，（台北：世界書局，民國78年4月），頁441。

〔註12〕袁同禮：〈清代私家藏書概略〉，（《圖書館學季刊》，民國15年3月，一卷一期），頁31。

〔註13〕參考註11，卷三二，頁402。

二〈史館上總裁第二書〉中，有所謂「史館急務，莫先聚書。」〔註 14〕，竹垞並指明聚書的先後次第，乃是先求諸宮廷的藏書，後徵於民間的特藏，竹垞云：

> 明之藏書，玉牒寶訓，貯皇史宬，四方上於朝者，貯文淵閣。故事、
> 刑部恤刑，行人奉使還，必納書於庫，以是各有書目。而萬曆中，輔臣
> 諭大理寺副孫能傳、中書舍人張萱等，校理遺籍，閣中故書，十亡六七，
> 然地志具存，著於錄者，尚三千餘冊，閣下試訪之所司，請於朝，未必
> 不可得〔註 15〕。

宮廷藏書富實，可以提供考證的基礎材料，但若是仍有不足，仍需徵集民間的藏書，以爲因應：

> 又同館六十人，類皆勤學洽聞之士，必能記憶所閱之書，凡可資采獲
> 者，俾各疏所有，捆載入都，儲於邸舍，互相考索，然後開列館中所未有
> 文集、奏議圖經傳記，以及碑銘志碣之屬。編爲一目，或倣漢、唐、明之
> 遣使，或牒京尹守道，十四布政使司，力爲蒐集，上之史館，其文其事，
> 皎然可尋，於以采撰編次，本末具備，成一代之完書，不大愉快哉〔註 16〕。

至於搜訪遺書的目的，乃在於提供考證的依據，若能確實達到徵集的成果，則將來「不患無書考證矣」〔註 17〕，可見竹垞對於圖書文獻的重視。清初考證之風的逐步形成，學者們爲求編纂的便利，亦能多方蒐求圖書，以利考證。戴名世《戴名世集》卷五〈送劉繼莊還洞庭序〉云：

> 繼莊尤留心史事，購求天下之書，凡金匱、石室之藏，以及稗官、
> 碑誌、野老遺民之所記載，共數千卷，將欲歸老洞庭而著書以終焉。

這是明、清學者重視圖書文獻的案例。學者們既能重視藏書的價值，也能從事書籍的徵求、刻印、校勘、輯佚等考證工作，是以此期的藏書家，亦多爲考據名家，如顧炎武、曹炎、毛奇齡、朱彝尊、顧祖禹等人，皆是少數能兼具藏書、考證的藏書家，至於竹垞《經義考》的編纂，更是列入其中的代表名作。影響所及，其後如王鳴盛、錢大昕、翁方綱、孫星衍等人，均是兼具藏書、考證的學者，是以藏書之風，實與考證風氣的開展，有著密切的關係。

從《經義考》的著錄內容博雜，其中間引序跋、考證，已非單純書目排比可

〔註 14〕參考註 11，卷三二，頁 402。
〔註 15〕參考註 11，卷三二，頁 402。
〔註 16〕參考註 11，卷三二，頁 402。
〔註 17〕參考註 11，卷三二，頁 402。

以比擬，是以毛奇齡〈序〉云：「非博極群籍，不能有此。」〔註18〕，即知竹垞的編纂成果，乃奠基於博覽群籍所致，其家藏八萬卷的藏書，正能提供輯錄資料的來源。毛奇齡在〈序〉中亦提到此點：

> （朱彝尊）於是窮搜討之力，出家所藏書八萬餘卷，輯其說之可據者，署其經名而分繫其下，有存佚而無是非，使窮經之士，一覽而知所考焉，洋洋乎大觀哉〔註19〕。

考其著錄的內容，乃是上自周、秦，下迄明、清（初），其目的在於反映經籍的舊觀，是以不獨以理學著作為收錄的對象。由於竹垞家藏甚富，故能博覽群籍，且另編有《曝書亭藏書目》、《竹垞行笈書目》、《潛采堂書目》、《潛采堂宋元人集目錄》等書目〔註20〕，是以在目錄學的表現上，能有卓越的成就，也累積不少的編纂經驗，有助於大型書目的編纂。竹垞藏書多達八萬卷，這種藏書的數量，的確足以傲世，竹垞亦能引以自豪，誠如〈曝書亭著錄序〉所云：「擁書八萬卷，足以豪矣」〔註21〕，其藏書質量兼備，能抄自萬卷樓、天一閣、曹溶、黃虞稷、錢遵王、李辰山、孫承澤、秦四麟、徐乾學、龔翔麟等家藏秘本之書〔註22〕，亦能擁有內府所無之書〔註23〕，是以其藏書的質量，無疑是奠定考證的基礎。

除了竹垞自家藏書之外，《經義考》的完成，亦得力於明末、清初藏書事業的發達〔註24〕，各藏書家均有藏書目錄的產生，這些藏書的目錄，能提供竹垞考證存佚的依據。承上文所言，竹垞的藏書，大抵見於《曝書亭藏書目》、《竹垞行笈書目》、《潛采堂書目》、《潛采堂宋元人集目錄》等書目〔註25〕，《經義考》的編纂目的，

〔註18〕 參考註3，頁2。

〔註19〕 參考註3，〈毛奇齡序〉，頁1。

〔註20〕 盧正言主編：《中國古代書目詞典》，（南寧：廣西教育出版社，1994年4月），頁135～136。

〔註21〕 參考註11，卷三五，〈曝書亭著錄序〉，頁441。

〔註22〕 錢林：《文獻徵存錄》，（台北：明文書局，民國74年），頁340；頁348。又參考註11，卷三五，〈曝書亭著錄序〉亦言之甚詳，頁440～441。

〔註23〕 參考張一民：〈朱彝尊與曝書亭藏書〉，（《圖書館》（湖南）1992年，1992年五期），頁71～72。又參考註10，頁416指出：「《總目》著錄朱彝尊家藏本三三種，三八八卷。其中經部五種，六九卷；史部五種，五三卷；子部十三種，一四二卷；集部十種，一二四卷。入存目二八種。」（《書林叢考》，廣東人民出版社，1995年7月），是以可知其藏書之富，其中亦有內府所無之書。

〔註24〕 盧仁龍：〈《經義考》綜論〉，（台北：文史哲出版社，《中國經學史論文論集》下冊，民國82年3月），頁416。該文原發表在《社會科學戰線》1990年二期，頁334～341。

〔註25〕 參考註20，頁135～136。

已非藏書目錄的範疇，是以余嘉錫主張將其歸於「讀書家之書目」，以便能和「藏書家之書目」有所區隔，余氏之論，見於《目錄學發微・十》，說法徵引於下：

> 若讀書家之書目，則當由專門家各治一部，兼著存、佚、闕、未見，合《別錄》、《藝文志》與〈儒林〉〈文苑傳〉爲一，曲盡其源流，以備學術之史〔註26〕。

竹垞將存佚的考察，分爲四類，其中「存」、「佚」、「闕」等三例，乃是承自前目，非其自創之例，至於「未見」之例，則確實啓自竹垞。本書雖取自諸家書目，然是其平日讀書抄檢之目，並兼以己證，是以余氏「讀書家之書目」視之，亦頗爲恰當。清代藏書家已能擺脫明代「束書不觀」的普遍陋習，故能藏書、讀書並進，使得《經義考》的編纂，能有功於經學的研究。

二、實證之風

目錄之學，往往涉及考證求實，是以能提供讀者正確的參考功效。一部目錄書籍，若僅有簡目，或係滿紙舛錯，則其參考價值必低。因此，若要提供良好的參考價值，則必須擁有正確的考證內容，才不致於成效減半。余嘉錫在《目錄學發微》中指出：

> 夫考證之學貴在徵實，議論之言易於蹈空。徵實則雖或謬誤，而有書可質，不難加以糾正。蹈空則虛驕恃氣，惟逞詞鋒〔註27〕。

竹垞《經義考》之纂成，已成爲清初考證之學的力作，既屬考證之作，其中的內容，必能言而徵實，確實可信。清初經學盛行實證風氣，其目的在於改進晚明空疏的學風，是以《四庫全書總目提要》對於清代經學的批評如下：

> 國初諸家，其學徵實不誣，及其弊也瑣。要其歸宿，則不過漢學宋學兩家互爲勝負。夫漢學具有根柢，講學者以淺陋輕之，不足服漢儒也。宋學具有精微，讀書者以空竦薄之，亦不足服宋儒也。消融門戶之見，而各取所長，則私心祛而公理出，公理出而經義明矣〔註28〕。

其中所謂的「徵實不誣」，乃是指當時流行的實證風氣，其中又以《經義考》爲其代表之作。整體而論，清初考證風氣盛行，若究其原因，則是想要改善晚明空疏

〔註26〕余嘉錫：《目錄學發微》，（台北：藝文印書館，民國 76 年 10 月），頁 166。余氏將「藏書家之書目」、「讀書家之書目」的創意歸於張之洞。

〔註27〕同前註，頁 56。

〔註28〕永瑢等撰：《四庫全書總目》卷一，（北京：中華書局，1992 年 10 月），頁 1。

的學風，故當時學界能推行務實的學風，以期能整頓亡國滅朝的空疏學風。孫永如在《明清書目研究》中，將「考據求實的學風」一項，列爲當時書目勃興的重要因素，茲引其說如下：

> 明清時期，學風巨變，從明中期以後，考據求實學風興起，一反趙宋以來向壁虛造、空談義理的學風。考據學家求實求是，把恢復古代文化的本來面貌作爲追求的目標〔註29〕。

在明代中葉以後，考據之學逐漸興起，遂開後世博雅的風尚。林慶彰在《明代考據學研究》中，指出明代考據發展的五點成因，茲簡列其說論點如下：

> 一、理學內部之要求。
>
> 二、廢學之反動。
>
> 三、復古運動之影響。
>
> 四、楊慎之特起。
>
> 五、刻書事業之興盛〔註30〕。

觀此五項，得知清初盛興的考據之學，實有其歷史的背景。考溯源流，則《經義考》的出現，係受到實證之風的影響。假設沒有這種求實的風尚，則竹垞在經學的研究上，將不易走上考證之路，如此一來，是否仍會出現《經義考》這部曠世之作，實難以斷定，更遑論能夠取得考證的成果。

明清之際，一些有志之士，將家國的淪喪，歸咎於空疏的學風，爲求改善這種風氣，乃轉向經世致用之學，學風逐漸趨於篤實，經過學者的推倡，遂產生務實的學術風尚，逐步改善晚明空疏學風。竹垞對於晚明流行的風尚，亦有所感嘆，其在〈五經翼序〉中指出：

> 予謂經學之不明，非一日矣。自漢迄唐，各以意說，散而無紀，其弊至於背畔，貴有以約之。此宋儒傳注之所爲作也。今則士守繩尺，無事博稽；至問以箋疏，茫然自失，則貴有以廣之〔註31〕。

竹垞身處浙西之地，深受「博雅」學風的影響，故主張博通稽古，以求擴大經學研究視野，故能重視漢唐箋疏的重要。竹垞在〈五經翼序〉中力倡其說：

> 學有統而道有歸，然守一家之說，足以自信，不足以析疑。惟眾說畢陳，紛綸之極，而至一者始見。故反約之功，貴夫博學而詳說之

〔註29〕孫永如：《明清書目研究》，（合肥：黃山書社，1993年7月），頁25。

〔註30〕請參考林慶彰《明代考據學研究》，（台北：臺灣學生書局，民國75年10月），頁22～28。上文所引條例，僅爲林氏所論項目，至於其中內容，請詳看該書。

〔註31〕參考註11，卷三四，〈五經翼序〉，頁428。

也〔註32〕。

竹垞見到晚明以來，有關經學的研習，多側重宋、明理學的討論，卻忽略漢唐古
注的箋注，致使學者未能剖析決疑，破除異說，故強調以「博學而詳說」之道，
能濟宋、明理學之窮。竹垞既強調「博學而詳說」之道，故能力行經籍的考訂，
乃纂成《經義考》一書，這對於清初學風的轉向，實有其深刻的倡導作用，使學
風逐步導向於樸實考證之路，並間接開啓清代考據之學的新風貌。

竹垞力改空疏學風，故能推倡考證實學，這種樸實考據之風，亦受到當代風
尚所致，其能承繼顧炎武、閻若璩之流，使得實證之風，能蔚爲時代風潮。吳仲
強在《中國圖書館學史》中指出：

　　　清代學者以極其豐富的資料爲佐證，以踏實的學風與簡樸的文字，

　一掃宋明理學的空論浮詞，對古書作了實事求是的整理研究工作〔註33〕。

盧仁龍在〈經義考綜論〉中指出：

　　　《經義考》的完成，除取決於朱彝尊立志逆轉空疏學風的雄心，以

　及他本身的博學廣識，也得力於明末清初藏書事業的發展，和他個人豐

　富的藏書等便利條件〔註34〕。

因此，竹垞能立志扭轉空疏的學風，是以從《經義考》的編纂中，正可見其考證的
用心，考訂的內容，兼及各項的內容，說法詳見第七章第五節「案語體例」一文。

考證的基礎在於撰著，如能擁有豐富的參考文獻，方能客觀的評斷文獻的眞
僞、價值。竹垞既能擁有博學廣識的基礎，使得《經義考》的纂輯，能受到歷來
學者的高度讚賞。盧見曾在〈奏狀〉中提到：

　　　《經義考》博徵傳世之書，誌其存佚；提衡眾家之論，判厥醇

　疵……見淺見深，咸網羅而不失，識大識小，悉櫽括而靡遺。惟舊臣纂

　輯之勤，即古人精神之寄，況今者續一代文獻之書，補群儒經籍之志，

　論說有資引考鏡，見闡可藉爲參稽。較陳振孫之《解題》，更加繁富，比

　晁公武之《書志》，尤覺精詳〔註35〕。

這種論說考證的能力，若非博學廣識之人，殆不能以盡其完功。誠如陳廷敬〈序〉
所論「微竹垞博學深思，其孰克爲之。」〔註36〕，《經義考》在成書之後，曾博得

〔註32〕參考註11，卷三四，〈五經翼序〉，頁427。
〔註33〕吳仲強等著：《中國圖書館史》，（長沙：湖南出版社，1991年12月），頁298。
〔註34〕參考註24，頁416。該文原發表在《社會科學戰線》1990年二期，頁334～341。
〔註35〕參考註3，〈盧見曾奏狀〉，頁4～5。
〔註36〕參考註3，〈陳廷敬序〉，頁2。

康熙皇帝賞賜「研經博物」〔註37〕的匾額。雍正皇帝未登基之前，曾謂「吾知東南讀書種子，僅存三人」〔註38〕，是則將竹垞與「閻若璩」、「胡渭」三人並列東南地區的名儒，其見重若此。其後乾隆皇帝更曉諭：

> 朕閱四庫全書館所進鈔本朱彝尊《經義考》，於歷代說經諸書廣搜博考，存佚可徵，實有裨於經學，朕因親製詩篇題識卷首……〔註39〕。

更親得皇帝御製詩篇，並以「廣搜博考」為功，這些都足以顯示出竹垞博學廣識、翔實考訂的才能。《經義考》中資料豐富，除諸家序跋之外，尚兼及雜家筆記論辨之作，並親撰考證按語七百二十餘條〔註40〕，《清儒學案小傳》卷四許之為「以博通矯弇陋之習，開考證之先〔註41〕。」誠不虛譽。

竹垞的博識之才，使得《經義考》的編纂，得以收致成效。這種踏實的學風，率先從經學發展開始，其次轉至史部典籍，開創出清代考據之學的新視野。考證必求博通的觀念，則可上承方以智之外，更有楊慎、焦竑諸人的努力，經過這些考據學者的努力之後，遂奠定清初考據之學的盛興。林葉連在《中國歷代詩經學》中，將「遠紹楊慎、焦竑、方以智之尚博雅」一項，列入清代考據學興盛的原因之一，茲列其說如下：

> 明代擬古主義風靡之時，楊慎卓然自立、反對摹擬，並以尚博雅著稱，然好偽說，列朝詩集小傳兩集評其詩文，亦曰：「援據博則舛誤良多」。焦竑為文，以反擬古著稱，論學宗羅汝芳，亦尚博雅；然喜以佛語解經，欲調和儒釋思想，治學失之蕪雜。故楊、焦二氏之學駁雜而不精、不純，離清朝考據學實事求是之精神尚遠。至於方以智，撰通雅五十二卷，仿爾雅體例，辨證詞語訓詁，以經史為本，旁及諸子百家、方志、小說；體例嚴謹，考據精核。四庫全書總目曰：「惟以智崛起崇禎中，考據精核，迥出其上；風氣既開，國初顧炎武、閻若璩、朱彝尊等沿波而起〔註42〕。」

考其風尚的產生，正可祖紹明代楊慎、焦竑、方以智諸人的崇尚博雅。從上文之中，我們可以看出明代崇尚博雅的風氣，有助於清代考據學的興盛。竹垞《經義

〔註37〕羅仲鼎、陳士彪選注：《朱彝尊詩詞選》附錄《年譜》，其事在康熙四十四年四月之時。（杭州：浙江古籍出版社，1989 年 10 月），頁 234。

〔註38〕見於張穆：《閻潛邱先生年譜》卷四。

〔註39〕參考註 3，〈乾隆詔諭〉，頁 2。

〔註40〕吳政上編：《經義考索引》，〈吳政上序〉，（臺北：漢學研究中心，民國 81 年），頁 5。惟筆者所計，當不止此數，說法詳見第五章。

〔註41〕（清）徐世昌：《清儒學案小傳》，（台北：明文書局，民國 74 年），頁 529。

〔註42〕林葉連：《中國歷代詩經學》，（台北：臺灣學生書局，民國 82 年 3 月），頁 334～335。

考》之作，亦可視爲清代考據學的先驅之作。孫永如在《明清書目研究》中指出：

> 在考據學的學術領域中，還有一些書目從考證書籍產生、流傳，進
> 一步轉向考證特定學術領域的圖籍內容，如朱彝尊的《經義考》，廣泛輯
> 錄各種有關經學之書的論述之文，「見淺見深，咸網羅而不失；識大識小，
> 悉隱括而靡遺。」（盧見曾上《經義考》奏文），由於朱彝尊潛心盡力，
> 網羅眾說，悉心考證，使《經義考》成爲瞭解經書內容，研究經學所必
> 備的參考書目〔註43〕。

孫氏更推崇《經義考》「以考訂經籍爲宗旨的書目明顯是考據之風的產物」〔註44〕，
更以「考據求實的學風是書目發展的巨大動力」〔註45〕總結，可以看出清代書目
發展史上，與實證之風，是有密切的關聯。《經義考》網羅眾說，悉心考證，更成
爲清初考據之學的力作。孫永如在《明清書目研究》中，更許之爲「考訂書目」〔註
46〕，由此可見其考證的特質。

　　從《經義考》力求考證的作法，適與明代崇尚博雅之風相符，至於力求博雅
的的要求，正是竹垞編纂的特色。清初諸儒，往往能以博大爲其特色，王國維曾
謂「國初之學大，乾嘉之學精，而道咸以來之學新。」〔註47〕，陳祖武亦指出：「清
初諸儒之學，以博大爲其特色。」〔註48〕講求博通的學風，正是此時學者的共通
特色，是以清初學者之中，如錢牧齋、顧炎武、黃宗羲、閻若璩、朱彝尊等人，
均能以博通於學聞名。能夠博通群籍，始能奠定良好的學識基礎，能有良好的學
識基礎，始能有好的考證成果，也惟有好的考證成果，始能擺脫空疏的學風。在
當代盛行的實證風尚，使得學者亦以博學善考爲職志，也正是這股實證的風尚下，
使得《經義考》能擁有良好的考證成效，這實在必須歸功於當時社會風尚所致。

三、習經之風

　　晚明之時，有識之士，有感於經學多空談之言，不以六經爲依歸，且襲尚語
錄的糟粕。因此，爲求針砭時弊，乃以窮經爲務、六經爲旨、經術爲方，積極推

〔註43〕參考註29，頁21。
〔註44〕參考註29，頁25。
〔註45〕參考註29，頁25。
〔註46〕參考註29，頁81～83。
〔註47〕王國維：《觀堂集林》卷二三，〈沈乙庵先生七十壽序〉。
〔註48〕陳祖武：〈顧炎武與清代學風〉，（台北：文史哲出版社，《中國經學史論文選集》下
　　　冊，民國82年3月），頁375。

動經書的研究,是以經書的考訂,也能佔有明代考據學的一席地位〔註49〕。林慶彰先生歷舉楊慎、朱西亭、熊過、魏濬、何楷、袁仁、馮應京、陳士元、周應賓、胡震亭諸人著作,藉以說明當時經學復興的盛況〔註50〕,在這波「回歸原典」的運動之後,也帶動經籍的考據風尚。

　　清初之際,上承東林學派的「尊經」觀念,以及復社「復興古學」的風氣〔註51〕,使經學逐漸受到重視,把經學和經世聯繫起來,在歷經歸有光、錢謙益、顧炎武、黃宗羲、王夫之等人的提倡,學風復轉為博雅的習尚,且帶動經學探究之風。張之洞在《書目答問》中指出:

　　　　經學、小學書,以國朝人為極,於前代著作,擷長棄短,皆已包括
　　其中,故於宋元明人從略〔註52〕。

從上述的論述中,正可看出清代經學、小學的盛況。清陳庚煥《惕園初稿》卷五,〈閩學源流說〉中指出:「(張伯行)儀封撫閩,倡興實學,九郡之士,翕然成風」〔註53〕。學者的自覺,加上官府的推倡,造就出清代重視經學的傳統。清代是經學的復盛時期,研究經學的風氣,逐漸在社會之中,漫延出去,竹垞生長在此一時代,自會受到風氣的影響,能從事經學的探索工作。

　　談經論學的風氣,在清初時期,能逐漸形成風氣,盛行於社會之中。范光陽《雙雲堂文稿》卷三〈張有斯五十壽序〉云:

　　　　蕺山劉忠正公之學,自吾師姚江黃梨洲先生始傳於甬上,其時郡中
　　同志之士十餘人皆起而宗之,以為學不講不明,於是有證人之會,……
　　其後為五經講會〔註54〕。

講會的方式,乃是先搜集資料,再行研讀,以求會通,黃宗羲《南雷文案》外卷

〔註49〕參考註30,頁30～31言及「明代考據學之內容」第一項「考經書」即申明此意。另外參考林氏〈晚明經學的復興運動〉一文(台北:《中國書目季刊》十八卷三期,民國73年12月)

〔註50〕參考註30,頁30～31言及「明代考據學之內容」第一項「考經書」即申明此意。(台北:文津出版社,修訂再版,1986年10月)。另外參考林氏〈晚明經學的復興運動〉一文(台北:《中國書目季刊》,民國73年12月,十八卷三期)。

〔註51〕方祖猷:〈黃宗羲與甬上弟子的學術分歧〉,(台北:萬卷樓,《清初浙東學派論叢》,民國85年),頁104。

〔註52〕張之洞撰、范希曾補正、蒙文通校點:《書目答問補正》,(台北:漢京文化事業有限公司,民國73年1月31日),頁1。

〔註53〕陳庚煥《園初稿》卷五,〈閩學源流說〉,(清道光元年木活字本)。

〔註54〕范光陽《雙雲堂文稿》卷三,〈張有斯五十壽序〉,(台南:莊嚴文化事業有限公司,《四庫全書存目叢書》,民國86年6月)冊二五六,頁649。

〈陳夔獻五十壽序〉云：

> 窮搜宋元以來之傳注，得百數十家，分頭誦習，每月二會，各取其長，以相會通〔註55〕。

從蒐求的經籍傳注，多達百數十家，再分頭誦習，各取其長，以求能會通群籍，這種作法，對於經學的研習，能有所幫助。又《南雷文案》卷二指出：

> 每講一經，必盡搜郡中藏書之家先儒注說數十種，縈伍而觀，以自然的當不可易爲主，而又積思自悟，發先儒所未嘗十之二、三焉〔註56〕。

在五經講會之前，必先收集郡中各藏書之家的經疏，再經過研習辯論，積思自悟之後，才能發明經籍大義，不會全部侷限在前賢的論點，也使論點能有創發性。諸如此類的講經活動，能促進經學的進習，且經籍的收集與重視，將帶動收集經籍的風氣。從上述的事例中，我們可以得知講經是由五經開始，且其積極的蒐羅宋、元以來的傳注，也會帶動經籍存佚的考察，對於《經義考》的編纂，將會造成重要的影響。竹垞在編纂之初，有感於宋、元以來，經籍亡佚甚多，乃積極從事經籍的考訂，且考經的內容，先從五經開始，是以這些講經的活動，對於經學的提倡，能有所助益。

講經之會的流程如下：

> 一月再集。先期於某家，是日晨而往。摳衣登堂，各執經以次造席。先取所講覆誦畢，司講者抗首而論，坐上各取諸家異同相辯析，務擇所安。日午進食，羹二器，不設酒，飯畢，續講乙處，盡日乃罷〔註57〕。

甬上學院的學生，在蒐集資料的同時，也兼從天一閣、雲在樓、張氏墨莊及黃宗羲續鈔堂等地藏書樓抄寫經籍，且旁及黃東發、吳草廬、郝京山諸人之書。〔註58〕這種蒐集群經，復證以己意的行爲，明顯和竹垞相近（說法詳見上文「藏書之風」），也帶動經籍蒐集、考證的風氣。至於講經的重心，則見載於萬言〈懷舊詩爲陳怡庭壽〉一文：

> 戊申後，諸子聚爲講經之會，首《易》、次《書》、次《詩》、次《禮》〔註59〕。

〔註55〕黃宗羲：《南雷文案》外卷〈陳夔獻五十壽序〉。

〔註56〕同前註，卷二〈陳夔獻偶刻詩文序〉。

〔註57〕李文胤：《杲堂文鈔》卷三〈送范國雯北行序〉。

〔註58〕方祖猷：〈時代思潮和清初浙東學派的形成〉，（台北：萬卷樓，《清初浙東學派論叢》，民國85年），頁32～33。

〔註59〕萬言：《管村詩稿》卷四〈懷舊詩爲陳怡庭壽〉一文。

從「諸子聚爲講經之會」的說明中，可以看出當時經學研究的熱切，且能得知討論的主題，是以五經爲主，這種重視五經的態度，亦與竹垞的觀點相符。當時學者廣搜經籍，並相互研討經義的行爲，亦可看出經學的研究，有逐步復甦的現象。竹垞身處此一時期，亦深受風氣的影響，故能重視經學的研習。此外，除了朋友間的相互討論外，也有父子相傳的案例。竹垞在〈天愚山人詩集序〉中即指出：

> 鄞縣萬先生履安，亦丙子榜鄉貢進士，甲申後與先生（指謝泰宗）
> 偕隱，分授其子經史，詩筆之富，不減先生〔註60〕。

此處可見父子相傳的例證，在這種情況之下，也會逐漸重視師承、家學的傳承，這些經學的發展，皆會影響到竹垞編纂的觀念。

經學的講授與討論，既已成爲當時的風尚，遂有人以講經爲業，竹垞在〈文學鄭君壙誌銘〉中指出：

> （鄭玦）一及諸經疑義，講説紛綸。闡前賢所未發，以是問業者漸
> 多。束脩之入，積累十金〔註61〕。

從「束脩之入，積累十金」之句，可以窺見當時學經風氣的盛行。竹垞在經學瀰漫的氛圍下，亦深受影響，能「篤好經學」〔註62〕的研習，且常和親友間論及經學，徐樹穀在《讀禮通考‧序》中論及：

> 先大夫（指徐乾學）《讀禮通考》草創於康熙丁巳（1677），……時
> 復與朱太史竹垞及萬季野、顧寧人、閻百詩諸君子商榷短長〔註63〕。

竹垞常與友朋從事經學的論證。在其親友間書箚的往返中，不乏談經論學之作〔註64〕，這正是受到當代風氣的影響，能熱衷於經學的研究〔註65〕。由於清初是古文經學的復興時期，竹垞能承繼此一風尚，乃大量收集經學的相關著作，且能擁有考證的成果。

竹垞早年致力於《周官禮》、《春秋左氏傳》的研讀，當時之人，「皆以爲狂迂」〔註66〕，此時也能奠定其經學的基礎。其後客遊他鄉，亦必「橐載十三經、二十

〔註60〕 參考註11，卷二六，〈天愚山人詩集序〉，頁452。
〔註61〕 參考註11，卷二六，〈天愚山人詩集序〉，頁879。
〔註62〕 王士禎：《居易錄》卷十二，（台北：新興書局《筆記小説大觀》十五編，冊八，民國77年），頁5038。
〔註63〕 徐乾學：《讀禮通考》卷首徐樹穀〈序〉。
〔註64〕 參考註11，卷三一～三三多與親友談論經學之文，而卷三四亦多經學論著之序文。
〔註65〕 參考註23，頁71。
〔註66〕 參考錢儀吉纂錄《碑傳集》收錄的陳廷敬〈日講官起居注翰林院檢討朱公彝尊墓誌銘〉一文，（台北：明文書局，民國74年），冊一〇八，頁568。

一史以自隨〔註67〕。」可見竹垞對於經學的研究，亦歷時甚早。其後，受到當代
談經論學風氣的影響，能與時賢相互探究經學的要義。陳廷敬在〈日講官起居注
翰林院檢討朱公彝尊墓誌銘〉指出：

> 康熙初，北平孫公北海，老而家居，以經學詔後進，予亦往遊焉。
> 孫公盛稱秀水朱君錫鬯之賢，一時東南文學士游京師者，其推謂爲老師
> 宿學〔註68〕。

竹垞嘗遊京師，並與孫北海交遊，且能博得孫氏稱許，顯見其對於經學的研習，
實有其獨到之識。

　　清初經學的提倡，除仰賴於顧炎武、黃宗羲等名儒的推倡外，也隨著政治、
經濟趨於穩定，使得經學的發展，能有長足的進展。如果就經學發展的進程來看，
習經之風的興盛，係當時社會普遍的現象。經籍的浩瀚，確實也需要指引治經入
門的工具，是以《經義考》就應運而生，能成爲研習經學者的重要參考。

四、纂輯之風

　　明代中葉之後，纂輯之風盛行於世，此時的學術風氣，係崇尚古風，故紛紛
以「炫博好奇」〔註69〕的姿態出現，是以各類的著作，如同雨後春筍般的問世。
目錄之書，能兼採眾家之長，觀其學術的流變，故多能以「廣博」爲特色。余嘉
錫《目錄學發微》指出：

> 私家著述成一家之言，可以謹守家法，若目錄之書，則必博采眾長，
> 善觀其通，猶之自作詩文，不妨摹擬一家，而操持一朝之選政，貴其兼
> 收並蓄也〔註70〕。

余氏所論，實乃詳於簿錄編纂之精髓者也。目錄之籍，博采綜洽，考證疏通，兼
收並蓄，以成其精，以廣其要。《經義考》的纂輯，實受到當時流風所致，此時的
撰述，盛行纂輯典籍的風尚，當時其他的學術名家，亦能以抄書爲基礎，逐步纂
輯出各種撰著。錢穆在《中國近三百年學術史》中指出：

> 北方如宛斯之《繹史》，南方如梨洲之《學案》，顧非鈔書之至精卓

〔註67〕同前註。
〔註68〕同前註，頁566。
〔註69〕參考註49，頁25～26言及「復古運動之影響」一項；又該書頁三四亦重申此意（台
　　　　北：文津出版社，民國75年10月）。另外參考林氏〈晚明經學的復興運動〉一文
　　　　（台北：《中國書目季刊》，民國73年12月，十八卷三期）。
〔註70〕參考註26，頁55。

者乎！鈔詩文者如梨洲之《明文海》，晚村之《宋詩鈔》。推而至於經籍，
有朱竹垞之《經義考》，地理，有顧祖禹之《方與紀要》，皆鈔書也。即
稍後閻百詩、胡朏明一輩，其著書亦猶不脫鈔書痕跡。即謂清代經學皆
自鈔書工夫中來，亦非不可。此即章實齋所謂纂輯之學也〔註71〕。

《經義考》名列清代抄書的名作，竹垞更是博采眾家，以成其廣博，至於抄錄的
來源，乃能遍及經書、史傳、筆記、書目、方志、文集的收錄，是以此書係「纂
輯之風」的產物。錢穆先生所謂「清代經學皆自鈔書工夫中來」，其說實爲中的之
言，如以《經義考》編纂的內容、體式來看，則其深受當時纂輯之風的影響，自
是無庸置疑的。

《經義考》的編纂，雖以博雅爲志，故能廣稽眾籍，以成其廣博，然非僅限
於「抄書」而已，其中更能將資料加以分類，並間以考據，故體例嚴謹，考據精
覈，向爲學者所稱許。此法乃源自明代的抄書之法，錢穆先生在《中國近三百年
學術史》云：

> 近世盛推清代漢學家尚證據，重歸納，有合於歐西所謂科學方法
> 者，其實此風源於明代，由一種分類鈔書法，而運用之漸純熟，乃得開
> 此廣圃也〔註72〕。

由此可知，竹垞纂輯書目之時，實能承繼明、清纂輯風尚，並加以推廣，使其在
經學考證方面，能有卓越的貢獻。

綜合上文所言，《經義考》成書的社會條件，正是受到實證之風、習經之風，
以及纂輯之風等諸多因素的影響。因此，竹垞在編纂經學書目之時，能以考證爲
主，乃是受到當世社會思潮的激盪所致，也正因爲當時的社會環境，頗便於纂輯
的發展，故竹垞此書的編纂，能收致成效，並奠定其學術史上的重要地位。

第三節　政治因素的鼓勵

傳統文化的產生、形成、發展，乃至衰亡，均和其政治的因素，有著密切的
關聯。李修生在《古籍整理與傳統文化》中指出：

> 作爲觀念形態的傳統文化，它的產生、形成、發展以至於衰亡，都
> 有其歷史的和政治的深刻原因。新漢學（泛指清代的經學）的產生、形

〔註71〕錢穆：《中國近三百年學術史》，（北京：中華書局，1986年5月），上冊，頁157。
〔註72〕同前註。

成、發展、分合也毫無例外地與當時的政治情況緊密相關〔註73〕。
在清初時期，康熙皇帝積極推動經學的研習，使得習經人口大增，形成《經義考》
的纂輯要件。歷來學風的轉移，多少會受到政治風尚的影響，尤其是帝王觀念的
轉變，更能深刻影響到文士思想、觀念。清代統治者所推動的文化政策，也會影
響到清代書目的發展，孫永如在《明清書目研究》指出：

> 明清統治者推行的文化政策，雖在某種程度上對文化的發展產生了
> 不利的影響，但總體而言，明清時期的文化還是有了很大的進步，特別
> 是目錄之學，因無論世議政之虞，受到了朝野各界的重視，許多學者把
> 畢生精力傾注其中，所以發展迅速〔註74〕。

清代文字獄的盛行，使得學者不敢議論時政，在避禍的考量之下，則紛紛轉向考
據的探索，故學者能沈浸在文獻的考察，也間接帶動考據之學日益隆盛。

清廷自入關之後，隨著政治情勢的穩定，遂藉由推動經學的發展，積極介入
中國文人的思想世界，由於是經學歷經千年的轉變，業已深入民眾心中，故提倡
經學的發展，也能贏得士人的認同，更藉由宋明理學的推展，可以達到箝制人心
的目的。下文即依序論述清廷對經學的提倡情況。

一、徵求經學典籍

從各種文獻資料顯示，清初宮廷曾徵求經學的典籍，只是未能部次甲乙，毛
奇齡在《經義考‧序》中提及此事：

> 竹垞曾官內庭，為天子典祕書，會其時，方用兵滇黔，再闢固未暇
> 檢校而籤裒之也。其後下徵書之詔，凡天下經義之在學官外者，皆得盡
> 入祕府，而說經之書，于斯為盛，然未經甲乙也。今竹垞于歸田之餘，
> 乃始據疇昔所見聞，合古今部記，而著為斯編曰《經義考》〔註75〕。

竹垞曾身為天子典祕書，故能備覽宮中藏書，尤其當時皇室曾下「徵書之詔」，「凡
天下經義之在學官外者，皆得盡入祕府，而說經之書，于斯為盛。」，是以可見經學
的盛況，乃是受到朝廷徵求經籍的影響。王紹曾、杜澤遜編《漁洋讀書記》中引述
清代王漁洋的讀書筆記，於《左氏傳說》一書之下，載有清廷詔求遺書，側重經、

〔註73〕李修生主編：《古籍整理與傳統文化》，（瀋陽：遼寧大學出版社，1991 年 4 月），頁
137。
〔註74〕參考註 29，頁 22。
〔註75〕參考註 3，〈毛奇齡序〉，頁 2。

史的記載：「康熙丙寅歲（1686 年，康熙二十五年），皇上詔求遺書，唯重經史」〔註76〕。在《十二朝東華錄》卷九中，即有其詳細的記載，茲錄之於後：

　　甲午諭禮部翰林院，自古帝王玫治隆文，典籍具備，猶必博採遺書，
　　用充祕府，蓋以廣見聞而資掌故，甚盛事也。朕留心藝文，晨夕披覽，
　　雖內府書籍，篇目粗陳，而衷集未備。因思通都大邑，應有藏編，野乘
　　名山，豈無善本，今宜廣爲訪輯，凡經、史、子、集除尋常刻本外，其
　　有藏書祕錄作何給值採集，及借本鈔寫事宜，宜爾部院會同詳議具奏，
　　務令搜羅罔軼，以副朕稽古崇文之至意〔註77〕。

康熙皇帝是位文武全材的君主，能廣泛涉獵各項的藝文典籍，其有感於內府藏書的不足，乃效法歷朝徵書的盛事，下令所屬部院，從事圖書的鈔集和購求，藉以擴展宮中藏書的數量，其作法自然受到部屬的重視，隨即於該年閏四月庚申日，擬出具體的辦法如下：

　　禮部等衙門遵旨議覆購求遺書，應令直隸各省督撫出示曉諭，如得
　　遺書，令各有司會同儒學教官轉詳督學及該督撫，酌定價值，彙送禮部，
　　其無刻板者，亦令各有司雇募繕寫，交翰林院進呈，有願自行呈送者，
　　交禮部彙繳得旨〔註78〕。

這種擴大徵書的活動，在傳佈各地之後，也自然能形成蒐求遺書的風氣。康熙皇帝更明白表示蒐求的重點，在於經史的典籍，對於諸子百家之籍，有乖經學者，則概不准收錄，其云：

　　自古經史書籍，所重發明心性，裨益政治，必精覽詳求，始成內聖
　　外王之學。朕披閱載籍，研究義理，凡厥指歸，務期於正，諸子百家，
　　泛濫詭奇，有乖經術，今搜訪藏書善本，惟以經學史乘，實有關繫修齊
　　治平助平助成德化者，方爲有用，其他異端稗說，概不准收錄〔註79〕。

清廷既詔求遺書，並側重經、史的收集工作，則其藏書必富，能有民間所無的異書。竹垞既曾典職祕書之林，自必飽覽經史，這些難得的際遇，亦能帶給竹垞偌大的啓示。毛奇齡在《經義考·序》之中，也將竹垞典職祕書一職，列爲纂輯的背景，顯見竹垞當日在宮中的見聞，確實有助於《經義考》的編纂。此外，康熙

〔註76〕王紹曾、杜澤遜編：《漁洋讀書記》，（青島：青島出版社，1991 年 8 月），頁 8。
〔註77〕蔣良騏原纂、王先謙纂修：《十二朝東華錄（康熙朝）》，（台北：文海書局，民國 52
　　　　年 9 月），頁 328。
〔註78〕同前註，頁 329。
〔註79〕同前註。

皇帝甫於二十五年四月甲午日下徵求遺書之詔,竹垞旋在此時纂輯《經義考》〔註80〕,雖無法證成竹垞的編纂動機,係受到康熙的啟示,但竹垞曾在康熙四十四年(1705)南巡之時,在杭州行殿進呈《經義考》給康熙皇帝,且能博得康熙的激賞,並獲頒「研經博物」的匾額來看,似乎透顯著該書的編纂,亦與皇室重視經學的發展,有著密切的關係。

　　清初宮廷對於經學的推展,的確有「尊經勸學之至意」〔註81〕,康熙下詔徵求經籍祕書,並側重經史的作法,不僅能提升宮中的經籍特藏,也將帶動民間的一股尋書風潮。竹垞既曾典值宮中祕書,可以飽覽宮廷的藏書,故在歸田之餘,也能據昔日的見聞加以歸類,編纂成書。因此,《經義考》的引書博富,也與宮廷內府的藏書有關,至於內府藏書的充實,也得力於帝王下詔徵書,時風流及,也能帶動民間對於經籍的重視。

二、刊印儒學經典

　　清廷除了徵求經籍,以備內府的藏書之外,也積極從事經籍刊印的工作。來新夏等在《中國古代圖書事業史》中指出:

>　　(清廷)每次求書,都把「經學史乘,實有關係修齊治平,助成德化」的儒家正統書籍放在首要地位。刊印和頒布全國各學校的也多是五經、四書、《朱子全書》以及解釋這些著作的《性理大全》和御纂的《性理精義》之類的書〔註82〕。

此類觀點,更詳見於故宮博物院、遼寧省圖書館合編《清代內府刻書目錄解題》一書之中,該書附有〈清代內府刻書概況〉一文,更明確指出「校刻經史是清內府刻書的重要內容」,今將該文特點轉錄於下:

>　　經史相通,用以治世。這是歷代統治者的傳統經驗。清王朝也不例外。為了確立和發展本朝的官方哲學,他們積極研習並整理了大量的古典著作。不僅重刻五經四書白文,還將魏晉以來儒家們研究先秦哲學的成果,包括各種傳、注、疏、箋、論、解等,甚至內廷翰林們奉敕編纂進講的教材,也都付諸刊刻。如《十三經註疏》、《易》、《詩》、《書》、《春

〔註80〕參考註37,頁228。
〔註81〕參考註3,〈盧見曾序〉,頁1。又《經義考》另錄有乾隆皇帝詔文,「朕闡崇經學之意」(頁2),可知清朝皇室確實也有崇尚經學之舉。
〔註82〕來新夏等:《中國古代圖書事業史》,(上海人民出版社,1991年7月),頁318。

秋》四經解義及其傳說彙纂和《朱子大全》、《小學集註》、《性理全書》、
《性理精義》等宋明程朱理學的重要著作〔註83〕。

清代校刻經史，業已成為內府刻書的特色，尤其是康熙年間的圖書刻印，更是集
中在儒學著錄方面，李致忠在《清代內府刻書目錄解題‧序二》中指出：

> 康熙一朝內府刻書門類雖比較齊全，但重點卻在儒家著述。如康熙
> 十六年（1677）刊印的《日講四書解義》二十六卷，十九年（1680）刊
> 印的《日講書經解義》十三卷，二十二年（1683）刊印的《日講易經解
> 義》十八卷，二十九年（1690）刊印的《孝經衍義》一百卷，五十三年
> （1714）刊印的《朱子全書》六十六卷，五十四年（1715）刊印的《周
> 易折中》二十二卷、《性理精義》十二卷，六十年（1721）刊印的《春秋
> 傳說匯纂》三十八卷，六十一年（1722）刊印的《欽定篆文六經四書》
> 十四卷、《周易本義》十二卷、《四書集句集註》十九卷等等，都是儒家
> 經典，而且是按照程朱理學家觀點詮釋的儒家經典著述〔註84〕。

清代皇室刻印儒家的經典著述，考其刊印的目的，「無非是建立一套完整的、以程
朱理學為核心的哲學體系和道德標準，表明清王朝對於中國傳統文化的正統地
位。」〔註85〕，處於這種政治目的之下，清代刻印經籍的舉動，也成為內府刻書
的重要特色。

清廷內府對於經籍的刻印相當重視，在刊印的儒籍之中，尤其以宋明理學的
著作為優先，以利忠君觀念的推行。此外，除了漢文刻本之外，也有滿文刻本〔註
86〕，故清廷對於經籍的重視，實能帶動民間研讀經書的風氣，並將經學的研究，
推向正軌。清廷重視經籍的刻印工作，影響所及，一些朝廷重臣，亦能推動經籍
的刻印工作，如屬於康熙寵臣的張伯行，除創立鰲峰書院，培育優秀的人才外，
也能致力刊刻經籍，其曾經「取《朱子語類》、二刻遺書、朱劉問答諸書及閩前哲
楊龜山、羅豫章、李延平、黃勉齋、陳北山、高東溪、真西山諸文集，盡刊佈之，
凡五十五種。」〔註87〕，積極的推倡經籍的刻印工作。此外，竹垞曾推動經籍的

〔註83〕故宮博物院圖書館、遼寧省圖書館編著：《清代內府刻書目錄解題》，（北京：紫禁城
出版社，1995年9月），頁536。
〔註84〕同前註，〈李致忠序二〉，頁9。
〔註85〕同前註，頁536～537。
〔註86〕同前註，附錄二〈清代內府刻少數民族文字圖書目錄〉的記載，則在康熙朝以前的
滿文經籍的刻印，有《日講易經解義》、《日講書經解義》、《詩經》、《日講四書解義》
等撰著，頁511～512。
〔註87〕參見遊光繹《鰲峰書院志》卷十六《雜述》一文，清嘉慶十一年福州鰲峰書院刻本。

刻印工作，說法詳見第三章第二節「治學的方法」。在朝廷的大量鼓勵，乃至大臣們的響應，不僅增加經籍刻印的質量，也能帶動民間習經的風尚。

三、開辦科舉選士

　　清朝非常注意文治，在政治逐步穩固之後，遂恢復科舉的考試，導致治經問學之風復盛〔註 88〕，尤其是大量倡行程朱之學，想藉由思想的教育，來達到箝制人心的目的。喬好勤在《目錄學》中，對於清代經學發展的政治環境，提出以下的看法：

> 清朝統治者非常重視文治，大力提倡程朱理學，以加強思想的統
> 治。康熙御纂《性理精義》、《朱子全書》，並將朱熹從孔廟兩廡的先賢中
> 擡出，放在大成殿四配十哲之次，從思想上箝制人民〔註 89〕。

清廷對於經學的積極提倡，更表現在遣官祭祀孔子故里、翻譯五經等等〔註 90〕，從這些行為之中，可以看出清初時期，皇室對於經學發展的倡導情形。除了朝廷對經學的重視外，如欲全面帶動民眾學習經學的意願，勢必要誘之以利，故清廷乃以恢復科舉的方式，將民眾反清的意志，導向於經學的研讀，並以功名利祿的方式，來達到消解群眾的抗清意識。

　　清初開辦的科舉考試，雖能帶動習經的風氣，但民眾為能中舉以求功名，對於經學的研究，也產生負面的影響。茲說明如下：

　　（一）民眾以中舉為目的，遂紛紛改習四書，於是忽略五經的學習，如此則易致其功。竹垞對此甚感憂心，《曝書亭集》卷三十四〈合刻集韻類篇序〉中指出：

> 功名之士，習四子書，粗通一經，足以應舉，開口代堯舜禹湯文武
> 周公孔孟之言，朝士取其辭為諸生法式，古文奇字，安所用之〔註 91〕。

科舉是傳統士子躍登龍門的機會，既然學習四書典籍，粗備一經，即可赴試應舉，且易致其功，於是民眾紛紛改習四書，並視為中舉的捷徑，考其風尚，乃是起自

〔註 88〕關於科舉與經學之間的關係，說法詳見艾爾曼〈清代科舉與經學的關係〉，(《清代經學國際研討會論文集》，南港：中央研究院中國文哲所，民國 83 年 6 月)，頁 81～102。該文歷舉清代科舉與經學正統的關係，以及鄉試策論等改變等等，以說明清代科舉與經學之間的關係。歷來科舉大抵以經學的策論為主，是以科舉的恢復，不僅有其政治的意涵，而對於經學的推行，亦有其正面的功效。

〔註 89〕喬好勤：《目錄學》，(武昌：武漢大學出版社，1992 年 6 月)，頁 284。

〔註 90〕呂士朋：〈清代的崇儒與漢化〉，(《國際漢學會議論文集》(歷史考古組上冊)，南港：中央研究院編印，民國 70 年 10 月 10 日)，頁 534。

〔註 91〕參考註 11，卷三四，〈合刻集韻類篇序〉，頁 530。

元代。竹垞在〈經書取士議〉中指出：

> 元皇慶二年（1313），（四書）定爲考試程式，凡漢人、南人，第一
> 場試經疑二問，于《大學》、《論語》、《孟子》、《中庸》內出題，並用朱
> 氏《章句集注》，經義一道，各治一經，若蒙古、色目人，第一場經問五
> 條，以《大學》、《論語》、《孟子》、《中庸》內設問，亦用朱氏《章句》，
> 則舍五經而專治四書〔註92〕。

四書文句較少，研讀較易，若放棄五經的研習，轉攻四書研究，將增加中舉的機
會，使得經學的研究，乃日漸勢微。針對此一情況，竹垞提出改進之道：

> 試士之法，宜仿洪武四年（1371）會試之例，發題先五經而後四書，
> 學使、府、州、縣、衛，宜經書並試，亦先經後書，蓋書所同，而經所
> 獨，專精其所獨，而同焉者不肯後于人，經義書義庶幾並治矣〔註93〕。

爲求擴展五經的研究，乃主張應試之時，應先就五經出題，再試四書，使四書、
五經得以並治，如此一來，可以拓展研究的視野。竹垞的此項論點，也能獲得學
者的重視〔註94〕，更成爲清代考課學子的重要方式〔註95〕，終能扭轉民眾的習經
風尙。

清初民眾爲求中舉，乃無心舉業以外的科目，甚且未嘗寓目，以免淆亂考試
的內容，降低錄取的機會。《經義考》卷一百四十六，萬斯同《讀禮附論》下，引
陳光緯〈序〉云：

> 〈檀弓〉、〈曾子問〉諸篇，習禮者謂無裨於制舉業，而未嘗一寓目
> 焉，故求窮經者於文士之中，百不得一求；知《禮》者，於經師之中，
> 十不得一也〔註96〕。

〔註92〕參考註11，卷六十，〈經書取士議〉，頁699。

〔註93〕參考註11，卷六十，〈經書取士議〉，頁700。

〔註94〕見於張維屛《國朝詩人徵略初編》引《松軒隨筆》之文，（台北：明文書局，民國74
年），冊二一，頁424。

〔註95〕趙爾巽等撰：《清史稿》卷一百六，志八十一，選舉一，學校一，國學，頁3101指
出：「至是，請仿宋儒胡瑗經義、治事分齋遺法。明經者，或治一經，或兼他經，
務取御纂折中、傳說諸書，探其原本，講明人倫日用之理。治事者，如歷代典禮、
賦役、律令、邊防、水利、天官、河渠、算法之類。或專治一事，或兼治數事，務
窮究其源流利弊。考試時，必以經術湛深、通達事理、驗稽古愛民之識。三年期滿，
分別等第，以示勸懲。從之。令諸生有心得或疑義，逐條箚記，呈助教批判，按期
呈堂。季考月課，改四書題一，五經講義題各一，治事策問一」，可見其走向四書、
五經並重的考核方式。

〔註96〕參考註3，卷一四六，頁6。

陳光緯與竹垞爲同時之人,其所議論的時代風尚,恰好相近不遠。根據所論的內容,則經學的研習,受限於制舉的科目,使得民眾未嘗過目〈檀弓〉、〈曾子問〉等篇,導致「知《禮》者」,「十不得一也」的困境。經學的研習,明顯受限於考試的方式,致使某些考試不考的科目,則略而不看,降低民眾習經的素質。竹垞有感於此,乃纂輯《經義考》,以求能擴大研究的視野,有功於經學的發展。

(二)制舉之業,常謹守程朱之學,故未能廣究諸家之說。學者學習朝廷指定典籍之外,遂不再涉獵其他諸家的撰著,以免論點與舉業牴牾,喪失中舉的機會。〈周易輯聞序〉中指出:

> 迨後家守程朱之書,未暇廣究諸家之說,久之,本義單行,并程氏傳亦輟不復觀,況凡有小異朱子之說,爲制舉所不取,則見者非僅不觀,將唾而遠之,惟恐子弟之入於目,自隋迄宋,諸家之撰述,日至於放失無存也〔註97〕。

應舉士子謹守程朱之書,未敢稍異其說,遂棄其餘諸家不論,恐有害於中舉,此種的舉動,使得其他諸類經籍,遂散佚流失。其次,〈文淵閣書目跋〉云:

> 考唐、宋、元藏書,皆極其慎重,獻書有賚,儲書有庫,勘書有人,曝書有會。至明,以百萬卷祕書,顧責之典籍一官守視,其人皆黌生,不知愛重。而又設科專尚帖括,《四子書》、《易》、《詩》,第宗朱子,《書》遵蔡氏,《春秋》用胡氏,《禮》主陳氏。愛博者窺《大全》而止,不敢旁及諸家,祕省所藏,土苴視之,盜竊聽之,百年之後,無完書矣〔註98〕。

竹垞見到科舉的應試,僅重視《五經大全》等少數的典籍,造成其他經籍的佚亡,感到無比的痛心。面對這種研究的困境時,若無法另闢蹊徑,吸引學者的重視,則經學將喪失發展的舞台,是以主張擴大收錄的內容,使更多人能投注其中的研究。

(三)主考官爲求省事起見,常以經書文句命題,此種的作法,更加窄化經學的視野,是以科舉雖能帶動研經的風氣,但研究的內涵無法深入,有衰退的危機,且考官僅「取其辭爲諸生法式」〔註99〕,考生除通曉文辭外,更無需鑽研古義,以免多學礙事,降低中舉的機會。此時經學的學習,既以解經爲其能事,導致經書的研習,流於制式的分析,遂侷限學者的創發能力,使經學的研究,趨於淺薄。

綜合上述論點,明清科舉的應試,雖能激勵學者習經的風氣,但經學的發展,

〔註97〕參考註11,卷三四,〈周易輯聞序〉,頁419。
〔註98〕參考註11,卷四四,〈文淵閣書目跋〉,頁540。
〔註99〕參考註11,卷三四,〈合刻集韻類篇序〉,頁530。

卻日益淺薄，使得研究的範疇及深度，皆無法開展，遂陷入無形的困境。民眾在研經之時，僅重視四書的學習，甚至在經籍的研究上，僅崇尚朱子學說，對於其他諸家之說，卻略而不論，竹垞乃主張擴大經學研究範圍，使得經學的研究，能不受科舉制度的影響，兼顧四書、五經的研究，才能使其經學恢復創發力。

四、帝王自撰經籍

　　清廷帝室對於經學相當重視，爲了融入中國傳統的文化，皇帝也親自學習經學的課程，尤其是康熙皇帝，更是文治武功兼備，其對於經學的學習，頗感興趣，也能學有心得，更能親撰經籍，博采漢晉諸籍，以爲論發之據。盧見曾〈序〉云：

> 聖祖仁皇帝著《周易折中》、《詩》、《書》、《春秋彙纂》，皆博采
> 記傳，及漢、晉、唐、明諸書，而不專於一說，誠以經學非一家之言
> 所能盡也〔註100〕。

皇帝能自撰經籍，對於經籍研究的提倡，自然會有正面的貢獻。除上述典籍之外，在《經義考》卷一所錄御注之作中，尚有順治《御注孝經》；康熙《日講四書解義》、《日講書經解義》、《日講易經解義》、《孝經衍義》等，這些都是康熙二十九年（1690）之前完成的御注作品，顯示出清廷對於經典重視的程度。此外，御注、敕撰之書的體例，也會成爲後世編纂的參考，如上述所論《周易折中》等書，皆能以博采眾籍，不專主一說爲其特點，這種觀念的影響下，也會帶動博證風氣的發展，康熙其餘諸作，也都能以博綜群籍著稱，如《日講書經解義》則「取漢、宋以來諸家之說，薈萃折衷。」而成〔註101〕；《日講易經解義》是「參攷諸儒註疏傳義」所成〔註102〕；《孝經衍義》則是「徵引經史諸書，以旁通其說。」〔註103〕，諸如此類的撰著，皆可看出其綜理群書，薈萃折衷的著述觀念，影響所及，對於博證的推廣，亦有明顯的啓示作用。

　　清廷皇室對於御注經典的用意，在於「配合整飭吏治、教化臣民、爭取漢族學者」〔註104〕，在這些自撰或奉敕詔纂的經籍之中，清代帝王更爲「各書撰〈序〉，闡明編書目的及其要旨，披露各自研習孔孟之道和程朱理學的重要觀點，並以行政命令的手段，頒發給宗室、內外大臣及全國生童習誦，有的書還要求各級政府

〔註100〕參考註3，〈盧見曾序〉，頁1。
〔註101〕參考註3，卷一，頁3～4。
〔註102〕參考註3，卷一，頁4。
〔註103〕參考註3，卷一，頁6。
〔註104〕參考註83，頁536。

官員定期向鄉民宣講。」〔註105〕，這些政治上的諸多作法，勢必對於民間學習經籍的風氣，造成正面的影響。

　　中國經學位居四部分類之首，如要研究中國的歷史與文化，理應重視經學的研究。王俊義、趙剛在〈窺見清初經學堂奧的力作──評《清初的群經辨偽學》〉一文中指出：

> 在兩千多年的中國封建社會中，經學與歷代的政治、經濟、文化卻有著密切的聯繫，要深入研究中國古代的歷史與文化，理應重視對經學的研究，而不可將其永遠棄置「冷宮」〔註106〕。

經學與中國文化的發展，有著相當密切的關聯，若能研究其中演變的軌跡，將使我們掌握經學發展的脈動，並給予合理的評價。在我們研究經學課題時，也能結合當代的政治、社會、文化等因素，來透視經學發展的源起及其脈動。換句話說，文化的進退升沈，與其時代的形成、發展、衰落的軌跡，往往會呈現起伏交錯的狀態，若能研究其中演變的軌跡，將有助於探討其中的價值、風格。《經義考》的出現，正是受到當時政治、社會（經濟）、文化（學術）的交互影響，當我們瞭解其成書的背景時，也能得知其書目的特質，正與當時的學術風尚契合，更能開啓出日後經學研究的新頁。

〔註105〕參考註83，頁536。
〔註106〕王俊義、趙剛：〈窺見清初經學堂奧的力作──評《清初的群經辨偽學》〉，（台北：《中國文哲研究通訊》民國83年12月，四卷四期），頁97。

第五章　《經義考》的編纂

　　《經義考》在編纂之時，能廣納各類的文獻，其中更加以分類，頗便於查考，也能加以刪削、合併、考證、改編等等，使得該書雖承自前代書目，卻能自別於前書，成爲一部經學書目的佳作。清代經學的發展，乃是奠基在抄纂的基礎上，誠如錢穆先生在《中國近三百年學術史》中指出：「清代經學從鈔書工夫中來」〔註1〕，「抄書」成爲清儒奠定學識的重要途徑。竹垞重視抄書的過程，在其撰著之中，每見有「抄書」的記載，例如：《曝書亭集》卷三十九〈鵲華山人詩序〉曰：

　　　　（彝尊）中年好鈔書，通籍以後，集史館所儲，京師學士大夫所藏

　　弃，必借錄之。有小史，能識四體書，間作小詩慢詞，日課其傳寫，坐

　　是爲院長所彈去官，而私心不悔也。歸田之後，鈔書愈力，暇輒瀏覽，

　　恆資以爲詩材，於是緣情體物，不復若少時之隘，惟自喻於心焉。鵲華

　　山人善詩，其鈔書之癖，頗與予同〔註2〕。

竹垞自言中年之後，喜好鈔書，歸田之後，更能「鈔書愈力，暇輒瀏覽」，且承認染有「鈔書之癖」。又〈黃徵君壽序〉中有云：「（予）顧性好聚書，傳鈔不輟。」〔註3〕這些抄書的舉動，使其能廣泛的接觸各類的典籍，自能奠定其淵博的學識基礎，也有利於編纂的進行。錢穆先生更將《經義考》的編纂，列入抄書的名作〔註4〕，顯見其書的纂輯，業已深受學者的肯定。《曝書亭集》卷三十二〈史館上總裁第七書〉中指出：「纂修者，得以參詳同異，而不失之偏」〔註5〕，是以其在書目

〔註1〕錢穆：《中國近三百年學術史》上冊，（北京：中華書局，1986年5月），頁157的批語。

〔註2〕朱彝尊：《曝書亭集》卷三九，（台北：世界書局，民國78年4月），頁480。

〔註3〕參考註2，卷四一〈黃徵君壽序〉，頁502。

〔註4〕參考註1，上冊，頁157。

〔註5〕參考註2，卷三二，頁408。

的編纂上，能輯錄各家的解題，並加以考證釐訂，將不同出處的內容，加以剪裁排比，使其達到「不失之偏」的理想境界。

第一節　編纂的動機

　　清初經學的研究，普遍盛行朱熹學說，所謂「言不合朱子，率鳴鼓百面攻之。」〔註6〕，正是當時學術環境的寫照，如此一來，也侷限學者們的創發能力，更喪失許多的研究題材。面對如此的學術環境，許多的經學典籍，由於不受到重視，正逐漸湮滅不存。若要使經學的研究，能夠全面開展、茁壯，勢必要改善當時的學習風氣，才能進行全面的改造。《經義考》的出現，正為當時沈悶的經學環境，注入一股新生的力量，帶動全新的研究概念。來新夏在《清代目錄提要》中，率先指出其編纂的動機如下：

> 　　朱氏（彝尊）編撰《經義考》動機目的有二：其一，宋人大興懷疑
> 之風，對後世影響較大，以致先儒遺編，失傳者什九，編撰此書，期在
> 保存原始資料。其二，給經學研究者提供檢索方便〔註7〕。

若細究其說法，尚需加以補充說明：

一、擴大經學收錄範疇，以廣研究視野

　　明清之際，文士在科舉的利誘下，凡事以中舉為目的，使得經學的研究，偏向於四書的研習，至於傳統五經的研究，學者多略而不看。竹垞於〈道傳錄序〉中指出：「世之治舉業者，以四書為先務，視六經可緩」〔註8〕，處於這種時風之下，經學研究的視野，日益窄化，更造成典籍的亡佚不存。竹垞在〈寄禮部韓尚書書〉中指出：「見近日譚經者，局守一家之言，**先儒遺編，失傳者十九**〔註9〕。」由於清初的經學發展，普遍盛行朱子學說，所謂「以言《詩》、《易》，非朱子之傳義，弗敢道也。以言《禮》，非朱子之《家禮》，弗敢行也。推是而言《尚書》，言《春秋》，非朱子所授，則朱子所與也，道德之一，莫逾此時矣！」〔註10〕，這種「定於一尊」的學術環境，使得許多的典籍，由於不受到學者的重視，遂逐漸亡

〔註6〕參考註2，卷三五，〈道傳錄序〉，頁435。
〔註7〕來新夏主編：《清代目錄提要》，（濟南：齊魯書社，1997年1月），頁15。
〔註8〕參考註2，卷三五〈道傳錄序〉，頁434。
〔註9〕參考註2，卷三三〈寄禮部韓尚書書〉，頁414。
〔註10〕參考註2，卷三五〈道傳錄序〉，頁434～435。

佚，不存於世上。竹垞爲求改善研究的困境，乃倣效《文獻通考・經籍考》之例，旁搜博考，纂成《經義考》，想藉此拓展學者的視野，間接達到保存經籍的功效。

盧仁龍在〈《經義考》綜論〉中，指出竹垞拓寬固有經學範圍的具體作法，有如下三項：

> 首先是將《大戴禮記》、《國語》等書與十三經并重。……其次是設擬經一門，網羅那些規依群經，或與群經相表裏之作。……再次是樹恶緯一門，表彰先代廢絕之學〔註11〕。

上述所論三點，的確有拓寬經學視野的作用，但尚有其他要點，未能清楚論述，今說明於下：

（一）擴大收錄的時限：清初的經學研究，既是侷限在朱子學說上，學者的研究課題，也都圍繞在宋、明理學的範圍，爲求眞正達到拓展視野的效果，乃將蒐求的典籍斷限，上起自周、秦，下迄於清初，無形之中，能增加許多的研究題材，且使學者能注意漢儒訂詁之學，並非毫無任何的價值，使得學者在研治經學之時，也能重視經學的相關考證，學風遂趨於篤實。此外，「承師」五卷的考訂內容，將過去學者僅注意到漢儒傳授的體系，再擴展到孔子弟子以下，甚至對於宋代諸儒的傳授體系，也有相關的考訂成果，有助於研究視野的擴大。

（二）將單篇的經學著作，自全集、文集中裁篇而出，具有拓展研究內容的作用。過去的目錄學家，雖曾著錄單篇之作，但僅是著錄單行的撰著。然而，竹垞取材的角度，更放寬至全集、文集中取材，如《經義考》卷三二，陳慥《易說》，係取自《江湖長翁集》一書〔註12〕；又卷三十，呂祖謙《讀易紀聞》一書，竹垞案語云：「是編附載《集》中，始〈乾卦〉，至〈比卦〉。」〔註13〕，諸如此類的著錄方式，使得原本應附入本集之中，不該出現在經部的典籍，也能經過竹垞著錄之後，可以收致參考的功效，使得讀者擁有更多的參考文獻，以供佐證之用，若究其作法，則有擴大收錄的效果。

（三）在書目的分類類目之中，有些依據體裁而分，如「類書類」，有些依據本質分類，如「詩」、「書」等類，取裁標準的不同，易於造成歸類的差異，例

〔註11〕盧仁龍：〈《經義考》綜論〉（《中國經學史論文論集》下冊，林慶彰主編，文史哲出版社印行，民國 82 年 3 月），頁 419～420。

〔註12〕朱彝尊：《經義考》（台北：臺灣中華書局據揚州馬氏刻本影印，民國 68 年 2 月台三版），卷三二，頁 3。

〔註13〕參考註 12，卷三十，頁 8。

如：「易類」典籍，容易與道家類、五行類、神仙類、占筮諸類，相互混淆，在擴大收錄範圍之下，重新隸屬於「易類」，如《參同契》一書，本屬道家之籍，但竹垞衡量性質，乃將其收入「易類」中〔註14〕；又「尚書類」的典籍，容易與「章奏」、「雜史」、「天文類」、「地理類」等類目的典籍，相互混淆，為求擴大收錄的範圍，乃將原來分屬於史、子、集諸部的典籍，重新還歸相關的類目，這種收錄觀點的改變，使其著錄的內容，已非傳統經部所能涵攝，可以提供更多的研究素材。

（四）著錄的典籍，不再侷限於存籍，也能兼顧佚籍。若僅限於存籍，將使大量的佚籍，隨著典籍的亡佚，因而不受到學者的重視，縱使仍有片語隻言，存於其他典籍之中，亦會被學者忽視，若將佚籍歸入收錄的範圍，無形之中，能增加數倍的著錄數量，使得久佚的經籍，能受到輯佚學者的重視，更從而輯自類書、古注，使得有關經籍佚書的探索，也能受到學者的重視，更能增加經學研究的視野。

綜合上述所論，使得《經義考》的著錄數量，明顯超越過去的書目，不但能將置於史、子、集諸部的典籍，重新納入經學的範疇，也將單篇之作，自別集中裁出，足以提供更多的研究題材，甚至能帶動後來經籍佚書的輯錄與研究，如此一來，將擴大學者的研究視野，且在研究經學之時，將不再限於朱子的學說，更由於經籍受到重視，是以增加傳抄、刊印的機會，間接達到保存典籍的功效。

二、保存經籍微言大義，以考經籍內容

經籍既然流失嚴重，前賢的研究成果，將難以傳承下去，是以竹垞致力於經籍的考證，想藉以保存各經書的微言大義。《曝書亭集》卷三十三〈寄禮部韓尚書書〉指出：

> 自周迄今，各疏其（指：經籍遺編）大略，微言雖絕，大義間存，
> 編成《經義考》三百卷〔註15〕。

竹垞對於宋、元以來的經籍，在缺乏學者的表章之下，導致湮沒無存，表達出個人的強烈感慨〔註16〕，乃致力於經籍的考證工作，視其具體的作法如下：

〔註14〕參考註12，卷九，頁7。

〔註15〕參考註2，卷三三〈寄禮部韓尚書書〉，頁414。

〔註16〕陸隴其《三魚堂日記》卷下引竹垞之語云「宋元諸儒經解，今無人表章，當日就湮沒。」，（台北：新文豐出版公司，《叢書集成新編》冊八九，民國74年），頁94。

（一）竹垞輯錄大量的解題資料，可供查考經義的參考，例如：《周易》一書，即收錄一六三種的資料，用以提供讀者考訂的資料；其他，如《春秋古經》有九七種資料；《周官經》有八十種；《春秋傳》有七十八種，這些龐大的文獻資料，對於瞭解該書的內容要旨，能有其參考的價值。至於佚經的資料，也能收集各種文獻，以供考證之用，例如：《連山》一書，有七六種的解題；《歸藏》有七十三種，《漢一字石經》達四九種，這些解題的內容，均能涉及各經籍的微言大義，有助於研究各書的編排、內容、創發、價值、影響等等，可以透過這些解題的資料，得到基本的研究材料。

（二）透過竹垞案語的考證，其效力等同於前人的解題資料，尤其是案語所涉及的內容，十分複雜，對於瞭解各書的內涵，或前人的論點等等，皆能有所助益，說法詳見第七章第五節「案語體例」一節。在案語之中，每能輯錄各項佚文，對於瞭解各經籍的內容，也有參考的價值。竹垞在編纂之時，能透過考證的工夫，將資料的真偽、存佚、優劣等等，逐項提出辨證，且對前賢在分類、著錄等問題，均能提供個人的讎校、思辨之語，是以能形成完整的研究體系。

竹垞有鑒於典籍的微言大義，隨著典籍的亡佚不存，乃積極的輯錄各項解題，甚至撰有各種案語，來考察典籍的內容。我們透過解題、案語的說明，可以得知各經說的大義，使我們對於周、秦以下的經籍內容，能有較為完整的認識。

竹垞編纂《經義考》的動機，無非是想保留經書大旨，使其不致於泯滅而不彰，並藉由擴大研究的範圍，以便能吸引更多學者的興趣。這種觀念的改變，使得經學的探索，將不致於侷限在制舉一途，也能逐漸恢復到客觀的探討，更進一步帶動研經的風氣。竹垞著錄各種的經籍，並酌加考訂，使得清代經學的發展，能夠有個依循的方向，並藉由考證的內容，能夠選擇值得研究的課題。從清代經學的發展來看，許多經學的研究成果，均能依循此書的內容，來從事相關的研究工作，例如：四庫館臣在纂修《四庫提要》時，曾經大量利用其書的內容，來從事考證的工作，可見該書的編纂，對於清代經學的發展，實能產生指引的效用。三百年來，《經義考》的內容，仍保有指引治經的作用，其學術的價值與影響，實值得我們的重視。

第二節　編纂的程序

竹垞未能寫成〈自序〉，隨即身故，是以無法交代編纂的細節。因此，如要探

討其編纂的程序，必須從《曝書亭集》卷三十三〈寄禮部韓尙書書〉之中，可以窺知其要，茲列其文如下，以利論說：

> （朱氏）見近日譚經者，局守一家之言，先儒遺編，失傳者十九。
> 因做鄱陽馬氏《經籍考》而推廣之。自周迄今，各疏其大略，微言雖絕，
> 大義間存，編成《經義考》三百卷。分存、佚、闕、未見四門，於十四
> 經外，附以逸經、毖緯、擬經、家學、承師、宣講、立學、刊石、書壁、
> 鏤板、著錄，而以通說終焉〔註17〕。

下文即依據該文的內容，復參以文獻運用的體式，來推估其編纂的程序。

一、擬定體例

　　竹垞對於體例的重視，可見於《曝書亭集》卷三十二〈史館上總裁第一書〉中〔註18〕，該文力陳訂定體例的重要，所謂「體例之當先定者也」〔註19〕、「示之體例，俾秉筆者有典式。譬諸大匠作室必先誨以規矩，然後引繩運斤，經營揆度，崇庳修廣，始可無失尺寸也。」〔註20〕，據此，其主張在編纂之前，宜先擬訂「體例」，即所謂「當先定者也」。透過體例的擬定，可使「秉筆者有典式」，始能「無失尺寸」，顯示其對於體例的重視，實有正確的認知。其後，竹垞更於〈史館上總裁第三書〉、〈史館上總裁第四書〉、〈史館上總裁第五書〉、〈史館上總裁第七書〉中，屢陳「體例」的重要，讀者可自行參看原書。

　　竹垞既能重視體例的重要，在其編纂之初，勢必會先有「體例」的擬定，從其類目中有「宣講」、「立學」、「家學」、「自敘」四目，皆屬有目無書，可以得知其編纂之時，應該先設有各種類目，再依例輯錄，如此才不致於漏失研究的題材。除了類目的擬定之外，其在於內容的編排上，也隱含一定的體式，翁方綱《經義考攷正》卷第一引丁杰語云：

> 丁杰按：《經義考》體例，凡一人數書俱分行排列，此獨以先天圖
> 說附於《易解》之下，想其說既佚，不能辨其是一是二，故附於此，後
> 似此者同之〔註21〕。

在書名的排列上，往往有一人數書，俱作分行排列之例，此為其著錄的通例。竹

〔註17〕參考註2，卷三三〈寄禮部韓尚書書〉，頁414。
〔註18〕參考註2，卷三二，頁401～402。
〔註19〕參考註2，卷三二，頁401～402。
〔註20〕參考註2，卷三二，頁401～402。
〔註21〕翁方綱：《經義考補正》，卷第一，（台北：新文豐出版公司，民國73年6月），頁11。

垞在編纂過程中，雖未能撰有〈自序〉一項，藉以交代其編纂的體例，但從其編訂之時，係「倣鄱陽馬氏《經籍考》而推廣之」〔註22〕的作法來看，其編纂的體例，乃是模仿《文獻通考・經籍考》的體式，加以纂輯而成。竹垞在體例的安排方面，能不拘泥於舊法，並且根據實際的需要，來調整其編輯的體例，這種因時制宜的見解，乃是緣自於史學的見解。竹垞認為「作史宜先示體例」〔註23〕，至其所謂「此志之不相沿襲也」、「此傳不相沿襲也」、「則史蓋因時而變其例矣」等等，均可看出其反對抄襲，勇於創制的觀念，說法詳見第三章第一節「治學的觀點」。因此，在其類例的擬定、存佚的判例、乃至書名的排列，或是作者的著錄等等，皆有其特殊之處，值得我們重新探索，說法詳見本文第七章「《經義考》的體例」，茲不贅述。

二、抄輯資料

　　體例擬訂之後，必先從事資料的搜集，是以抄輯資料，成為編纂的重要程序。《經義考》既屬於輯錄體的書目，如要能大量的累積解題，必須不斷的收集資料，是以資料的抄輯，正是編纂的重要程序。根據竹垞抄輯的資料性質來看，大致可分為序跋、史傳、墓誌、地理志、書目解題等資料。竹垞在擬定體例之後，勢必要面臨抄輯的程序，我們雖無法瞭解其選錄的標準，但對其抄輯的方式，卻有初步的認識。王重民《中國善本書提要補編》〈史部・目錄類〉載有《經義考》的稿本，其下解題云：

> 清朱彝尊撰。按此為最初稿本，較刻本羨數倍。卷一始《連山》，
> 與刻本始「御撰」者絕異。每書著於一紙上，不足則以他紙續之〔註24〕。

從作者的殘稿本中，「較刻本羨數倍」的記錄來看，其書必定經過不斷的增補，才能奠定今日的規模。竹垞在抄輯資料之時，係廣搜文獻以備考訂，在其抄輯資料之時，必定經過多方的搜集，廣集文獻，為求整理的方便，乃「每書著錄於一紙上，不足則以別紙續之」，這種整理的方式，同於今日的卡片功用，以一紙著錄一書為限，乃是為了避免抄輯過多的敘錄，是以有預留謄寫的空間，以免各書的資料，多寡難定，需再重新抄纂，導致浪費整理的時間。如以現代整理概念來看，其抄輯的方式，確能符合編輯的便利，遠在三百年前的清代，即能擁有如此的整

〔註22〕參考註2，卷三三〈寄禮部韓尚書書〉，頁414。
〔註23〕參考註2，卷三二，頁402。
〔註24〕王重民：《中國善本書提要補編》，（北京：書目文獻出版社，1991年12月），頁125。

理方式，實讓人有著驚豔的感覺。

三、考訂朝代

　　竹垞在資料抄輯之時，先要有整理的概念，否則文獻過多，如何能整編定著，去其複重？我們從稿本的形態上，可以發現其整理的殘跡，乃在於事先考訂朝代，以便於排比。王重民《中國善本書提要補編》〈史部・目錄類〉載有《經義考》的稿本，其下解題云：

　　　　每書著於一紙上，不足則以他紙續之。右角下稍記朝代，以便排比，
　　可見古人輯書方式〔註25〕。

可見其能先行判別各書的朝代，將其注明在紙張的右下角，以便於排比之用。從《經義考》著錄的典籍來看，其排列的次第，能夠井然有序，略依時代先後排列，再衡諸稿本的形式，可以得知其編纂之時，能先行標記朝代，這種編纂的方法，實有其參考的價值，惜在《經義考》中，卻刪去「朝代」的著錄，使得讀者僅能依據其典籍的先後，再來考察其朝代，是以若能完全保留朝代的判定，將能提供更多的參考作用。

　　朝代的考訂，對於刪去複重的判定，有著正面的貢獻。由於竹垞著錄文獻頗多，且來源不一，若能依照朝代先後排列，且斟酌其典籍的類別，將有助於刪去複重的資料。當我們檢視《經義考》的著錄時，其中雖不免有所重複，但是數量不多，是以竹垞能擁有如此的成果，或許應該歸功於編纂之時，率先考察朝代所致。

四、刪併整合

　　根據王重民《中國善本書提要補編》所述，其稿本的內容，遠較刻本「羨數倍」〔註26〕，是以竹垞必定經過刪併整合的階段。竹垞重視整合的程序，其在編纂《瀛洲道古錄》之時，曾歷經「刪其重複，補其闕遺」〔註27〕的過程，後雖未能成書，但從其自言的編纂過程之中，可以證其纂輯之時，必能重視刪併補闕的程序。同理可證，其在於《經義考》的收錄上，由於徵引複雜，勢必也會經過整合的程序。在中國目錄學史上，早在漢代劉向、劉歆校理群籍時，即從事刪去複重、條其篇次的編纂工作，竹垞承繼古風，在資料的整合上，實能多所用心，使

〔註25〕同前註。
〔註26〕同前註。
〔註27〕參考註2，卷四四，〈跋洪遵《翰苑群書》〉，頁538。

得本書的體例，能夠達成一致性，不致於有過多的出入。

　　竹垞在整合方面，乃是逐步整理刪削，陸續完成，此點從稿本轉化到刊本的過程中，即可明顯感受其變化，吳政上《經義考索引》附錄一〈經義考提要及版本介紹〉中指出稿本的編輯體例有三：

　　　　（1）款目形式，在冊一（易）原作「某氏傳」，然自冊三以後始定爲「某氏某易傳」，並追改前冊，使畫一之。

　　　　（2）同一作者在同一類中有若干作品者，原將款目合錄於前而將引文（包括序跋及諸家論述等文獻）通次於後，其後乃將引文分次於相關款目之後。

　　　　（3）著者略歷次於題於及卷數之間，後來則改入引文之首〔註28〕。

此外，尚有如下幾點的調整：

（一）調整敘錄的先後

　　在稿本之中，可以看出其調整敘錄先後的情況，使得敘錄的排列次第，較符合時代的先後，例如：在《周易》十二篇下，分別錄有「《隋書》」、「司馬遷」、「皇甫謐」三項解題，竹垞乃於三項之上，分別標出「三」、「一」、「二」的次第，蓋依其排列的次序，應以「司馬遷」、「皇甫謐」、「《隋書》」爲序，觀以上編排的方式，能使資料呈現出先後的順序，實能符合編纂的法則，則其編輯的方式，能提供參考的價值。然而，竹垞原有的編排次第，亦非亳無作用，由於竹垞輯錄資料之時，係採取隨見隨錄的方式，故其「《隋書》」先錄，其下乃見到「司馬遷」、「皇甫謐」諸說，顯見竹垞取捨的次第，乃是《隋書》、「司馬遷」、「皇甫謐」三項，若能依序綜理，能得知其取材的順序。

（二）調整類目的排列

　　竹垞在類目的排列方面，明顯有調整整合的跡象，朱彝尊在《曝書亭集》卷三十三〈寄禮部韓尚書書〉中指出原有的次第如下：

　　　　（竹垞）見近日譚經者，局守一家之言，先儒遺編，失傳者十九。因傚鄱陽馬氏《經籍考》而推廣之。自周迄今，各疏其大略，微言雖絕，大義間存，編成《經義考》三百卷。分存、佚、闕、未見四門，於十四經外，附以逸經、毖緯、擬經、家學、承師、宣講、立學、刊石、書壁、

鏤板、著錄，而以通說終焉〔註29〕。

據此，頗與今日《經義考》的分類次第，有所不符。首先，上文指出以「通說」終焉，然今日類目的排列，則於「通說」之末，尚列有「家學」、「自敘」二項，且原來「家學」之目，係置於「擬經」、「承師」之間，這種類目排列的順序，已有明顯的改變。

竹垞在經過刪併整合之後，使其各項的安排，大致能符合先後的次第，這種安排的方式，將更符合現代學術的要求，可見竹垞在編纂之時，已有嚴謹的編輯觀念，能重視時代的先後次序，使得讀者易於查知各學者的相承關係，對於我們利用《經義考》的內容，也能有所幫助。

五、按類比附

在廣稽群籍，審訂朝代之後，必須按類比附，將其置入各類目之下，始能成為一部優秀的書目。根據上文所述，竹垞在擬定體例之時，顯然先定有類目，再依據典籍的性質，將其置入應屬的類目之中，這種處理的方式，也成為書目編纂的重要程序。透過按類比附的程序，可以重整編排順序，使其自成新目，也能便於檢索之用。

面對豐富的文獻資料，必須透過分類的整合，始能完成書目的編排。首先，在編纂之前，勢必要先有類目的安排，再按其類目的特性，加以摘編各類的文獻。竹垞對於類目的安排，業已打破過去書目的分類成規，使其能依據文獻的性質，復參以歷來經學流傳的概況，並酌分類目，再按類分編，如此一來，才能使得各類的典籍，能夠分所必分，且能合所必合。《經義考》的類目事項，共分成三十門類：御製、敕撰、易、書、詩、周禮、儀禮、禮記、通禮、樂、春秋、論語、孝經、孟子、爾雅、群經、四書、逸經、毖緯、擬經、承師、宣講、立學、刊石、書壁、鏤板、著錄、通說、家學、自敘等，其中宣講、立學、家學、自敘等四門原闕；至於「御製」、「敕撰」乃後來所加之目，應不是竹垞原意，是以竹垞類目雖三十門類，但實際應為二十八類，又從「宣講」、「立學」、「家學」、「自敘」有目無辭看來，應是事先備妥類目，再加以按類比附資料，且編纂的先後，乃是優先輯錄圖書的文獻，如易、書等類；其次，再殿以學理的相關史料，如逸經、承師等等，在其編纂的程序中，必是事先擬妥類目，再行按類比附，方始完成此書。

從類目的內容中，我們可以充份體會其個人的理念，以及其對學術的見解。

〔註29〕參考註2，卷三三〈寄禮部韓尚書書〉，頁414。

誠如周彥文《中國目錄學理論》對於簿錄學家在類目創新的詮釋：

> 歷代的目錄學家從來不要求自己或別人的書目的要盡量和前代的
> 分類相符合，相反的，在書籍歸類時和前人不同，一方面傳達了個人的
> 思想理念，另一方面更彰顯了這個時代對某些書籍，甚至是對某種學術
> 的獨特看法〔註30〕。

從竹垞的分類類目中，我們可以體會其分類的概念，並非以圖書的多寡，來成為
其分類立目的標準，如「樂經」雖佚，但為了健全經學體系，乃立有「樂」目，
藉以比附此類典籍；又類目間有創新，能超越前代書目的限制。綜而言之，朱氏
在分類的概念上，頗能符合「辨章學術，考鏡源流」的精神，這種分類的事項，
適足以彰顯其目錄的體系。

六、判別存佚

《經義考》兼及考證經籍的存佚情況，是以在編纂的程序上，勢必會有判別
存佚的流程，總括竹垞判別存佚的程序，可以分為二個階段，茲說明如下：

首先，《經義考》初名《經義存亡考》，這是因為該書在創制之初，先考及經
籍的存亡者也。然而，隨著編輯概念的逐漸成熟，遂加入「闕」、「未見」二項的
考察，且改「亡」為「佚」，於是《經義存亡考》便已不合時宜，遂改定為《經義
考》。關於整個改動的過程，可從稿本過渡到刊本的歷程中，明白其間的情況，吳
政上〈經義考提要及版本介紹〉中指出：

> （1）卷端題名原作《經義存亡考》，後以筆劃去「存亡」二字。就其筆
> 跡來看，改《經義存亡考》為《經義考》與改「亡」為「佚」的
> 時間相同，亦即冊四起，便已定名。
> （2）註例中，除了自冊四改「亡」為「佚」之外，自冊三以後已註有大
> 量的「未見例」，而冊四也有「闕例」。
> （3）此十冊中尚未引用「菉竹」、「聚樂」、「淡生」及「一齋」諸目，然
> 已出現了「未見例」。〔註31〕

據此，可知其判定之初，並非完全據當代藏書書目，來考訂「闕」、「未見」之例，
這可以看出竹垞在編輯觀念中，逐漸在轉換的過程。在整個編纂程序中，一開始乃
先判別朝代、存佚等等，但其後加入「菉竹」、「聚樂」、「淡生」、「一齋」諸目，故

〔註30〕周彥文：《中國目錄學理論》，（台北：臺灣學生書局，民國 84 年 9 月），頁 43。
〔註31〕參考註 28，附錄一〈經義考提要及版本介紹〉，頁 2。

其存佚的判定，勢必經過重新判斷的過程，故顯然是較爲後期之時，始成爲定讞。

竹垞在存佚的審訂上，既是逐漸轉換判斷的依據，是以其間標準會有所不同，當我們仔細審察全書時，亦可發現其刪改未盡的遺跡。如《經義考》卷二三四錄余允文《尊孟辨》一書，竹垞判別爲「存」，然其下案語則云：

> 余氏《尊孟辨》五卷，今惟辨「溫公《疑孟》」十一條；「《史剡》」一條；「李泰伯《常語》」十七條；「鄭叔友《藝圃折衷》」十條；附載《晦菴全集》中〔註32〕。

據此，有關《尊孟辨》的存佚判別，理應判爲「闕」籍，但竹垞卻判爲「存」籍，乃不符合判例。如若究其原因，則因爲《經義考》在纂輯初期，係以「存」、「亡」爲考察的事項，若依此二項的判別，則其書理應判爲「存」籍，是以竹垞在判爲「存」的部份，實係較早期的判定，但其後參以《菉竹》、《聚樂》、《淡生》、《一齋》諸目所藏，據以判別「未見」、「闕」等事項，但仍有部份典籍未及改正，說法詳見上文。又此類的例證頗多，如卷十七范仲淹《易義》〔註33〕、卷十七陳襄《易講義》〔註34〕、卷二四九瞿九思《六經以俟錄》等等，均可看出竹垞在存佚的考察上，有刪改未盡的情況，說法詳見第七章第四節「存佚體例」的考察。

七、案語考證

竹垞在編整書目之後，也嘗試酌加案語，藉以考察各經籍間的問題，蓋案語是其一生心血之所繫，能表現出考訂的方法、論證的結果等等，是以案語的寫作，往往是綜理各項解題的心得。從稿本之中的案語，與《經義考》的刊本相較，則案語的數量，遠不如刊本，可以得知其考證的過程中，係採取隨抄隨考的編排方式，若日後有考出的心得，則再行補錄之。因此，竹垞案語的寫作，可以看出其經學的觀念，以及其對各經籍的評價等等，頗具參考價值。案語的考證，勢必是全書編纂的重要程序。

《經義考》歷經竹垞整理程序之後，使得歷朝相關的經學文獻、著錄，在經過整合之後，能呈現在讀者的眼前，查考其書，能得知群經內涵。當我們仔細審核編纂的流程時，則優劣互見，然探討其整合的觀念及其成果，或許有助於吸取

〔註32〕參考註12，卷二三四，頁2。
〔註33〕參考註12，卷十七，頁7。
〔註34〕參考註12，卷十七，頁9。

其編纂的成果，且能學習其方法，也能檢討其中的利弊得失，以供日後編纂的參考。總而言之，歷代文獻學家所蘊積的纂輯經驗，均有待於我們加以承繼、總結，並加以改進。鑑古知今，可使我們避免前賢的失誤，使我們能夠站在前賢的基礎上，進一步改善編纂的錯誤，藉以提高編纂的素質。

第三節　題稱的標示

竹垞在《經義考》的編纂，係仿照馬端臨《文獻通考‧經籍考》的體例，多輯錄序跋、書目、文集等資料，並兼及方志、墓誌等等，其採書之博，輯錄之富，不得不使人嘆其編纂的用心，也增添本書的研究價值。早期涉於學風未密，訊息不廣，增添學者編纂的困難，尤其涉及文獻收錄的複雜，更增添整合的困難。《經義考》呈現出輯錄體書目的豐富內涵，但是在引書的題稱上，卻有前後不一的情形，這正是輯錄體書目的共通弊病。

竹垞在引書標示上，頗為複雜，一為書名（包含篇名）的標註，二為人名的標示，二者標示方式不同，為區隔其中的差異，故於人名的引用上，皆加標一「曰」字，以示區別。竹垞雖在徵引前賢資料時，曾標舉書名、人名，以示學說出於何處，但畢竟未能標示確切出處、卷帙，使讀者無法覆案原書，是以前賢曾糾彈其誤，尤其竹垞以「某人曰」來代稱其解題的出處，則其言之指歸無由見，甚且無益於後學的查考，故難免會落人口實。

綜合上述所論，大抵圍繞在書名、人名徵引的議題，尤其是竹垞在資料的徵引上，往往渾稱「某人曰」以代稱出處，究其作法，頗有其爭議性。若再細分其題稱，則不限於書名、人名等兩種方式，在重複組合之下，更增添題稱的複雜多變。下文即試圖釐析竹垞的題稱方式，藉以期白其中的變化，茲說明如下：

一、書名、篇名並稱

書名、篇名並舉的方式，是較為完善的引書方式。這種引書的方式，可使讀者據以稽核原書，以收參證之效，也較符合現代學術界的使用要求。如《經義考》卷二百八十七《漢一字石經》下，引及「《後漢書‧靈帝本紀》」、「《後漢書‧韓說傳》」〔註35〕等屬之，有關書名、篇名並記的方式，實屬較佳的引書方式，若能再加入書籍作者的引錄，將可避免同名異書的錯誤。

二、書名

〔註35〕參考註12，卷二八七，頁1。

單引書名，不引篇名的作法，雖能使人確知資料的出處，但若要還原原書，則勢必受到限制，難於翻檢，除非要能翻閱全書，方能確知資料來源，故此類的引證方式，仍有較大的不便。如《經義考》卷二百七十五，裴光庭等《續春秋經傳》一書下引「《冊府元龜》」〔註36〕，又同卷皇甫遵《吳越春秋傳》下引「《崇文總目》」〔註37〕等等，均係單引書名，卻不及篇名或作者等等，此類的引書方式，往往造成讀者還原時的困擾，若該書卷帙單薄，則在還原之時，尚屬易事。反之，若原書卷帙頗多，則要蒐檢原始出處，將勢必翻檢費時，因而事倍功半，加以可能產生同名異書的現象，是以有待改進。

三、篇名

在《經義考》引書題稱中，也有僅錄及篇名，未及書名者，此類的引證方式，大抵出於序跋一類的典籍，例如《經義考》卷二百七十八，趙秉文《法言微旨》引「秉文〈自序〉」〔註38〕，然其書判為佚籍，是以必非引自原書，但全篇出自何處，則要再加查檢，始能確知其出處，是以此類的引證方式，會造成讀者使用的困擾。

竹垞又有徵引單篇文章者，如《經義考》卷一八一，王剛《春秋統解》下引「元祐四年（1089）梓州路轉運使呂陶奏曰」〔註39〕，此篇是一篇奏文，應屬篇名的記載方式，但在引錄之時，則加入時間、官銜、人名等記載，顯得較為特殊，然若要檢尋原書，亦容易造成檢索的困擾。

根據上述所述，則篇名的徵引方式，由於未能說明確切出處，會增加讀者還原資料的困擾，使我們無法確知竹垞究竟引自何處，是以並非良好的引用方式。又某些僅標以「本傳」等，雖知其引自正史某傳，但若對作者的朝代不明，亦難於判讀確切出處，是以並非良好的標示方式，需要重新加以標示，以便能更清楚表達出處。

四、人名、書名並稱

人名、書名並舉的引書型式，可以避免同名異書的困擾，使讀者能確知其出處。此種引書的方式，較單引書名者為佳，但其中的缺點，亦如同單引書名一般，也要查考全書之後，始能確實覆案原文。如《經義考》卷二百八十七《漢一字石經》下引「楊衒之《洛陽伽藍記》」、「酈道元《水經注》」等屬之〔註40〕，然此類

〔註36〕參考註12，卷二七五，頁5。
〔註37〕參考註12，卷二七五，頁4。
〔註38〕參考註12，卷二七八，頁10。
〔註39〕參考註12，卷一八一，頁3。
〔註40〕參考註12，卷二八七，頁2。

的題稱，雖較單引書名爲佳，但亦非良好的引書方式。

另有相近的引書方式，則是姓氏加上書名者，如《經義考》卷一三八，戴德《禮記》下引「周氏《西麓涉筆》」屬之。又《經義考》卷一四〇，杜寬《刪集禮記》下引「杜氏《新書》」〔註41〕，其中「杜氏」爲人名「杜夷」之省稱，至於所謂的《新書》，乃是《幽求新書》的省稱，故此類的引書方式，皆非良好的引用方式，是以有待改進。

五、人名、篇名並舉

人名、篇名並舉的引書方式，多屬於單篇文章的引用，如《經義考》卷二百五十二，眞德秀《四書集編》下引作：「眞志道〈學庸集編後序〉」、「劉才之〈序〉」、「謝侯善〈後序〉」〔註42〕等屬之，此類的引證方式，多出自〈序〉、〈跋〉一類的內容，雖從其所論的內容，可以考知其出處，但仍不是良好的引書方式，若能再加上原書書名，其效果將會較好，否則仍有還原的困擾。

六、人名

竹垞單引人名，以代其出處題稱，如《經義考》卷二百九十《金太學石經》下引「于奕正曰」〔註43〕，同卷楊甲《六經圖碑》引「王象之曰」〔註44〕等屬之，此類題稱的引證，係竹垞常用的引證方式，然未能確實標明來源，是以常受到學者們的糾彈，乃係竹垞引書方式中，較不受到歡迎的一種引用方式。

又另有一種人名的標示方式，則由於不知確實姓名，故僅標其姓，如《經義考》卷一六八，《春秋古經》下引「女子曰」者，注解云：「『女』『汝』同。不知其名」〔註45〕，故「女子曰」，實乃「汝子曰」之稱，是則闕其名者。綜合上述所論的引證方式，若該作者撰著甚多，實難以確知其出處；若該作者撰著已佚，可能轉引自其他諸書，益發增添查考的困難，故此類的標示方式，猶有待重新釐清其出處。

七、人名加上敬稱

竹垞在人名的題稱上，亦有加上敬稱之詞者，如韓愈（韓子）、周敦頤（周子）、邵雍（邵子）、張載（張子）、程顥（程伯子）、程頤（程子）、朱熹（朱子）等等，

〔註41〕參考註12，卷一四〇，頁1。
〔註42〕參考註12，卷二五二，頁3～4。
〔註43〕參考註12，卷二九〇，頁5。
〔註44〕參考註12，卷二九〇，頁5。
〔註45〕參考註12，卷一六八，頁1。

均會增加還原上的困擾，如《經義考》二七八，揚雄《法言》下錄有「程子曰」〔註46〕者，卷二七一，蔡元定《皇極經世指要》下引「朱子曰」〔註47〕等等屬之，由於單示人名，以代出處題稱者，業已造成還原上的困擾，若再加上敬稱的省名，將更容易造成認知上的困擾。

又竹垞對自己親長，亦慣於加上「公」字，以爲區隔，如《經義考補正》卷第一，李鼎祚《周易集解》條下云：

> 此條下有潘恭定公〈序〉曰一條，其偁潘諡者，潘恩，字子仁，上海人。明嘉靖癸未（1523）進士。南京工部尚書，諡恭定，竹垞祖母徐之祖父也。竹垞此書終以家學自敘，儼若用馬班史例自成一家之言，故於所親不敢偁名如此，然義取尊經，考當紀實，司徒掾班彪，尚偁於《漢書》贊語，則於潘獨偁其諡，徒以留待後人考索耳〔註48〕。

是以此類加上敬稱之辭者，實無此必要，僅會增添後人考索的困難。

此外，竹垞在敬稱上，亦有加上「先生」二字者，如《經義考》卷六七，浦龍淵《周易辨》下錄有「嚴先生沆曰」、「葉先生方藹曰」等等，用以標明「嚴沆」、「葉方藹」二人。「先生」係敬稱之語，已無疑義，然嚴沆出生於明神宗萬曆四五年（1617），較竹垞年長約十二歲，且竹垞於康熙十七年（1677）時，曾受到嚴沆的荐舉，應試博學鴻詞科〔註49〕，是則有知遇之恩。至於「葉方藹」者〔註50〕，係爲竹垞應試時的主試官，時任職掌院學士，故稱其「先生」者，於理允當。整體而論，人名加上敬稱的引錄方式，會帶給讀者考索的不便，也非著錄的通則，故僅析出此例，以供參考。

八、缺錄題稱

在《經義考》中，亦有缺錄題稱，則以「□□□曰」著錄，如《經義考》卷二九七，頁十六有其例證。案：題稱的缺錄，致使讀者無法確知出處，且無法得知其缺錄的原因，僅析出此例，以供參考，其餘類此之例甚多，不一一贅舉。

綜合上述所論，我們有如下的結論，可供讀者參考：

〔註46〕 參考註 12，卷二七八，頁 7。
〔註47〕 參考註 12，卷二七一，頁 7。
〔註48〕 參考註 21，卷第一，頁 7～8。
〔註49〕 羅仲鼎、陳士彪：《朱彝尊詩詞選》附錄〈朱彝尊年譜〉，（杭州：浙江古籍出版社，1989 年 10 月），頁 224。
〔註50〕 根據姜亮夫：《歷代人物年里碑傳綜表》，則該書錄有「葉方藹」者，題其出生於清聖祖康熙二十一年（1682），疑其或爲卒年誤題所致。

（一）竹垞全書，往往僅能標示作者，卻未能標明出處的來源，歷來學者在探討其引書時，必定批評此一疏失，殊不知此點雖是竹垞撰書之缺，但衡諸當時學風，則其作法已較同期諸人爲佳。徐釚在《詞苑叢談・自序》一文，曾轉錄竹垞的引書概念，茲引錄如下，以爲說明：「捃摭書目，必須旁注於下方，不似世儒剿取前人之說，以爲己出者」〔註51〕。該文指出竹垞已有「捃摭書目，必須旁注於下方」的見解，顯見其對於引書的方式，已有正確的認知。竹垞甚至批評「剿取前人之說，以爲己出者」的作法，顯見當代學術的潮流，盛行抄襲前說，以爲己見的作法。我們再觀察與竹垞近乎同時的胡渭（1633～1714）見解，可以看出當時纂述風氣，乃是將前賢之作，加以改造，並據爲私有的行爲。胡渭在《禹貢錐指・略例》中說明：

> 近世纂述或將前人所言改頭換面，私爲己有，掠美貪功，傷廉害義，
> 予深恥之。故每立一義，必繫以書名，標其姓字，而以己說附於後〔註52〕。

胡氏對於當代學界的抄襲之風，亦深感可恥，且以「掠美貪功，傷廉害義」責之，然其所謂不「掠美貪功」的作法，亦僅是「每立一義，必繫以書名，標其姓字，而以己說附於後」，相較之下，竹垞能標示引書的題稱，亦可稱爲謹嚴有度，頗有可取之處。

（二）竹垞在引書的題稱上，往往有同書異名，標示不一的弊病，如此的作法，將增添讀者使用的困擾。如：有關「朱熹」的敘錄；或引作「《朱子語錄》」，如《經義考》卷七九，蘇軾《書傳》下〔註53〕；或引作「朱子」，如卷四，《周易》下；又作「朱熹〈序〉」，如卷一百五十二，《中庸集解》下〔註54〕。其他諸如史書的題稱，則更加善變，有僅題書名者，有書名、篇名共題者、有僅作篇名者、有題作「史傳」等等，諸如此類的情況頗多，是以竹垞在引書的題稱上，顯得紛雜難考，有待統一題稱體例，以便於讀者的使用。

（三）竹垞在引書的題稱上，有誤題的現象。竹垞在引書的題稱上，有誤題的情事，致使張冠李戴，而錯題主張。如《經義考》卷三錄有《歸藏》一書，其中《通考》卷二「《歸藏》」一目下〔註55〕，錄有「《崇文總目》」一項，而竹垞卻

〔註51〕徐釚：《詞苑叢談・自序》，
〔註52〕胡渭：《禹貢錐指・例略》，（台北：新興書局影「皇清經解」本，民國61年11月再版），頁2．
〔註53〕參考註12，卷七九，頁4。
〔註54〕參考註12，卷一五二，頁2。
〔註55〕馬端臨《文獻通考・經籍考》（上海：華東師範大學出版社，1985年6月一版一刷），卷二，頁47。

轉錄題作「《中興書目》」〔註56〕，此乃誤《崇文總目》爲《中興書目》的例證。此類的案例並非個案，其他如馬融《周官傳》卻被誤爲《後漢書》〔註57〕等等，均係誤繫書名之例，說法詳見第九章第二節「《經義考》謬誤例證舉隅」一文。

（四）竹垞在引書的題稱上，有缺漏的情事。在竹垞引書的題稱上，亦有缺漏的情事，僅僅以「□□□」爲其代表，故其漏誤要遠較其他方式更甚，有待改進者也。如：《經義考》卷二百八十酈露《赤雅》下，有解題引作「□□□」者〔註58〕、又《經義考》卷二百十七朱熹《論語集注》於朱子自述下，摘引「　日」，惟其中係爲空白，而非「□□」者，蓋或係板刻之時，一時誤漏所致，說法詳見第九章第二節「《經義考》謬誤例證舉隅」一文。

（五）引證非存世之書，然引用方式，與其他諸書並無不同，易使人誤認該書仍存世間，容易有誤判之虞。如《七錄》一書，原引自《隋志》小注，原書已佚，而竹垞所引，亦渾似其書或仍存於世間，是以歷來頗有糾彈，而其中以喬衍琯先生〈《經義考》及《補正》、《校記》綜合引得敘例〉一文，闡述較詳，茲引之如下：

> 朱氏（彝尊）引書，皆現存者，惟阮孝緒七錄已佚，而僅見於隋書經籍志注文，稱「梁有某某書卷若干」者。而朱氏皆直書七錄，一似七錄至今存者，似有未合。然據法應著「隋志著七錄云云」，方合於例，而其亦繁累無取。且此事本亦人所共知，朱氏不爲欺人。七也。〔註59〕

是以題稱方面，宜審慎其例，以免產生誤失。

（六）竹垞引書，有同名異書者，如徵引題作「錢謙益」者，則審其來源，出處凡三，一是《列朝詩集小傳》，二是《初學集》，三是《有學集》〔註60〕，是以同引「錢謙益」者，實出自三處來源，此乃同名異書之例。此一情況的出現，將增加考索文獻來源的難度，若該學者的撰著甚多，或篇幅甚廣，要一一尋覓其出處，實會增加不少的困難。

（七）竹垞引書，有同引一篇敘錄，卻前後題稱不一的現象，如《經義考》卷二三一，孟軻《孟子》條下引「晁說之」語，的確與卷二三二，趙岐《孟子註》的「晁公武」之說近同，故有一說兩見，但題稱不一的情況，審核其實，該文與

〔註56〕參考註12，卷三，頁2。
〔註57〕參考註21，卷第五，頁59。
〔註58〕參考註12，卷二八〇，頁7。
〔註59〕喬衍琯：〈《經義考》及《補正》、《校記》綜合引得敘例〉，（台北：《書目季刊》，民國74年3月，十八卷第四期），頁35～36。
〔註60〕楊晉龍：〈四庫全書處理經義考引錄錢謙益諸說相關問題考述〉，（《第七屆所友學術討論會論文集》，高雄：國立師範大學國文學系，民國87年5月），頁31～48。

《郡齋讀書志》之文相同，當屬於「晁公武」之說。這種敘錄內容相同，但引錄題稱不同的方式，其中必有一誤，容易導致讀者有錯用的情況。

　　綜合上述所論，竹垞在引書題稱方面，未能統一體例，因而增加使用者的困擾，其作法曾飽受學者的批評。因此，如要改進題稱的錯誤，必須統一題名方式，且能標示完整的出處，使讀者能確實得知引書的來源，並能還原原書的內容，如此一來，方能使書名題稱的複雜，可以得到完全的改正。

第四節　引文的方式

　　《經義考》是輯錄體的書目，其內容的主體，乃是輯錄前賢的序跋解題所致，透過這些龐大的文獻，足以提供讀者治經問學的指引。有關竹垞引文的方式，由於學者缺乏校勘與比對，是以多有錯誤的認知，有待重新反正者也。例如：鄭偉章、李萬健《中國著名藏書家傳略》云：

　　　　朱彝尊在書中（指：《經義考》）采用文獻原文著錄，一字不易，也不加自己的評論〔註61〕。

孫永如在《明清書目研究》中，亦持有相同的論點：

　　　　《經義考》以輯錄的形式，綱羅了古今各家對經書的意見，而且原文抄錄，不易一字，不加己見，使它實際上成為經學研究的資料匯編，它既可使初學經學者借此入門，又可使研究經學者作為資料運用，其功用實在大焉〔註62〕。

孫氏對於《經義考》的功用及價值，能有清楚、正確的認識，但其所謂「原文抄錄，不易一字，不加己見」的見解，實乃誤承前說，有臆測之識。今校理原書的內容，雖有不少原文抄錄，不易一字的引文方式，但刪略訛增之文，所在多有，是以學界對其引文方式的認識，實有重新釐測的必要。目前學界對於其書的校理，雖有校勘之作，如羅振玉《經義考目錄·校記》、吳政上〈經義考版本異文校記〉、林慶彰等《點校補正經義考》的完成，皆曾涉及文字的校勘，惜僅進行「對校法」，未能還原原文出處，故對於瞭解其引文的方式，未有助益。下文即試圖分析、釐訂，使讀者得知其改動情況，茲述之如下：

〔註61〕鄭偉章、李萬健《中國著名藏書家傳略》，（北京：書目文獻出版社，1986年9月），頁104。
〔註62〕孫永如：《明清書目研究》，（合肥：黃山書社出版，1993年7月），頁82。

一、直　錄

　　所謂「直錄」的引文方式，乃是根據原始的出處，據書直錄，絕不輕言改動文字，是以具有較高的參考價值。透過「直錄」的方式，乃是快速累積文獻的最佳方式，也較能符合現代學術的引用原則。竹垞既以《文獻通考・經籍考》爲其輯錄的基礎，是以對其輯錄的內容，往往採用直錄的方式，藉以累積其豐富的內容，此類的例證頗多，若能稍事排比，則例證隨處可拾。今試舉《周易口訣義》敘錄爲例，藉以觀察竹垞「直錄」的引證方式。首先，我們試舉《通考》引證的內容如下：

　　　　《崇文總目》：河南史證撰。不詳何代人，其書直鈔孔氏説，以便講習，故曰：《口訣》。

　　　　晁氏曰：唐史證撰。鈔《註疏》以便講習，田氏乃以爲魏鄭公撰，誤也。

　　　　陳氏曰：《三朝史志》有其書，非唐則五代人也。避諱作「證」字〔註63〕。

然細審《經義考》所錄的內容〔註64〕，則其著錄的順序、內容，率皆承自《通考》的資料，除了部份單字略有出入外，其餘的內容，皆與《通考》的內容相同。這種徵引的方式，不僅文句相同，甚且排列一致，更是直引的最佳例證。

　　直錄的方式，係正確的引文方式。竹垞雖能大量運用直錄的方式，卻仍與現代引文的概念，略有不同，杜松柏在《國學治學方法》中指出正確的引錄方式，其中所要注意的事項如下：「原文徵引，不但應註明出處，而且要忠實徵引，不可錯誤、不可改易」〔註65〕。竹垞直錄的引文方式，雖有註明出處，但與後世的著錄方式不同，尤其是渾稱「某人曰」者，更使讀者無法確知其出處，故有待還原者也。此外，竹垞在引文方面，雖大致採錄直錄的方式，但仍改動部份的文字，是以其內容的引用方式，仍不符合今日的引書概念。整體而論，竹垞直錄的引書方式，雖略有些許的瑕疵，但不失爲較佳的引文方式。

二、約　引

　　所謂的「約引」，或可稱爲「撮引」，乃是古代較爲常見的引文方式。杜松柏在《國學治學方法》中指出：

　　　　撮引，以原文過長，敘事繁複，不便全文納入正文，乃撮述其意，節縮文句，此之謂撮引〔註66〕。

〔註63〕參考註55，卷二，頁55。
〔註64〕參考註12，卷十五，頁7。
〔註65〕杜松柏：《國學治學方法》，（台北：洙泗出版社，民國80年10月），頁323。
〔註66〕同前註。

此類的引用方式，乃是主觀的擷取資料，將有利於考證的資料留下，卻刪去較不重要的內容，雖有便於節省篇幅，但卻易使文句不易通讀，甚且內容不全，致使失去參考的價值。茲舉《經義考》卷二十三，朱震《周易叢說》條下引「朱子」之說，以爲說明：

> 王弼破互體，朱子發用互體。互體自左氏已言，亦有道理，只是今推不合理處多〔註67〕。

然《通考》卷三所引的資料，則倍增於竹垞的引證，可見竹垞亦有擅自刪略的行爲，茲引《通考》所錄內容如下：

> 《漢上易》卦變，只變到三爻而止，於卦辭多有不通處，某更推盡去方通。如〈無妄〉「剛自外來而爲主於內，」只是初剛自〈訟〉二移下來。〈晉〉「柔進而上行」，只是五柔自〈觀〉四挨上去。此等類按《漢上》卦變，則通不得。王弼破互體，朱子發用互體。朱子發互體，一卦中自二至五又自有兩卦，這兩卦又伏兩，林黃中便倒轉推成四卦，四卦裏又伏四卦，此謂互體。這自那風爲天於上，上有箇〈艮〉之象來。互體自左氏已言，亦有道理，只是今推不合處多。一卦互換是兩卦，伏兩卦是四卦，反看又是兩卦，又伏兩卦，共成八卦〔註68〕。

根據上述的比勘中，我們可以發現竹垞共刪去如下三段文句：

（一）《漢上易》卦變，只變到三爻而止，於卦辭多有不通處，某更推盡去方通。如〈無妄〉「剛自外來而爲主於內」只是初剛自〈訟〉二移下來。〈晉〉「柔進而上行」，只是五柔自〈觀〉四挨上去。此等類按《漢上》卦變，則通不得。

（二）朱子發互體，一卦中自二至五又自有兩卦，這兩卦又伏兩，林黃中便倒轉推成四卦，四卦裏又伏四卦，此謂互體。這自那風爲天於上，上有箇〈艮〉之象來。

（三）一卦互換是兩卦，伏兩卦是四卦，反看又是兩卦，又伏兩卦，共成八卦。

是以同屬一段的文字，卻被竹垞刪錄不全，導致前、中、後三段文字未能連貫，且內容缺錄甚多，諸如此類的輯錄方式，不僅任意節錄內容，甚或拼湊文字，使得文句不順，且造成文字的缺漏，喪失參考的價值，諸如此類的引證方式，皆有

〔註67〕參考註12，卷二三，頁8。
〔註68〕參考註55，卷三，頁79。

待補足漏闕的文句，以還其原書的原貌。

三、訛　增

在《經義考》的引文中，往往有訛增的現象。所謂的「訛增」，乃是編者在輯錄過程中，擅自加入一些附屬的文句，使其文句與原文不符。例如：《經義考》卷十四郭京《易舉正》引「洪邁」之語，其中誤入如下文句：「行書向下，引腳稍類言字，轉寫相仍故」〔註69〕。審其文句的內容，應類屬案語或注文的說明，雖不能明白其致誤之因，但《文獻通考・經籍考》〔註70〕未錄上述文句，應係訛增之句。

在訛增的內容中，有些屬於註文誤入正文的現象。例如：

　　註云：『聖人用之，上以亨上帝，而下以養聖賢』〔註71〕

　　注曰：『賢德以止巽，則居風俗以上巽，乃善。』〔註72〕

此類差異是注文訛增所致，至於增加的內容，恰巧以一段註文爲其段落。此類的註文，在引用之際，原應在刻印之時，採取雙行夾注的方式呈現，惜在抄錄過程中，未能確實析出；或是緣自刊印的失誤所致。另有一些註文的訛增，未能標示「註云」、「注曰」等字樣，但考求原來的出處，可得知其爲註文誤入之故。例如：《經義考》卷七關於京房《易傳》條下引「晁說之」之語的敘錄，其中在「謂之積會（含）」下，訛增如下的註文：

　　　　於中而以四爲用，一卦備四卦者，謂之互。乾建（坤）甲子於初，

　　坤建甲午於上八卦之上，乃生一世之初〔註73〕。

此段文字訛增三十八字，若再細考其出處，則是《通考》的註文〔註74〕，這是註文闌入正文的最佳例證。古書在徵引過程中，常會產生注文誤入正文的現象。洪湛侯在《中國文獻學新編》中指出：

　　　　古書之中，注文混入正文、附記誤爲正文，更是習見不鮮。這些亂

　　入的文字，雖然也非古書原先所有，也屬於古書的附益，但畢竟是後出

　　的誤例〔註75〕。

雖然在古書的引錄上，此類的案例，係隨處可拾，但卻不能視爲通則，畢竟此類

〔註69〕參考註12，卷十四，頁9～10郭京《易舉正》引洪邁之語。

〔註70〕參考註55，卷二，頁51。

〔註71〕參考註12，卷十四，頁9～10郭京《易舉正》引洪邁之語。

〔註72〕參考註12，卷十四，頁9～10郭京《易舉正》引洪邁之語。

〔註73〕參考註12，卷七，頁3。

〔註74〕參考註55，卷二，頁42。

〔註75〕洪湛侯：《中國文獻學新編》，（杭州：杭州大學出版社，1995年6月），頁79。

的例證，與原書內容不符，且會增加讀者辨識的困擾，故不足以取法。

除了注文誤入正文之外，尚有一類的例證，疑是竹垞案語雜廁其中，如《經義考》卷七十六，伏勝《尚書暢訓》下引「晁公武」之說，考《經義考》訛增下列文句：「目錄凡四十一篇，康成銓次爲八十三篇，今本四卷，首尾不倫。」〔註76〕晁氏之文見載於《郡齋讀書志》卷一、《文獻通考・經籍考》卷四，然均無上述之語，顯係爲訛增之句，若視其訛增之文，則似爲竹垞案語誤入之故。又京房《易傳》條引「晁公武」之說，亦訛增下列文句：

> 或共題《易傳》四卷，而名皆與古不同。今所謂京氏《易傳》，或題曰《京氏積算易傳》者，疑隋、唐志之錯卦是也。錯卦在隋七卷，唐八卷，所謂《雜占條例法》者，疑隋志之《逆刺占災異》十二卷是也。至唐《逆刺》三卷，而亡其八卷。元祐八年，高麗進書，有京氏《周易占》十卷，疑隋《周易占》十二卷是也〔註77〕。

該文出自《郡齋讀書志》卷一、《文獻通考・經籍考》卷二，然均無上述文句，若審其文句的起點，則在《經義考》的行首，且視其語氣，與竹垞考證案語雷同，由於其中的文字，並不見於《郡齋讀書志》與《通考》二書，審其內容、性質，應是竹垞案語誤入的緣故。

此外，尚有一些訛增的文句，乃是竹垞根據原書所記，再行補全資料，其中雖有參考的價值，卻與原文不符，不足取法。例如：《經義考》卷二十五鄭東卿《易卦疑難圖》條下徵引「陳振孫」之文，考《直齋書錄解題》、《通考》原文皆題作：

> 邱程字憲古，有詩曰：「《易》理分明在畫中」。又曰：「不知畫意空箋註，何異丹青在畫中」〔註78〕。

其中原詩僅錄三句，但竹垞在徵引此段文字之時，則補足原詩的內容，茲引其內容如下：

> 丘程字憲古，嘗有詩曰：「《易》理分明在畫中，**誰知《易》道畫難窮**。不知畫意空箋註，何異丹青欲畫風〔註79〕。」

除了部份文句略有出入之外，竹垞更明顯的增入一句「誰知《易》道畫難窮」，藉

〔註76〕參考註12，卷七六，頁1。
〔註77〕參考註12，卷七，頁3～4引「晁公武」之說，該引文參見註55，卷二，頁42～43；晁公武：《郡齋讀書志》卷一，頁81～82。
〔註78〕陳振孫：《直齋書錄解題》（京都：中文出版社影武英殿聚珍版原本，1984年5月再版）卷一，頁436。又參考註55，卷三，頁85。
〔註79〕參考註12，卷二五，頁1。

以補足原詩的內容，此舉雖有助於詩句的完整，但已非原來《直齋書錄解題》所題的內容，如就編纂概念來看，則有「畫蛇添足」之失。

綜合上文所論，訛增的內容，大抵係註文、案語誤入的緣故，甚或是竹垞妄加所致。此類訛增的文句，往往會造成判讀的錯誤，誤以訛增之句，為原來文句，長久以往，訛增的問題，若未能即時釐正，將會造成後世學者在研究、輯佚上的錯誤，是以訛增的問題，必須率先考辨，才能確實掌握成果。

四、抽　換

竹垞在輯錄的過程中，面對不同出處的內容，曾依據資料的優劣，加以抽換其內容，其中抽換的情形，又有如下幾項的差異：

（一）根據完整的資料來源，進行內容的抽換，藉以保留較高的參考價值

《通考》所錄的內容，有節錄他書的情況，因而與原書不同，竹垞則在輯錄的過程中，尋出原來的出典，並據以改換成完整的內容，不僅改進《通考》摘錄的缺失，也增加研究的價值。此類作法，又以〈序文〉、史傳的內容居多，茲分項說明如下：

在〈序文〉抽換方面，例如：《通考》卷三，晁以道（說之）《古易》下引「陳氏（振孫）」之說〔註80〕，該文率先徵引晁以道之說，其次始證以己說。《經義考》卷二十則分為二項，於「晁以道」之說，則補足原文，並得知其文為該書〈序文〉〔註81〕，是以《通考》所引的資料，乃為約略之文，竹垞乃據原〈序〉的內容，加以補齊全文，是以此類的替換，實有其正面的價值。其他諸如《經義考》卷十九，呂大防《周易古經》錄有呂大防〈自序〉一則，《通考》將其繫於「晁公武」之說下，蓋係晁公武節錄之文，竹垞則取自原〈序〉資料，藉以補足原書的闕漏，諸如此類的替換，將能提供更完整的資料，也較能符合原說的面貌。

在史傳抽換方面，如：《經義考》卷七十七牟長《尚書章句》引《後漢書》之例，《通考》僅錄作「本傳」，且文句較為粗疏，係節錄之文，但竹垞根據的內容，係出自《後漢書》，內容較為完備。

一般而言，此類的改換，係根據完整的資料加以補錄，使《經義考》引錄的資料，能有更完整的內容。當然，並非所有的資料，都能根據第一手的資料，加以改換。例如：邵古《周易解》一書，竹垞所錄「晁公武曰」的內容，即同於《通

〔註80〕參考註55，卷三，頁77。
〔註81〕參考註12，卷二十，頁6。

考》節錄之文，並非取自《郡齋讀書志》的原文，實爲可惜。竹垞在重整資料之時，曾換以較完整的內容，惜非全面行之，稍顯可惜，若能全面抽換較爲完整的內容，將能提高其參考的價值。

（二）竹垞以意定取，任意改換文句內容，而無定式

竹垞曾任意改換文句的內容，至於改換之由，則無從審知，例如：《通考》亦引「葉適」之文：

> 今孔氏《尚書》，本所謂《古文尚書》，出魯恭王毀孔子宅所得也。孔安國爲之傳，會巫蠱事作，不得列於學官。故漢儒雖揚雄之徒，多未之見。西漢所傳，歐陽、大小夏侯三家而已。揚雄《法言》稱〈酒誥〉之篇俄亡矣。〈藝文志〉所謂劉向以中古文校歐陽、大小夏侯經文，〈酒誥〉脫簡一，召誥脫簡二者也。惟太史公嘗從安國授書，故班固云遷書載〈堯典〉、〈禹貢〉、〈洪範〉、〈微子〉、〈金縢〉諸篇多古文說，今史說所引《書》及〈敘〉，皆與孔氏本合。其餘諸儒所引字與訓詁，或不同者，皆出歐陽、大、小夏侯氏三家也〔註82〕。

此段文句，頗有參考價值，在於述說整個校讎的成果，然竹垞不取用此文，卻改換成他文。《經義考》卷七十六孔安國《尚書傳》項引「葉適」之語云：

> 安國《書傳》，言典墳至夏、商、周，誥義奧雅，歷代以爲大訓，旋復言討論。墳典艾繁翦浮，則是孔子并大訓，亦去取也，豈有是哉〔註83〕。

二者內容截然不同，雖則竹垞徵引的內容，亦有參考的價值，但非取自《通考》的文句，乃逕自換以彼說，是以雖同出「葉適」之說，然內容絕不相同，至於改換的原因不詳，若能分錄二項解題，將使內容更加詳整。

又《經義考》卷九十五錄有胡瑗《洪範口義》一書，其中引證晁公武敘錄如下：「胡翼之《洪範解》，皆其門人所錄，無銓次首尾」〔註84〕。然細審《通考》卷四所引資料如下：「胡瑗翼之撰。皆其門人所錄，無銓次首尾」〔註85〕。《洪範口義》即《洪範解》，二者爲同書異名之例。竹垞據《宋志》引作《洪範口義》，但敘錄引自《通考》，卻題作「《洪範解》」，爲使讀者不致誤認二書，故改動「晁公武曰」的文句，補入「《洪範解》」三字，雖有助於讀者瞭解原文，但卻離其本文稍遠，實無此改動的必要。

〔註82〕參考註55，卷四，頁108～109。
〔註83〕參考註12，卷七六，頁5。
〔註84〕參考註12，卷九五，頁6。
〔註85〕參考註55，卷四，頁114。

　　又另有一種改換，其中的內容相近，但審其文字風格，則不類原書的內容，應係竹垞刪改所致。如《經義考》卷八十一錄「朱子」敘錄一則云：

　　　　伯恭直是說得書好，但〈周誥〉中有解說不通處，只須闕疑，伯恭卻一向解去，故微有尖巧之病〔註86〕。

《通考》卷四引及《朱子語錄》云：

　　　　呂伯恭解《書》，自〈洛誥〉始。某問之曰：「有解不去處否？」曰：「也無」。及數日後，謂某曰：「《書》也是難說，今只是強解將去爾」。要之，伯恭卻是傷於巧〔註87〕。

審竹垞所錄朱子之論，與《通考》所錄《朱子語錄》的內容，有互異的情況，然其中文字，亦有所關聯，此類的案例，應是編者根據原文改編所致，雖較為簡潔易懂，然離其原文甚遠。上述所論的差異，則多係竹垞以意定取，多無常理可言，惟讀者在轉錄內容之時，宜稍加留意，以免有錯引內容的情況，使研究成果失去準據。

（三）書名誤換作他書，有「張冠李戴」之嫌

　　如《經義考》卷三《歸藏》條下引《中興書目》云：

　　　　《歸藏》，隋世有十三篇，今但存〈初經〉、〈齊母〉、〈本著〉三篇，文多闕亂，不可訓釋〔註88〕。

同樣的資料，見於《通考》卷二，然卻引作《崇文總目》，而非《中興書目》：

　　　　晉太尉參軍薛正註。隋世有十三篇，今但存〈初經〉、〈齊母〉、〈本著〉三篇，文多闕亂，不可訓釋〔註89〕。

文雖小異，仍合於竹垞改作的通則，惟誤將《崇文總目》改作《中興書目》，使內容錯亂，乖離事實。

　　綜合上文所述，改換之法的良窳，端視編纂者對資料處理的差異，是以會有不同的評判。如若能還原原始出處，補全缺漏的內容，則能增加原書的參考價值。反之，若屬任意改換，致使離原書本貌甚遠，則此類的改動，尚不如據書直錄，使讀者可以自判，否則妄意的改換，僅會徒增後人整理文獻的困擾。

五、倒　置

　　所謂的「倒置」，係指引錄過程中，發生內容前後顛倒的情形。這種倒置的方

〔註86〕參考註12，卷八一，頁5。
〔註87〕參考註55，卷四，頁123。
〔註88〕參考註12，卷三，頁2。
〔註89〕參考註55，卷二，頁47。

式，常發生於簡冊的時代，即一般所謂的「錯簡」。然而，當步入書冊時代後，則較少出現此類的情況。但我們在校錄《經義考》的引文時，曾經發現有前後倒置的現象，這種倒置的原因，多半是出自抄錄、校對疏失所致。例如：王昭素《易論》條引晁公武之語：

> 昭素居酸棗，太祖時，嘗召令講《易》，其書以註疏異同互相詰難，蔽以己意。昭素隱居求志，行義甚高。史臣以王烈、管寧比之〔註90〕。

至於《經義考》則引作：

> 昭素隱居求志，行義甚高，史臣以王烈、管寧比之。太祖時嘗召令講《易》，其書以注疏異同互相詰難，蔽以己意〔註91〕。

審晁公武《郡齋讀書志》之文，同於《通考》所錄的文句，故《經義考》所錄的引文，適巧有倒置之誤。整體而言，字句參差的情況較為常見，但倒置的情事，由於涉及整段文句的互換，故其發生率較低，但此類例證，亦非孤證。又《經義考》卷七十九引《朱子語錄》之語：

> 王氏說傷於鑿，然其善亦有不可掩處。荊公不解《洛》、《誥》。但云「其間然有不可強通處，今姑擇其可曉者釋之」。今人多說荊公穿鑿，他卻有如此處，後來人解書，卻須盡要解〔註92〕。

《通考》卷四則引作下列文句：

> 荊公不解《洛》、《誥》。但云「其間然有不可強通處，今姑擇其可曉者釋之」。今人多說荊公穿鑿，他卻有如此處，後來人解書，卻須盡要解。王氏說傷於鑿，然其善亦有不可掩處〔註93〕。

竹垞將「王氏說傷於鑿，然其善亦有不可掩處。」誤置於前，故有錯倒的情事。又《經義考》卷一百二十三《周官制度精華》引「朱子」一項：

> 上半冊陳君舉，下半冊徐元德〔註94〕。

此項敘錄見載於《通考》卷八，陳君舉（傅良）《周禮說》下引「朱子語錄」云：

> （節錄）下半冊徐元德作，上半冊即陳君舉所奏《周官說》〔註95〕。

竹垞在引錄此文之時，乃恰好前後相反，有倒換的情形。諸如此類的差異，多是

〔註90〕參考註55，卷二，頁59。
〔註91〕參考註12，卷十六，頁3。
〔註92〕參考註12，卷七十九，頁6。
〔註93〕參考註55，卷四，頁116。
〔註94〕參考註12，卷一百二十三，頁3。
〔註95〕參考註55，卷八，頁196。

緣於輯錄過程中，所發生的誤失，讀者在運用之際，宜謹慎留意，否則仍會導致錯用的情況。

竹垞雖有「倒置」的情況，其前後錯亂的情形，皆是一段完整的段落，尚不至於妨害原文的解讀，故情況並不嚴重，只是引文理應合乎原來的內容，不該前後錯倒，才能符合現代引用的原則。否則，千百年後，文字異動的情況，若不能得到釐正，則學者在輯佚之時，亦會有錯亂的可能，是以此類的情形，亦應特別注意，以免有遺誤後學之舉。

六、併　合

竹垞在徵引的過程中，除了改換之外，尚有併合不同的資料，使其成為一項解題。例如：《經義考》中鮮于侁《周易聖斷》條下引晁公武之說：

> 鮮于子駿，景祐中登進士乙科，元祐中仕至諫議大夫。是書本之王弼、劉牧，而時辨其非，且云：「眾言淆亂，折諸聖，故名其篇曰：《聖斷》」〔註96〕。

考《郡齋讀書志》卷一《周易聖斷》條云：

> 右皇朝鮮于侁于駿撰，本之劉弼、王弼而時辨其非，且言眾淆亂，折諸聖，故名其篇曰：《聖斷》〔註97〕。

《經義考》所錄的內容，明顯多出：「景祐中登進士乙科，元祐中仕至諫議大夫。」諸字，當我們進一步檢視《郡齋》的其他內容，另於卷十九《鮮于諫議集》下的敘錄，看到上述的缺文，茲引該篇敘錄如下：

> 右皇朝鮮于侁，字子駿。閬中人。景祐中，登進士乙科，神宗初，上書。上愛其文，以為不減王、陶。元祐中，仕至諫議大夫。侁治經術有法，論著多出新意，晚年為詩與楚尤精，世以為有屈、宋風，族姪之武編次有序〔註98〕。

竹垞合併二篇文獻，使其成為一篇解題，正是所謂「併合」之法。此類的例證，原應分屬二筆文獻，卻被併合成一篇，致使與原文出入甚大，均有待釐正者也。「併合」現象的發生，並非屬於單一事件，在《經義考》的引文中，常見有併合資料的情形。茲再舉數例，以為說明：

〔註96〕參考註12，卷十九，頁9。
〔註97〕晁公武：《郡齋讀書志》（京都：中文出版社影武英殿聚珍版原本，1984年5月再版）卷一，頁86。
〔註98〕同前註，卷十九，頁300。

（一）《經義考》卷十九王安石《易解》條引「晁公武」之說，實則併合《郡齋讀
　　書志》卷一《易解》及卷十九《臨川集》的說明。

（二）《經義考》卷十九《易說》條引「晁公武」之說，實則併合《郡齋》卷一《易
　　說》條及卷十九司馬文正公《傳家集》的說明。

（三）《經義考》卷十九呂大防《周易古經》引「晁公武」之說，實則併合《郡齋》
　　卷一《周易古經》及卷十九《呂汲公文錄》的說明。

（四）《經義考》卷二十一呂大臨《易章句》引「晁公武」之說，係併合《郡齋》
　　卷一《易章句》及卷十九呂與叔《玉溪集》的說明而成。

（五）《經義考》卷十五引《麻衣道者正易心法》項引「朱子」之說，則係併合《晦
　　庵先生文集》卷八十一〈書麻衣心易後〉、〈再跋麻衣易說後〉之文。

（六）《經義考》卷二十三胡銓《易傳拾遺》項引「陳振孫」之說，係合併《直齋
　　書錄解題》卷一《易傳拾遺》及卷十八《澹庵集》的敘錄而成。

竹垞在整理文獻之時，常會誤併資料，導致原應分屬二項資料，卻因處理的不當，
使得引文未能符合原文，雖有助於參考，但卻離事實甚遠。在上述舉證的內容中，
雖大抵集中在轉引「晁公武」之說上，但並非完全發生在「晁公武」的引文上，
其他諸如「朱熹」、「陳振孫」等引文的內容，亦曾出現類似狀況，甚至不單純發
生在書目的徵引上，只要是討論同一著作、同一作者的敘錄內容，均有可能發生
併合的現象，如上述第五項舉證的「朱子」之說，即是併合《晦庵先生文集》中
的二篇文章所致。另外，在併合的過程中，亦非單純就二項資料進行整合，甚至
加入三項資料，加以拼湊而成，例如：《經義考》卷三十著錄呂祖謙《古易》下引
「陳振孫」之言，則是併合《直齋書錄解題》卷一《古易》、卷一《繫辭精義》、
卷十八《東萊呂太史集》等敘錄而成。竹垞在併合的過程中，顯然是希望提供更
多的參考資料，導致其在抄輯過程中，有任意併合的現象，但此類的安排，不僅
會改變原文的面貌，也不符合現代編纂的概念，是屬於錯誤的引書方式。

　　上述資料併合的案例，大抵是源自同一出處，但也有不同出處的合併，例如：
《經義考》卷二十一張弼《葆光易解》條引「晁公武」之說，即將不同出處的資料，
加以併合而成，茲將《郡齋讀書志》、《通考》、《經義考》所錄之文，條列如下：

　　　右皇朝張弼，興化軍人，章惇薦於朝，賜號葆光處士。紹聖二年
　　（1095），黃裳等再薦之詔，以為福州司戶、本州教授。其易學頗宗鄭氏
　　〔註99〕。

　　弼，莆田人，字舜元。紹聖中，章惇薦於朝，賜號葆光處士。後黃
裳等再薦，詔以爲福州司戶、本州教授。其學頗宗鄭氏〔註100〕。

　　弼，興化軍人，字舜元。章惇薦於朝，賜號葆光處士。紹興（當
作紹聖）二年，黃裳等再薦之詔，以爲福司戶、本州教授，其學易頗
宗鄭氏〔註101〕。

從上述所列的資料，可以看出《經義考》所錄的文句，大抵同於《郡齋》之言，
但檢視《郡齋》的原文，則並無「字舜元」的文字，惟有《通考》所錄之文有之，
應是根據《通考》所錄補之。嚴格說來，竹垞併合二條案語的作法，是一種錯誤
的纂輯方式，這將使讀者錯以爲《經義考》所錄的資料，係確實出自原書，故會
有誤判之虞，若非《郡齋讀書志》、《通考》所錄之文俱在，則其引錄的失誤，將
永難爲世人所發現，如若《郡齋》亡佚之後，則後人在輯佚該書時，也勢必會將
竹垞轉錄的資料，視同該書的原文，因而造成錯輯的現象。

　　此外，另有一種錯誤的引證方式，乃是《通考》所錄爲二筆敘錄，但竹垞一
時不察，卻誤併爲一筆資料，如《通考》卷七引李如圭《集釋古禮》一項，該項
著錄下有二筆敘錄，即「陳氏」、「《中興藝文志》」二項，若《經義考》在引錄時，
卻將「《中興藝文志》」置於「陳振孫」條下〔註102〕，導致原應分爲二項敘錄，卻
因竹垞的失察，反使《中興藝文志》的資料，誤繫爲陳振孫所引，致生錯誤。又
《文獻通考·經籍考》曾引「晁氏曰」，下有晁以道《傳易堂記》之文：

　　古今咸謂子夏受於孔子而爲之《傳》，然太史公、劉向父子、班固皆
不論著。唐劉子玄知其僞矣，書不傳於今。今號爲《子夏傳》者，《崇文
總目》知其爲僞，而不知其所作之人。予知其爲唐張弧之《易》也〔註103〕。

《經義考》卷五，卜商《易傳僞本》下有「晁說之曰」云：

　　古今咸謂子夏受於孔子而爲《易傳》，然太史公、劉向父子、班固
皆不論著。唐劉子玄知其僞矣，書不傳於今。今號爲《子夏傳》者，唐
張弧之《易》也。弧，唐大理評事，亦不詳何時人〔註104〕。

其中的引文，不僅缺錄「《崇文總目》知其爲僞，而不知其所作之人。」諸字，甚
且訛增「弧，唐大理評事，亦不詳何時人。」諸字。上述訛增文句，係引自「晁

〔註100〕參考註55，卷三，頁72。
〔註101〕參考註12，卷二一，頁8。
〔註102〕參考註12，卷一三二，頁2。
〔註103〕參考註55，卷二，頁54。
〔註104〕參考註12，卷五，頁2。

公武」之說，並非「晁說之」之文，諸如此類的併合方式，實難令人接受。

七、析　離

　　竹垞不僅有併合之法，亦有析離之法。併合之法，意謂二項資料的合併；至於析離之法，乃是將同一筆的資料，分成爲數筆資料。試舉《經義考》卷十九著錄鄭夬《周易傳》引沈括、郡伯溫二項資料如下：

　　　　沈括曰：江南人鄭夬，字揚庭，曾爲一書談《易》。其間一說曰：『〈乾〉、〈坤〉，大父母也；〈復〉、〈姤〉，小父母也。〈乾〉一變生〈復〉，得一陽；〈坤〉一變生〈姤〉，得一陰，云云。至〈乾〉六變〈歸妹〉，本得三十二陽；〈坤〉六變生〈漸〉，本得三十二陰。〈乾〉、〈坤〉錯綜，陰陽各得三十二，生六十四卦』。夬之爲書，皆荒唐之論，獨有此變卦之說，未知其是非。予後見兵部外郎秦玠，論夬所談，駭然曰：『何處得此法？』玠云：『嘗遇一異人，受此曆數，推往古興衰運歷，無不皆驗。嘗恨不能盡其術。西都邵雍亦知大略，已能洞知吉凶之變。此人乃之於書，必有天譴。此非世人所得聞也。』

　　　　邵伯溫曰：先君〈易〉學，微妙玄深，不肖所不得知也。其傳授本末，而微妙變通，則其所自得也。平時未嘗妄以語人，惟大名王天悅、滎陽張子望嘗從其學，又皆蚤死。秦玠、鄭夬嘗欲從先君學，先君以玠頗好任數，夬志在口耳，多外慕，皆不之許。玠嘗語夬以王天悅傳先君之學，夬力求之，天悅不許。天悅感疾且卒，夬賂其僕於臥內竊得之，遂以爲己學。著《易傳》、《易測》、《明範》、《五經明用》數書，皆破碎妄作，穿鑿不根。嘗以〈變卦圖〉示秦玠。夬竊天悅書入京師，補國子監解試。策問八卦次序，夬以所得之說對，有司異之，擢在優等。既登第，以所著書贊公卿之門，後以贓罪竄。秦謂「必有天譴」，恐指此。秦既知夬竊書，乃謂「夬何處得此法」，又謂「西都邵某聞大略」，近乎自欺矣，然謂「得之異人」，蓋指希夷而言也〔註105〕。

《通考》將此二項的內容，皆置於邵伯溫《辨惑》之下，但《經義考》在轉錄之時，不僅離析爲二筆資料，且僅題作人名，未能確實反映出處，若非《通考》之言俱在，則勢必不能明其出處。上述之例，俱見於《通考》轉引邵伯溫《辨惑》之文，若分而視之，語意亦有未善之處，其中邵氏所論結尾，所謂「秦謂『必有

〔註105〕參考註12，卷十九，頁5～6。

天譴」之說，乃是指「秦玠之」，然秦說卻置於「沈括曰」之下，是以「沈括」、「邵伯溫」二項敘錄，理應置於同一項資料下，方能明其前因後果。若分而論之，則文意未能盡善，是以析離之失，常有語意未能完善的弊病。

又《通考》卷九，《春秋穀梁傳》下引「晁氏（公武）」之說：

> 應劭《風俗通》稱穀梁名赤，子夏弟子。麋信則以爲秦孝公同時人，阮孝緒則以爲名俶，字元始，皆未詳也。自孫卿、申公至蔡千秋、江翁，凡五傳。至漢宣帝好之，遂盛行於世〔註106〕。

竹垞乃根據內容，另分出「應劭」、「麋信」、「阮孝緒」等三項敘錄，茲轉錄於下：

> 應劭曰：穀梁子名赤，子夏弟子。
>
> 麋信曰：秦孝公時人。
>
> 阮孝緒曰：名俶（或作淑），字元始〔註107〕。

上述「應劭」、「麋信」、「阮孝緒」三項，明顯乃是改自《通考》（或《郡齋》）所錄「晁公武」的內容，但卻析離晁氏之文，別立爲三項敘錄，且辭句或有出入，與原文記載不同。此外，竹垞尚根據《郡齋》卷三的同項資料，補以一則「晁公武曰」，此則雖能補《通考》所錄的不足，但卻將原書所錄「晁公武」之文，拆爲三項敘錄，實爲不必要的作法。

上述析離之法，雖將資料析爲數項，但均位於同一著錄之下，其位置未曾太遠，則讀者尚可考察其間異同，但另有一種析離的方式，原應分屬同項的著錄，卻爲竹垞拆之，相距數卷之遙，若非仔細校勘，恐怕不易明白其中差異，茲舉《通考》卷三郭忠孝《兼山易解》、郭雍《易說》項引錄「陳振孫」之言如下：

> 《傳家易說》十一卷，沖晦處士郭雍頤正撰。自言其父忠孝受學於程伊川，伊川示以《易》之〈艮〉曰：「艮，止也。學道之要，無出於此」。自是方覺讀《易》有味，牓其室曰「兼山」，立身行道皆自「止」始。兵興之初，先人舊學掃地，念欲補續其說。中心所止者，艮止也。潛稽《易》學，以述舊聞，用傳於家。忠孝字立之，名將樞密遠之子。自言得先天卦變於河陽陳安民子惠，其書出李挺之，由是頗通象數。仕爲永興軍路提刑，死於狄難，其書散逸。雍隱居陜州長陽山中，帥守屢薦，召之不至，由處士封頤正先生。其末提舉趙善譽言於朝，遣官受所欲言，得其《傳家兵學》六卷以進；時淳熙丙午（1186）也〔註108〕。

〔註106〕參考註55，卷九，頁226。

〔註107〕參考註12，卷一七〇，頁4。

〔註108〕參考註55，卷三，頁80～81。

竹垞將此項資料置入《經義考》卷二十一著錄郭忠孝《兼山易解》下：

> 忠孝字立之，名將樞密遠之子。自言得先天卦變於河陽陳安民子惠，其書出李挺之，由是頗通象數。仕爲永興軍路提刑，死於狄難，其書散逸。〔註109〕

又另於卷二十四著錄郭雍《傳家易說》云：

> 《傳家易說》十一卷，沖晦處士郭雍頤正撰。自言其父忠孝受學於程伊川，伊川示以《易》之〈艮〉曰：「艮，止也。學道之要，無出於此」。自是方覺讀《易》有味，牓其室曰「兼山」，立身行道皆自「止」始。兵興之初，先人舊業掃地，念欲補續其說。中心所止者，艮止也。潛稽《易》學，以述舊聞，用傳於家。（筆者案：中缺一段文句，竹垞將其置入郭忠孝《兼山易解》條下）雍隱居陝州長楊山中，帥守屢薦，召之不至，由處士封頤正先生。其末提舉趙善譽言於朝，遣官受所欲言，得其《傳家兵學》六卷以進；時淳熙丙午（1186）也〔註110〕。

是以《通考》所錄的同項資料，卻被竹垞分屬二項，且一則在「卷二十一」，另一則置於「卷二十四」，二文相距甚遠，且「卷二十四」所載，更缺錄一整段的文句，蓋其文已出自《兼山易解》一項，是以此處闕而弗錄，然原同屬一段的文字，卻被割裂爲二項資料，是爲析離之法。

竹垞雖有析離之法，但非全面行之，如《通考》卷六錄有歐陽修《詩本義》十六卷，其敘錄錄有「晁（公武）氏」案語一則云：

> 歐公解《詩》，毛、鄭之說已善者因之不改，至於質諸先聖則悖理，考於人情則不可行，然後易之，故所得比諸儒最多。但平日不信符命，嘗著書以《周易》、《河圖》、《洛書》爲妖妄，今又以〈生民〉、〈玄鳥〉之詩爲怪說。蘇子瞻曰：「帝王之興，其受命之符，卓然見於《詩》、《書》者多矣。《河圖》、《洛書》、〈玄鳥〉、〈生民〉之詩，豈可謂誣也哉！恨學者推之太詳，流入讖緯，而後之君子亦矯枉過正，舉從而廢之，以爲王莽、公孫述之流緣此作亂。使漢不失德，莽、述何自起？而歸罪三代受命之符，亦過矣」〔註111〕。

若依析離之法，則應該將「蘇軾」之語，另立爲一項解題，然《經義考》卷一百四卷，頁二著錄此項敘錄，卻僅題作「晁公武曰」，未嘗分立二項敘錄，是以此法

〔註109〕參考註12，卷二一，頁6。
〔註110〕參考註12，卷二四，頁6。
〔註111〕參考註55，卷六，頁157。

的運用,亦未能貫徹一致也。

綜合上述所論,竹垞在文獻的引錄上,仍有未能盡善之處,究其原因,是因爲古人在引書之時,多無標準的格式,隨意的刪、脫、訛、換,出現在引文之中,造成引文的缺誤。今重新校理此書,則有如下幾點收穫,可供學界參考,茲述說如下:

(一)鄭偉章、孫永如諸人對於竹垞的引文方式,均認爲「原文抄錄,不易一字,不加己見」〔註112〕,但細究全書的引文方式,實有許多的改動。由於《經義考》卷帙龐大,學者未曾校理其中的引文,乃以其書未曾經過改動,此乃錯誤的認知,若不能辨知其異動的情況,將會同於鄭、孫諸人的看法,故其中的改動,不得不重新釐訂。

(二)杜松柏在《國學治學方法》中,僅將徵引書籍的方式,釐訂爲「撮引」、「原文徵引」二類〔註113〕,然根據竹垞引錄的方式,尚有各種不同的差異,可使讀者瞭解古人的引書情況。

(三)竹垞在引錄方式上,有「直錄」、「約引」、「訛增」、「抽換」、「倒置」、「併合」、「析離」諸法,過多的剪裁或替換,反會降低引文的價值。若未能確實編纂新目,抽換不合學術要求的改作,也應還檢原文,重新加以校勘補證,藉以提高原書的價值;或是仿效錢熙祚考《古微書》之例,重新考出引文的出處,使讀者得以覆案原文,避免有誤用的情況。

(四)竹垞的引文方式,雖不合於現代學術的要求,但衡諸當代的學術環境,則其「剪裁」的方式,正是「纂輯之學」的特色之一。章學誠在〈報廣濟黃大尹論修志書〉即指出:「纂輯之史,則以博雅爲事,以一字必有按據爲歸,錯綜排比,整鍊而有剪裁,斯爲美也。」,故其運用「剪裁」的方式,雖有商榷的餘地,但仍符合清初學風的特色,且合於歷來輯錄體書目的引證方式。

(五)「約引」的引文方式,雖能節省篇幅,避免累贅,但卻喪失許多的參考內容,若能補錄其闕,將使全書更具有參考的價值。

(六)竹垞在引書的題稱上,有誤改作他書的情形,導致題文不符,有誤繫的現象。例如:誤將《崇文總目》改作《中興書目》;誤將「晁公武曰」,改作「晁說之曰」等等,說法詳見第九章第二節「《經義考》謬誤例證舉隅」一節。

〔註112〕參考註62,頁82。
〔註113〕參考註65,頁323。

竹垞在引文方式上，未能完全據書直錄，因而錯失許多的內容，也產生不少的錯誤，惜學界至今未能全面校理此書，致使學者仍有錯誤的認知，實爲可惜。若能重新整理此書，能查明各項的出處，且可以補錄正確的資料，將能提高其書的價值，使其更能發揮指引治學的功效。

第六章　《經義考》的引書

　　《經義考》輯錄群籍，是以書中內容博富，擁有極高的參考價值。歷來學者在探述其引書來源之時，多能給予肯定，總計研究的成果，約有如下的引書來源：

　　　　一、馬端臨《文獻通考‧經籍考》〔註1〕
　　　　二、鄭樵《通志‧藝文略》〔註2〕
　　　　三、《古今經傳序略》〔註3〕
　　　　四、朱西亭《授經圖》、《經序錄》〔註4〕
　　　　五、孫承澤《五經翼》〔註5〕
　　　　六、黃虞稷《千頃堂書目》〔註6〕

然而，《經義考》的內容龐博，絕非上述典籍稍事排比，即可完成此一鉅著，是以上述的論點，雖能觸及引書的來源，但未能盡善盡美。林慶彰曾對此提出補充說明：

　　　　周氏（筆者案：指周中孚）以爲朱彝尊編《經義考》，取材於馬端臨
　　　的《文獻通考‧經籍考》等四書（筆者案：指《文獻通考‧經籍考》、朱
　　　西亭《授經圖》、《經序錄》、孫退谷《五經翼》四書）。可是大家都知道，
　　　編輯書目時，應盡量參考前人既有的目錄，以取得較好的成績。根據《經

〔註1〕朱彝尊：《曝書亭集》卷三三〈寄禮部韓尚書書〉、朱稻孫〈經義考後序〉主之、《國
　　　朝耆獻類徵》初編卷百十八詞臣四、《清史列傳》卷七一、孫詒讓《溫州經籍志‧
　　　敘例》等從之。
〔註2〕錢林輯‧王藻編，《文獻徵存錄》卷二（台北：明文書局，民國74年）主之。
〔註3〕（清）邵懿辰撰、孫詒讓等參校、邵章續錄邵友誠重編：《增訂四庫簡明目錄標注》
　　　上冊，史部十四‧目錄類，頁357引源綬之語主張此說。
〔註4〕周中孚：《鄭堂讀書記》、姚名達《中國目錄學史》主之。
〔註5〕周中孚：《鄭堂讀書記》主之。
〔註6〕王重民：《中國目錄學史論文集‧千頃堂書目考》、喬衍琯〈經義考所引千頃堂書目
　　　集證〉（台北：《書目季刊》六卷三期）、盧仁龍〈《經義考》綜論〉（《社會科學戰線》
　　　1990年二期）主之，惟說法略有差異。

義考》所錄，該書所參考書目有晁公武《郡齋讀書志》、陳振孫《直齋書錄解題》、鄭樵《通志・藝文略》、朱睦㮮《萬卷堂書目》、《聚樂堂藝文目錄》、葉盛《菉竹堂書目》、焦竑《國史經籍志》……等等〔註7〕。觀林氏所論的內容，已突破清儒論述的要點，足以窺見竹垞取材之豐，輯錄之富，已非傳統的論點，所能涵攝得盡。因此，前賢的研究成果，僅能反映部份的實況，實難以鉤勒出完整的面貌。針對此類的相關問題，仍有待學者的開發、研究，才能使讀者更明瞭其引書的價值所在。

第一節　引書的種類

歷來學者較少涉及《經義考》的研究，至於全面探討其引書文獻者，更是付之闕如，有待學者的努力，才能使相關的成果，能廣受讀者的認識。由於竹垞在編纂書目之時，未能確實言明出處，如要瞭解其引書的來源，往往會有「所著錄諸書，有不詳其所自來者，使人覽之茫然，於例亦不純一」的缺失〔註8〕，是以要探討其引書的種類，勢必會面臨考訂的困難，致使學者們不敢輕易嘗試相關的研究。率先論及竹垞的引書種類，並且取得初步成果者，首推盧仁龍〈《經義考》綜錄〉一文，該文將其引書的來源，約略區分為四類，今簡述其目，以利論說：

> （甲）宋、明、清書目。（下文略）
> （乙）史傳、方志。（下文略）
> （丙）文集。（下文略）
> （丁）其它。（下文略）〔註9〕

盧氏雖備有例證，用以說明竹垞的引書類別，但僅能約略舉證，實無法體現其豐富的內涵。然而，其能藉由分類的方式，來涵攝相關的文獻研究，業已遠較前人研究更加細緻，只是粗分成四類的典籍，實難以反映竹垞的成就，故有待重新加以整理，以便能取得更好的成就。

〔註 7〕林慶彰：〈朱睦㮮及其《授經圖》〉，（台北：文史哲出版社，《明代經學研究論集》，民國 83 年 5 月），頁 242。又該文原出自台北：《中國文哲研究集刊》第三期（民國 82 年 3 月），頁 417～445。

〔註 8〕喬衍琯：〈《經義考》及《補正》、《校記》綜合引得敘例〉，（台北：《書目季刊》，民國 74 年 3 月，十八卷第四期），頁 35。

〔註 9〕盧仁龍：〈《經義考》綜論〉，（台北：文史哲出版社，《中國經學史論文論集》下冊，民國 82 年 3 月），頁 420～421。該文原發表在《社會科學戰線》1990 年二期，頁334～341。

　　竹垞在《經義考》的纂輯之時，雖曾標示題稱，但未能確實指明確切的來源，是以增加學者推估的困難，加以歷來未有引書的索引，導致檢索不易，也是無法吸引學者重視的原因。筆者在整理此書的過程中，也多能注意其引書的文獻，並針對其引書的種類，提出一己之見，其中雖仍有未及考出的典籍，但較之前賢的成果，已能有較好的結果，足以補證學者未能觸及的內容。根據筆者考訂的成果，除可考見竹垞博識的特質外，也能考察其引書的種類，再和其藏書的特色相較，將可發現二者的相似性。此外，竹垞引文的方式，並非據書直錄，若能考出其確切的來源，將有助於校勘異文，甚至補錄缺闕的文句，提供更完善的資料，對於《經義考》的整理，也能有所貢獻。綜合上述所論，有關其引書文獻的考察，將有不少的研究價值。今將考出的引書種類，每書各舉一個例證，彙為「【附表一】《經義考》的引書種類簡表」，置於本章正文之末，讀者可自行參閱此表，下文即試圖依經、史、子、集四部的順次，說明竹垞對於文獻運用的情形。

一、經部典籍

　　《經義考》屬於經學文獻的總匯，其中對於經籍的運用，頗能具有特色。下文即分項論述其相關要點，藉以明白其對於經籍的運用情況：

易　類

　　根據考察的結果顯示，竹垞善於利用易學的典籍，其中引證多達二百五十九部，引證數量最多，佔所有類別的首位，顯示竹垞對於易學類典籍的運用，能多方蒐求所致。在《易》籍的引證中，其中又以「胡一桂曰」，引證多達一百一十七次，且多數置於「易類」典籍之下。竹垞在《經義考》的著錄中，共收入《周易附錄纂疏》、《易學啟蒙翼傳》二項資料〔註10〕，且都題作「存」籍，今二書俱皆存於當世，可取之以證竹垞的內容，則知其所題「胡一桂曰」，實分別出自二書，有值得研究之處。翁方綱在補正《經義考》時，曾取胡一桂《周易啟蒙翼傳》之文，以校竹垞載錄之失，如《經義考補正》卷一，李覯《刪定易圖序論》下云：「胡一桂《周易啟蒙翼傳》云：『覯，字泰伯，盱江人。』此解《宋志》不載，《經義考》云：『《宋志》六卷』，然今《宋志》板本乃作『李遇』。又竹垞亦引胡一桂曰：『《宋志》不載其說。』其說二字，《啟蒙翼傳》無之，恐是竹垞增此二字，以周

〔註10〕朱彝尊：《經義考》（台北：臺灣中華書局據揚州馬氏刻本影印，民國 68 年 2 月台三版），卷四三，頁 3。

旋《宋志》六卷之語耳。」〔註11〕，此外，《經義考補正》卷第二，謝萬《周易繫辭傳》下，亦曾引及胡氏《啓蒙翼傳》，藉以證明竹垞錯判之誤。〔註12〕，是以有關「胡一桂曰」的引證資料，實有必要重新加以探討者也。

在引證資料上，有關「董眞卿」的論點，徵引亦多達七十七次，其中絕大部份皆隸屬於「易類」的典籍，是以應是出自《周易會通》和《易傳因革》等書，惟尚未經過校理，有待日後再行撰文介紹。

竹垞在「易類」、「擬經類」、「讖緯類」之中，均曾引用易類典籍，藉以收錄相關的解題，顯見「擬經類」、「讖緯類」的著錄中，與易類典籍頗有相近之處。若就引證次數而論，「易類」典籍共引證四八九項次的易學典籍；其次，「擬經類」亦曾徵引十九次；「讖緯類」則徵引十六次，顯示二者之間的關係密切。

綜合上述所論，竹垞對於易類典籍的運用，爲數頗多，其中又以「胡一桂曰」及「董眞卿曰」的引用次數最高，值得再加以研究。整體而論，竹垞在易類典籍的收錄上，由於數量頗多，故在各項統計上，有明顯領先其他諸類的趨勢，值得我們的重視。

書　類

竹垞對於書類典籍的徵引，種類甚多，可考的典籍，即多達七十三部，惟個別典籍的出現頻率不高，是以缺乏單獨研究的價值。如就竹垞的分類類目加以區分，仍以「書類」典籍最高，達到九十八次之多，其次是「擬經」類，這是因爲徵引較多《書經‧序》的資料所致，是以統計有較爲集中的現象。

詩　類

竹垞對於詩類典籍的徵引，也多達七十八部典籍，顯見其對此類典籍的重視，但其單一撰著的引用頻率，則稍嫌偏低，如同徵引「書類」典籍一般，缺乏單獨研究的價值。竹垞對於詩類典籍的運用，仍集中在「詩類」一目，其他諸類則較少徵引，無法呈現集中的現象。

禮　類

竹垞早年放棄科舉，曾致力於《周官禮》的研究〔註13〕，故能重視禮經的重要，可考的典籍，即有一百六十四部之多，數量十分驚人。在《禮經》的運用中，

〔註11〕翁方綱：《經義攷補正》卷第一，（台北：新文豐出版公司‧民國73年6月初版），頁9。

〔註12〕參考註11，卷第二，頁24。

〔註13〕參考錢儀吉纂錄《碑傳集》收錄的陳廷敬〈日講官起居注翰林院檢討朱公彝尊墓誌銘〉一文，（台北：明文書局，民國74年），冊一○八，頁568。

又以衛湜《禮記集說》引證較多，值得加以重視。竹垞纂輯群籍的觀念，許多都來自衛湜的啓示，竹垞在《日下舊聞·序》中曾云：「所抄群書凡千六百餘種，慮觀者莫究其始，必分注于下，非以侈摭采之博也。昔衛正叔嘗纂《禮記集說》矣，其言病世儒剿取前人之說以爲己出，而曰：『他人著書惟恐不出于己，予此編惟恐不出于人。』，彝尊不敏，竊取正叔之義。」，考竹垞在《經義考》的編纂中，亦屢次徵引「衛湜」之說，故可見其承自衛湜《禮記集說》的情況。又曹之〈古書引文考略〉指出：「衛正叔即宋人衛湜，其所撰《禮記集說》，網羅鄭玄以下 144家注解，一一注明出處，朱彝尊標注引文出處，正是從衛湜那裏學來的，『予此編惟恐不出于人』，表現了從宋代衛湜到清儒實事求是、謙虛謹慎的學風。」〔註14〕，據此，竹垞對於「衛湜」之說的引證，雖僅有二十三項的敘錄，取自衛湜之書，但衛湜對於竹垞的影響，卻是頗爲深遠，有值得研究的價值。

若依《經義考》的分類而論，以「禮記」類的典籍，引用典籍的次數最高，達到一一六次，其次乃是「周禮」類有五七次，「儀禮」類有四十次、「通禮」類達十六次，這些統計的數據，大抵和其典籍收錄的多寡相符，也較符合一般人的認知概念。竹垞對於禮類典籍的運用，頻率頗高，值得我們的重視。

春秋類

竹垞對於春秋類的典籍，徵引達一百二十四部之多，其數量十分可觀。竹垞早年放棄制舉之時，亦曾致力於《春秋左氏傳》的研究〔註15〕，是以其對於此類典籍的運用情況，亦值得我們的重視。此外，若就個別典籍的運用方面，竹垞對於程端學的《春秋本義》一書，顯然有較高頻率的運用，這是比較值得研究之處。

孝經類

竹垞錄有《孝經》一類的撰著，但對於孝經類典籍的運用，亦僅偶一徵引，引證達十四部之多，出現頻率不高，是以缺乏研究的價值。

五經總義類

所謂的「五經總義類」，乃係指書中的內容，並非專主一經，其中的內容，闊及諸經，在分類概念上，頗同於竹垞所謂的「群經」類典籍，也正由於此類的典籍，所涉不僅一經，是以在引用頻率上，明顯要高過其他典籍的次數。在此類典籍之中，雖僅考出二九部的典籍，但其引證的頻率，卻明顯增加許多，這是因爲此類典籍的性質，多能橫跨數經，是以個別典籍的引用頻率，有明顯增多的情事。

〔註14〕曹之：〈古書引文考略〉，(《四川圖書館學報》，1997 年二期)，頁 51。
〔註15〕參考註 13。

例如：在所有此類典籍中，其中最常徵引《經典釋文》的資料，竟多達一百九十一次，可見竹垞能善於利用此類的典籍，藉以擴充其引書的數量。

四書類

「四書」之名，起自朱熹，收錄《論語》、《孟子》、《大學》、《中庸》四書，說法詳見第八章第二節「類目的闡釋」。在竹垞引書中，此類典籍的運用，亦頗見特色。例如：竹垞對於此類典籍的運用，即高達五九部，這是因為《論語》、《孟子》、《四書》合併計數所致。如就《經義考》的分類而論，以「四書類」典籍較多。其次，「承師」有二六次，主要是因為考訂孔、孟弟子門人之時，常引證「四書類」的典籍所致。在所有四書類典籍的運用，又以趙岐《孟子註》引用最多，引證達到三十三次，值得我們的重視。其餘諸書的引證次數，則明顯偏少，缺乏進一步考論的空間。綜合上述所論，竹垞對於四書類典籍的引用，雖多達五九部，但在個別典籍的運用中，則次數明顯偏少，除趙岐《孟子註》一書，較常見到引用之外，其餘諸書，則缺乏單獨研究的價值。

樂　類

竹垞甚少收錄此類的典籍，其數量僅有二部，較無研究的價值。

讖緯類

竹垞收有「毖緯」類的典籍，故在解題的輯錄上，亦能收錄此類的典籍，其中可考的文獻，僅有七部而已。在引證的典籍中，又以《古微書》的資料，引用較多，故需特加重視。整體而論，竹垞在讖緯類典籍的運用，數量較少，此與其受到歷朝的禁令有關，故留存較少之故，是以引用頻率較少，這是必須加以申明的事情。

小學類

竹垞在《經義考》中，僅收錄《爾雅》類的典籍，並未收錄其他小學類的典籍，是以較少錄及小學之書，僅有十七部。在類目方面，多集中在「爾雅類」、「群經」、「擬經」三目，但由於次數不多，僅能提供參考之用。

竹垞對於經部典籍的徵用頗多，其中又以五經的數量較多，此乃緣自竹垞在編纂之時，著錄為數頗多的五經典籍，故在序文的引證上，多參考原書的序跋，故其資料的來源，多能取自五經的典籍，以為參考之用。此外，另有為數不少的四書類典籍，這是因為將《論語》、《孟子》、《大學》、《中庸》四部典籍合併所致。竹垞對於經部典籍的引用，除了錄自原書之外，另較值得注意的是「五經總義類」撰著的引用，雖然其引證的種類不多，但各書引用的頻率，卻明顯高於其他典籍，

這是較爲特殊的情形，值得我們的重視。

二、史部典籍

　　竹垞在史學方面的成就，成果相當可觀，加以《經義考》的著錄，涉及相當多的經學家，是以需要許多的史書資料，藉以補錄作者的傳記。因此，在竹垞的引書之中，其對於史部典籍的運用，亦呈現出明顯的特色，茲說明如下：

正史類

　　竹垞對於正史相當重視，縱使遊歷他鄉，亦能載二十一史以自隨，加以隨處留心各項史料，並能善用金石、考古的成果，是以其在史學方面的表現，亦頗有成就，說法詳見第三章第二節「文獻整理的貢獻」一節。一般而言，正史類的典籍，雖評判偶有偏頗，但其文獻使用的價值，卻深爲學者重視，尤其是許多的經學名家，在政治的舞台上，亦能頗有表現，故其行事事蹟，也常被收錄在正史的記載中，是以正史的內容，可以提供補錄作者傳記資料的不足。竹垞正史類典籍的引證，即多達二四部，其中除了正史撰著之外，也包含注書、索隱之流者，其中除了《明史》、《清史》尚未纂成之外，其餘起自《史記》，下迄《元史》等等，皆能列入竹垞的收錄內容，甚且同爲《史記》，尚可分爲《史記》、《史記索隱》等不同的資料記錄，值得我們的重視。其次，其對於正史類典籍的運用，大抵著重在補錄作者的生平資料，由於正史的記載，頗受到後世學者的重視，尤其是在文獻的收集上，較能擁有體系，涵攝內容亦廣，兼以取得並非難事，是以頗具參考的價值與便利。竹垞取正史的典籍，藉以補錄作者的資料，實不失爲一種易致其功的作法。如再就出現的次數而論，以《隋書》出現最多，多達一〇五九次，其次爲《宋史》有九六三次、其次爲新、舊《唐書》、《漢書》、《後漢書》。大抵言之，出現頻率的多寡，和正史是否有〈經籍志〉、〈藝文志〉有關，至於《隋書》出現頻率最高，純粹是收錄《隋志》的資料，即多達六一九次、《七錄》三三二次，是以造成其引證的次數，遠高於其他的典籍。至於《宋史》的運用，也因《宋志》引證達八七五次，致使在引證頻率上，也顯得居高不下，值得重視。此外，宋代理學興盛，經學盛行於世，兼以國祚頗長，是以產生許多的經學名家，故所涉的人物較多，導致《宋史》的運用，也較常受到徵引，頻率較高。

　　綜合上述所論，由於正史類典籍的編纂，較爲嚴謹，且頗具參考的價值，故竹垞大量引用正史類的典籍，無形中增加許多的參考價值，也提高其書目的整體內涵。

編年類

編年類的典籍，係按時代先後為次，至於所錄的內容，亦含有若干的傳記資料。竹垞在引錄史籍之時，亦能取其資料，以供參考，共收錄十四部典籍，數量雖非甚多，但亦深具價值。

紀事本末類

在竹垞的引書中，亦收有史部·紀事本末類的典籍，惟數量不多，僅及二部而已。

別史類

史部·別史類的典籍，其地位未如正史，且多為私家編纂，但在內容上，亦頗同於正史類的典籍，含有相當數量的傳記內容，可供取法之用，竹垞亦取其以入書中，以收參考之效。別史類的典籍，其間所涉史實眾多，只是未能列入正史的地位，但其記錄內容中，能有傳記的資料，是以某些典籍的引用，頻率頗高，如《通志》的引用，即多達一七〇次，引證數量較多，頗有研究的價值。其他尚有《東都事略》的二八次，亦需稍加注意其使用的特性。綜合上述所論，竹垞對於別史類典籍的運用，僅需特別注意其《通志》的使用，至於其他的典籍，則引證不多，僅供參考而已。

雜史類

竹垞對於雜史類典籍，亦偶見徵引，然僅錄六部典籍，故其重要性，乃遠不如正史類的典籍，但亦有補錄傳記的功效。

譜牒類

竹垞對於譜牒類的典籍，亦偶有徵引，僅有《經義考》卷二〇，頁六引錄《晁氏世譜》一項屬之，由於僅只一部典籍，故未能形成特色。

傳記類

竹垞對於史部·傳記類的典籍，引證達三十部典籍。雖然在典籍種類上，未能顯示其特色，但在引證次數上，則明顯有增加的傾向。竹垞所涉的經學人物，其資料除了史部·正史類有較多的記載外，在傳記類典籍的運用上，亦頗便於查考各經學家的生平事蹟，是以引證頻率頗高，值得我們的重視。其次，在傳記類典籍的運用，較需要注意的是有關錢謙益《列朝詩集小傳》，由於錢氏之書曾被列入禁書之林，是以在《四庫全書》（薈要本）、《四庫全書》（文淵閣本）的轉載上，均有擅改的現象，歷來亦有學者注意其中改動的現象〔註16〕，這是必須特別注意

〔註16〕吳政上《經義考索引》附錄一〈經義考提要及版本介紹〉，（台北：漢學研究中心，

的事項。

綜合上述所論，竹垞對於史部傳記類的典籍，亦頗多引用，其中必須特別注意錢謙益《列朝詩集小傳》的使用情況。

載記類

竹垞收錄有關史部・載記類的典籍，惟數量亦不高，僅有五部典籍，故僅供參考而已。

時令類

竹垞亦收有史部・時令類的典籍，然僅有《水月令》一書，見載於《經義考》卷二七四，頁八，惟數量僅此一部，亦僅供參考而已。

地理類

竹垞對於史部・地理類的典籍，亦頗多徵引，其徵引的目的，主要乃是在於補充作者的爵里資料，這些資料的記載，除有助於瞭解相關學者的背景之外，並可進一步成為分區探索的依據。竹垞在經籍著錄的時候，由於著錄許多的經學家，但有些學者並非名士，是以史傳不錄者有之，竹垞為求增補相關資料，故採錄方書、地書的記載，藉以補充其人年里、事蹟等相關記錄，尤其在方志方面的運用，更是開風氣之先，值得加以重視。茲將竹垞引用的特點，說明如下：

（一）、竹垞對於地理類典籍的引證，即多達一○三部，其數量相當驚人，值得特別注意。

（二）、竹垞引用許多的地理專著，其中對於方志的運用，最顯特色，且能開時代風氣之先。方志的編輯，往往取材豐富，且能分門別類，所注意的事項，亦與正史所載稍有不同，且正史所錄，多係同一時代的知名人士，然方志所錄，則以地方性的人物為考察的重點，只要其人在地方上，能稍有建樹，皆可列入方志的傳記中，是以許多正史不載的人物，則可透過方志的記錄，使得其人的生平傳記，可以稍顯於世，加以方志在編寫之時，亦多能直接採錄當地的訪察所得，故所載亦能符合實情，更能增添其參考的價值，可以成為研經治史的重要參考。洪湛侯在《中國文獻學新編》中指出：

> 各地的通志、府志、州志、縣志等等，其所記地理沿革、人物、藝

民國81），頁2～4。楊晉龍〈四庫全書處理經義考引錄錢謙益諸說相關問題考述〉，（《第七屆所友學術討論會論文集》，高雄：國立師範大學國文學系，民國87年5月，頁 31～48。）、林慶彰〈四庫館臣篡改《經義考》之研究〉，（台北：《兩岸四庫學——第十屆中國文獻學學術研討會論文集》，頁239～262，台北：學生書局印行，民國87年9月）等文章。

　　　　文諸項，往往保存有非常珍貴的第一手資料，是地方文獻的寶庫，也是

　　　　輯佚的重要淵藪〔註17〕。

其中的重要性，則不言可喻。歷來的研究成果，則圍繞在歷史、地理、文化等課
題。方志的編輯，係以地方性的事務，為其纂輯的要點，故其內容相當廣泛，加
以編輯之時，或採取實地訪錄的方式，故其內容頗多正史以外的資料，是以頗見
參考的價值。洪湛侯在《中國文獻學新編》一書中，即明白指出：

　　　　由於地方志多根據當地檔冊、譜諜、傳志、碑碣、筆記、信札等文

　　　　獻資料進行編寫，其原則一般是照抄照錄，「述而不作」，在很大程度上

　　　　保持了資料的原始性。有的還進行實地采訪，取得一些第一手的資料，

　　　　這就更加可貴〔註18〕。

從上述說明之中，可以看出方志編寫的來源，除了能抄撮群書之外，也能兼及實地
的採錄，故深具參考的價值。竹垞亦曾從事《清一統志》的預纂工作，且有方志書
目，是以對於方志資料的運用，亦頗能重視。鄺士元在《中國學術思想史》中論及：

　　　　方志雖為一地之史，而其所記，則甚廣泛。人事而外，如天文、地

　　　　理、方物，兼而收之。顧炎武之《天下郡國利病書》，朱彝尊之《日下舊

　　　　聞》，陸心源之《宋史翼》，多屬這種體裁。近人考證，或對人物研究而

　　　　能利用方志者不少〔註19〕。

也正由於竹垞能親自纂輯方志之書，且對方志的使用價值，亦能有深刻的認識，
故在《經義考》中，亦頗見方志的運用，藉以補錄經學家的傳記，這不僅可以補
錄正史傳記的不足，也能直接肯定方志的功用。竹垞處於清代初期，即能深刻體
認方志的學術價值，且開風氣之先，開啟方志的編修及運用，實屬難能可貴。尤
其是所引錄的方志內容，更屬於清初之前的古方志，具有輯佚的價值。整體而論，
竹垞對於地書、方志的運用，雖種類繁多，但出現的頻率不高，然其開時代風氣
之先，亦頗有影響，且所錄的人物，或為正史所不載，故能增多許多參考的價值。

職官類

　　竹垞錄有七部職官類的典籍，雖偶見徵引，但頻率不高，亦僅供參考而已。

政書類

　　竹垞對於政書類典籍的引用，大抵在於《會要》、《通考》、《通典》的運用上，

〔註17〕洪湛侯：《中國文獻學新編》，（杭州：杭州大學出版社，1995年6月），頁210。
〔註18〕同前註，頁66～67。
〔註19〕鄺士元：《中國學術思想史》，（台北：里仁書局，民國84年2月28日），頁623。

雖僅六部的典籍，但其引證的頻率，頗有可觀者焉。其對於《文獻通考・經籍考》
的引用，更是多達八百二十九次之多，茲將其引證的內容及其次數，表列如下，
以供參考：

陳振孫	255 次	韓子（韓愈）	1 次	胡安國	1 次
晁公武	173 次	大愚叟	1 次	范望	1 次
通考	134 次	王安石	1 次	秦觀	1 次
崇文總目	68 次	王應麟	1 次	馬端臨・經籍考	1 次
朱子（朱熹）	44 次	北史・劉炫傳	1 次	崇文書目	1 次
中興藝文志	18 次	司馬光	1 次	張大亨	1 次
李燾	16 次	朱子	1 次	張栻	1 次
馬端臨	16 次	朱在	1 次	張淳	1 次
葉夢得	7 次	朱震	1 次	張揖	1 次
鄭樵	7 次	呂大防	1 次	陳亮	1 次
洪邁	5 次	呂祖謙	1 次	陸德明	1 次
馬廷鸞	5 次	宋三朝國史藝文志	1 次	項安世	1 次
漢書	5 次	宋中興藝文志	1 次	黃淵	1 次
葉適	4 次	宋兩朝藝文志	1 次	董真卿	1 次
後漢書	3 次	李潛	1 次	董迪	1 次
程子（程頤）	3 次	杜預	1 次	趙岐	1 次
中興國史志	2 次	沈括	1 次	劉氏	1 次
朱子語錄	2 次	阮孝緒	1 次	劉光祖	1 次
晁說之	2 次	周氏・西麓涉筆	1 次	劉克莊	1 次
陳傅良	2 次	襄信	1 次	劉敞	1 次
程大昌	2 次	周必大	1 次	劉歆	1 次
楊復	2 次	周麟之	1 次	蔡沈	1 次
漢書・儒林傳	2 次	邵博溫	1 次	鄭東卿	1 次
蘇轍	2 次	柳宗元	1 次	應劭	1 次
歐陽修	2 次				

　　根據上述所論，可知竹垞對於《文獻通考・經籍考》的引用，確是相當可觀，可供研究之用，筆者擬另外撰文分析，至於其他的典籍，則僅供參考之用。

目錄類

　　《經義考》是一部輯錄體的專科書目，其著錄的主體，多據歷朝書目增飾而成。根據簡表可知，其引用的目錄，即高達四十六部之多，足以涵攝上古以迄清初的重要書目，雖然數量並非甚多，但引證的次數，卻遠遠高於其他各類的典籍。由於竹垞《經義考》係輯錄體書目，故一秉前代書目的體例，對於文獻的引用，亦頗費心力，尤其能取證於前代書目的內容，逐漸奠定其豐富的內涵。在書目的性質方面，大抵有藏書目錄、金石碑目等等，這些豐富的資料，正是奠定竹垞撰書的主體。此外，竹垞尚能徵引許多的正史〈藝文志〉的資料，惟此類的引書，多歸入正史類中，加以討論，至於《文獻通考・經籍考》、《通志・藝文志》等書，雖有書目之實，但仍歸入原書的類別，不入於目錄類。

　　在個別書目的使用上，值得特加注意者，係竹垞引用「黃虞稷曰」及「陸元輔曰」，二者的引證數量，都多達數百筆之多，值得讀者的重視。例如：竹垞引用的「黃虞稷曰」，即多達三八二次，歷來頗有探討，說法已見上文，茲不贅述。至於竹垞引及「陸元輔曰」達二百五十一次之多，雖未如「黃虞稷曰」的三百八十二次、「陳振孫曰」的二百九十次，但較之「晁公武曰」的二〇六次，明顯高出甚多，有關其相關的說明，見於第二章第二節「朱彝尊的交游」「陸元輔」條。在其引用的資料中，需特別留意《世善堂藏書目錄》一書，該書實是出自陳第曾孫陳孝受的偽作，其書目是抄至《文獻通考・經籍考》的資料，並非真正出自陳第所編，故竹垞所引的內容，乃有誤引的現象。〔註20〕，整體而論，竹垞引用大量的書目資料，不僅有助於擴大收錄的對象，也便於查考各項經籍的傳承、存佚等等，透過書目的比勘，亦可使我們瞭解竹垞的創見，也能針對其疏漏之處，提出一番考察。因此，竹垞對於前代書目的運用及轉錄，實為其引書的重要特色，值得讀者多加注意。

金石類

　　《經義考》列有「刊石」一項，故亦曾收錄金石類的典籍，惟數量稍嫌偏少，僅及二部典籍，其餘的資料，或歸入目錄類，讀者可自行參考前文。

〔註20〕參考王重民《中國目錄學史料》的考證，又孫永如：《明清書目研究》，（合肥：黃山書社出版，1993 年 7 月），頁 194～195 亦有較為詳盡的說明，讀者可以自行參看該書。

史評類

竹垞對於史部・史評類的典籍，徵引不多，僅有劉知幾《史通》一書，例證見於《經義考》卷七二，頁一，由於例證不多，僅供參考。

竹垞對於史部典籍的運用，尤重於正史、目錄、地理等類，尤其對於正史的使用，其數量更是驚人，顯見竹垞善於利用正史的典籍。此外，竹垞對於方志的運用，更可視爲一項特色，說法業已詳見上文，茲不贅述。清代方志之學盛興，有關方志的纂輯，遠超邁於前代。竹垞處於明末清初之際，即能有此識見，實屬難能可貴之事，正可謂開風氣之先。影響所及，方志的編纂與利用，已爲其後學者們努力的重點，由於竹垞收錄許多的方志內容，是以後世有關方志的編輯者，亦紛紛從《經義考》的著錄上，尋求可供佐證的內容，如《金華藝文志》的編纂，即直接引證《經義考》的著錄內容，可見是書的編纂，實有助於方志之學的興盛與開展。又竹垞對於書目的徵引，更是輯錄體書目不可或缺的來源，由於輯錄體書目的文獻資料，多重視考據的資料，是以廣稽書目，以利考證，以示言之所出，乃確實有徵，並透過前賢的研究考證，而減少筆者重複考證的繁複，故而徵引書目，既可利於文獻的解說，也可藉以避免抄襲前賢之說，或係重複論證的疏失，是以徵引書目的作用，實有不少的功效。又竹垞對於《文獻通考・經籍考》的徵用頗多，其中頗見竹垞加以改動，是以優劣互現，有值得探索之處，由於所涉的主題過多，故筆者擬另外撰文分析。整體而論，竹垞對於史籍的引用，大抵著重在正史、目錄、地理等類，其他諸如傳記類的典籍，亦有較多的引用，至於徵引的作用，則多在補充作者的傳記資料，由於此類的引證頗多，亦可見竹垞對於史籍的涉獵，亦頗費心思。

三、子部典籍

《經義考》收錄各項經籍，其中某些典籍，亦曾被歸入子部，故在竹垞的引證上，亦能見到子部典籍的運用，尤其在儒家類、雜家類的典籍，更是屢被徵引，值得重視。茲將竹垞對於子部典籍的運用，條述如下，並述及其各項特點，以供讀者參考之用。

儒家類

儒家類的典籍，往往與經學之間的關係密切，是以竹垞對於此類典籍的運用，亦達二七部之多，惜各書出現頻率不高，其中較值得重視者，有《二程語錄》、《上蔡語錄》、《朱子語錄》等語錄體的撰著。其餘諸書，則僅供參考而已。

法家類

在竹垞的引書中，僅見到《管子》、《韓非子》等二部法家類的典籍，由於法家類的典籍，原本較少，加以主旨與竹垞收錄的內容，差距過大，是以竹垞亦罕見運用，故數量不多，作用亦非顯明，僅有稍許的參考價值。

農家類

農家類典籍，與《經義考》的收錄，差異亦大，故竹垞罕見錄及，僅見《齊民要術》一書，係歸併於子部‧農家類，例證見於《經義考》卷二二二，頁三有之。由於此類數量不多，故作用不大，僅列出以供參考。

術數類

竹垞錄有十四部的術數類典籍，多屬於《太玄》、《皇極經世》之書，乃是涉及易類典籍所致，惟出現頻率不高，亦僅供參考。

藝術類

竹垞在資料的引用上，對於子部‧藝術類的典籍，亦頗見引用。竹垞在藝術方面的成就頗多，其對於碑帖、書畫的賞鑑能力頗高，尤工於隸書，說法詳見第三章第二節「文獻整理的貢獻」一文，茲不贅述。竹垞本身廣泛涉獵於藝術類的典籍，故在《經義考》的編纂上，亦頗見此類文獻的引用，共有十四部藝術類的典籍，主要集中在「刊石」類中，惟限於此類的典籍，性質與經籍相距較遠，故未能呈現出大量使用的特點。

雜家類

雜家類典籍的性質特殊，涉獵較雜，是以竹垞在徵引方面，較常引證此類的典籍，其中共有二五部典籍，雖略少於儒家類的典籍，但其徵引的數量，仍值得讀者加以注意。在分類類目上，大抵集中在「通說」（十二次）、「擬經」（十二次）、「春秋」（十一次）、「易」（十次）等類目，顯示此類的題材，大都涉及博雜，至於個別典籍的引用頻率不高，僅供參考之用。

類書類

類書類的典籍，係雜收四部典籍的資料，且經過分類的型式，故利於讀者的使用，尤其類書在保存文獻上，亦頗見功效，是以竹垞在「逸經」的收集上，亦能藉助此類的典籍。考竹垞書中，雖僅引錄十部的類書，但其引證的次數，顯然要高於其他的典籍，例如：《萬姓統譜》最多，出現共一百四十六次；《玉海》次之，亦有七九次，接著始為《冊府元龜》四五次、《續文獻通考》二一次等等，單是這四部典籍的運用，即相當驚人，有值得再深入的探述其中的特點。

小說家類

小說家類的典籍，由於涉及的內容，較爲駁雜，且亦有眞偽的疑慮，但由於涉及人物的描述，故竹垞亦酌予採入，共計十四部的典籍，可供參考之用。

釋家類

釋家類典籍，與儒家的經典，相距較遠，且雖有佛家人物從事經籍的撰述，但畢竟較少，故亦罕見竹垞引證此類的典籍，僅見四部典籍而已。

道家類

竹垞對於子部·道家類的典籍，徵引不多，可考者亦僅《莊子》一書，如《經義考》卷二九五，頁一錄有例證，由於數量不多，僅提出以供參考。

道教類

竹垞在收錄的對象中，亦錄及道教典籍，惟數量較少，僅見三部典籍，亦供參考而已。

竹垞在子部典籍的運用上，尤多屬於儒家類的典籍。其次，如雜家類、小說家類、術數類、類書類等等，亦頗見徵引，有足供佐證之用。竹垞對於儒家類典籍的運用，數量較多，亦較顯重要，至於類書類的典籍，則在引證數量上，有值得注意之處。

四、集部典籍

在竹垞的藏書之中，富於各項文集、總集，故其在輯錄《經義考》時，亦頗見此類典籍的運用，值得我們的重視。尤其竹垞對於收錄在各文集的撰著，亦能裁篇而出，以分立各類之中，故《經義考》對於集部典籍的運用，亦顯得有其特色，值得我們加以注意，茲將其引證的情況，說明如下：

別集類

竹垞大量引用文集資料，前賢已有說明，說法詳見上文。竹垞對於集部之學，頗多涉獵，其於詩文的創作，成就亦高，說法詳見第三章第二節「文獻整理的貢獻」一文，該文有詳細的說明。竹垞對於文集的引用，即多達五十部的典籍，其餘未及考出的數量亦多，但從文集的引用種類眾多，即可得知竹垞對於各文集的重視程度，惜各文集的引證數量並不太多，均僅偶一引用。在所有文集中，僅有《鶴山全集》、《晦庵全集》等二部撰著，較爲重要而已，其餘則引證過少，僅能提供參考而已。

總集類

竹垞對於總集類典籍的運用，不如其在別集的引用數量，僅見六部而已，是以未能顯出較大的特色。

詩文評類

竹垞在集部・詩文評類的典籍引用，僅考出劉勰《文心雕龍》一部，例證見於《經義考》卷二九八，頁二。由於所涉內容不多，亦僅供參考。

竹垞在集部典籍的引用上，以別集類最受到重視，此點前賢在論述上，亦有涉及此點，由於竹垞在集部方面的成就頗多，涉獵亦深，是以在收錄的資料中，亦頗多徵引，惟由於所涉資料頗雜，是以仍尚未考出確切的數量，然從上文的簡表中，亦可看出其數量眾多，值得讀者的注意。

歷來對於《經義考》的引書部數，率先以分類的方式，來說明其中所涉的典籍，首推盧仁龍〈《經義考》綜錄〉一文，該文將其分為四項，即「宋、明、清書目」、「史傳、方志」、「文集」、「其它」等四項〔註21〕。今重加釐定，可以得知如下的結論：

史部・正史類	3092 次	經部・詩類	107 次	史部・雜史類	11 次
史部・目錄類	1132 次	子部・雜家類	93 次	子部・道教類	10 次
史部・政書類	863 次	子部・儒家類	88 次	經部・讖緯類	10 次
史部・地理類	788 次	史部・編年類	44 次	子部・釋家類	7 次
經部・易類	543 次	史部・職官類	43 次	子部・法家類	4 次
子部・類書類	343 次	經部・小學類	39 次	子部・農家類	4 次
經部・禮類	263 次	集部・總集類	37 次	子部・道家類	4 次
史部・別史類	238 次	子部・藝術類	35 次	史部・金石類	3 次
經部五經總義類	232 次	史部・紀事本末類	31 次	經部・樂類	3 次
經部・春秋類	230 次	子部・小說家類	29 次	史部・史評類	1 次
史部・傳記類	173 次	子部・術數類	23 次	史部・時令類	1 次
集部・別集類	144 次	經部・孝經類	22 次	史部・譜牒類	1 次
經部・書類	131 次	史部・載記類	16 次		
經部・四書類	122 次	集部・詩文評類	13 次		

〔註21〕參考註9，頁420～421。

根據上述出現的頻率多寡而論，竹垞對於正史類、目錄類、政書類、地理類、易類、類書類、禮類、別史類、五經總義類、春秋類等典籍的引用頻率較高，然對於別集類的典籍，雖能考出達一四四次之多，但相較其他諸類，其統計的次數稍嫌偏低。根據上述的簡表，則較諸盧仁龍先生所擬定的類目，應該稍有突破，也較能細緻的釐出竹垞引用的頻率多寡。若依其各類典籍的專著數量而論，則以易類典籍較多，引用達二五九部的易類典籍，其次，禮類典籍達一六四部，其餘諸類的專著數量，亦釐訂如下：

經部・易類	259 部	經部・小學類	17 部	子部・釋家類	4 部
經部・禮類	164 部	經部・孝經類	14 部	子部・道教類	3 部
經部・春秋類	124 部	史部・編年類	14 部	經部・樂類	2 部
史部・地理類	103 部	子部・藝術類	14 部	史部・紀事本末類	2 部
經部・詩類	78 部	子部・術數類	14 部	史部・金石類	2 部
經部・書類	73 部	子部・小說家類	14 部	子部・法家類	2 部
經部・四書類	59 部	史部・別史類	12 部	集部・詩文評類	1 部
集部・別集類	50 部	子部・類書類	10 部	史部・譜牒類	1 部
史部・目錄類	46 部	經部・讖緯類	7 部	史部・時令類	1 部
史部・傳記類	30 部	史部・職官類	7 部	史部・史評類	1 部
經部・五經總義類	29 部	集部・總集類	6 部	子部・道家類	1 部
子部・儒家類	27 部	史部・雜史類	6 部	子部・農家類	1 部
子部・雜家類	25 部	史部・政書類	6 部		
史部・正史類	24 部	史部・載記類	5 部		

　　根據上述簡表，可以釐訂的引書種類，即多達一二五九種典籍，較之盧氏所分的種類，將更為細緻，且所能考出的種類，已遠超過盧氏的估算，是以稍能突破前賢論述的成果。

　　綜合上述所論，我們對於竹垞在四部典籍的運用，有著較為清楚的認識，且對其文獻掌握的能力，實投以無限的崇敬。依據上述考出的資料，則其引用的文獻，已多達一千餘種，尚有多種資料未能考出，但從資料的排比中，即可感受其取材之豐，收錄之富，實非尋常書目所能比擬。因此，當我們在研究《經義考》的時候，必須盡力考出引書的來源，藉以彌補其未能言明出處的遺憾，將來才能提供更完善的資料，如此一來，則欲取代《經義考》的內容，並編出更完善的經

學書目，將是指日可待的事情。惜筆者雖有意追索竹垞的引書種類，但礙於時間有限，文獻難徵之故，所考出的成果，雖較前賢詳備，但亦僅是粗具梗概而已，至於更完善的整理及考證的工作，將有待於來日再行補證，以期提供學界更完善的考證成果，使讀者能更清楚的認識相關的問題。

第二節　引書的內容

在中國學術發展史上，經學的發展久遠，其間累積不少的經籍，足以形成完整的經學體系，學者們在研經治學之際，往往感於經籍的浩瀚廣博，縱使皓首窮經，也未必能通曉經義，毛奇齡在《經義考・序》中指出：

> 嗟乎！予少研經學，老未能就，不及見諸書，而年已七十九矣！孟子曰：「觀於海者難爲水，游於聖人之門者難爲言。」荀子有云：「不登高山，不知天之高；不聞聖人之言，將不知學問之大。」今經學大著，聖人之言畢見於斯世，而生於其後者，復得從此而有所考鑒，則既寶其書爲盛朝慶，而又喜天下後世之知有經，并知有義也〔註22〕。

毛氏道出研經治學者的心聲。在歷朝各代的經籍眾多，想要能盡睹大義，並慎選研究的題材，則需要工具書的指引，才能清楚掌握研究的法門。《經義考》的纂輯，正提供學者治經問學的參考，書中引證各學者的考證解題，使讀者得以飽覽一書，能知群經要旨，以供治經的參考。

《經義考》引證博富，頗有助於治經的參考，且竹垞書中，除了著錄之外，其餘大都是引書的內容，其中的重要，自是不言而喻。今檢視竹垞引書的內容，將其釐訂如下幾項要點，使讀者得知其書富涵各項內容，可供研經治學者的參考。

一、著錄書名篇名

目錄典籍，首重條次流別，故有關書名、篇名的著錄，往往成爲著錄的要點。竹垞在敘錄的輯錄上，亦涉及有關書名、篇名的資料，使讀者讀其敘錄，能知其內容梗概。例如：《經義考》卷一一二，梁寅《詩演義》之下引梁寅〈自述〉云：於《詩》也，因朱子之《傳》，演其義而申之，謂之《詩演義》」〔註23〕。是以《詩演義》得名之始，乃是根據朱熹的《毛詩集傳》一書，加以演申其義，是以《詩

〔註22〕參考註10，〈毛奇齡序〉，頁2。
〔註23〕參考註10，卷一四一，頁1。

演義》之名稱之。據此項解題的內容，可以得知梁寅《詩演義》的書名來源。

又《經義考》卷一百四十，成伯璵《禮記外傳》四卷下引「晁公武」之說如下：

> 《義例》二卷，五十篇；《名數》二卷，六十九篇。雖以《禮記》
> 為目，通以《三禮》言之。劉明素序，張幼倫注〔註24〕。

《禮記外傳》一書已佚〔註25〕，竹垞乃根據「晁公武」的解題，得知其書包含《義例》及《名數》各兩卷，合計一百一十九篇，全書雖以《禮記外傳》為名，但所論的內容，卻非僅限於《禮記》一書，乃是兼通三禮的考訂。如果缺乏「晁公武曰」的引證資料，則讀者在過濾資料的同時，必將惑於《禮記外傳》之名，導致忽略其中擁有《周禮》、《儀禮》的內容，如此將減低此書的利用價值。

又《經義考》卷一百三十二，朱熹《儀禮經傳通解》下引《中興藝文志》云：

> 熹書為〈家禮〉三卷、〈鄉禮〉三卷、〈學禮〉十一卷、〈邦國禮〉
> 四卷、〈王朝禮〉十四卷。其曰《儀禮經傳通解》者，凡二十三卷，熹晚
> 歲所親定。惟〈書數〉一篇缺而未補〔註26〕。

《儀禮經傳通解》一書，其內容包含「〈家禮〉三卷、〈鄉禮〉三卷、〈學禮〉十一卷、〈邦國禮〉四卷、〈王朝禮〉十四卷」等等，總計二十三卷。從上述說明中，可以得知《儀禮經傳通解》的相關篇名，甚至連缺錄的〈書數〉一篇，亦一併敘明其篇名，使讀者能掌握全書的內容。

又《經義考》卷二七八，潘士達《論語外篇》下引「陸元輔」云：

> 士達，字去聞，安吉州人。萬曆壬辰進士，歷官江西右布政，其視
> 學廣東也。因豫章李氏《論語外篇》本增訂之，刊行焉。凡二十篇，〈論
> 學〉第一、〈為政〉第二、〈示訓〉第三、〈人倫〉第四、〈明經〉第五、〈儒
> 行〉第六、〈出處〉第七、〈諫諍〉第八、〈冠婚〉第九、〈喪祭〉第十、〈禮
> 樂〉第十一、〈論仁〉第十二、〈治化〉第十三、〈刑罰〉第十四、〈綜古〉
> 第十五、〈程人〉第十六、〈衡事〉第十七、〈博物〉第十八、〈雜論〉第
> 十九、〈聖績〉第二十。李氏，未詳何人，書亦未見〔註27〕。

據此，有關《論語外篇》的二十篇篇名，均能一一指明，使學者能明瞭本書的篇次，若該書日後佚亡，則在輯佚之時，亦可依據篇名的次第，來還原原書的內容，若缺

〔註24〕參考註10，卷一四○，頁10。
〔註25〕成伯璵：《禮記外傳》一書，已有馬國翰輯本一卷，但已為殘卷，若根據「晁公武」之說，可以得知其書名、篇名的概況。
〔註26〕參考註10，卷一三二，頁4。
〔註27〕參考註10，卷二七八，頁2。

乏篇名的繫引，將難以系統的還原原書，是以有關篇名的記載，實有其重要性。

又《經義考》卷一六五，李經綸《三禮類編》下引經綸〈自述〉云：

> 《禮經類編》，首《大學》，次《曲禮》，次《儀禮》，次《周官》，次《通傳》，後《中庸》，凡三十卷，正記二十九卷，一百二十四篇，外記一卷〔註28〕。

據此，可以得知各種內容的次第，也能得知其內容有一百二十四篇，對於我們瞭解其書的內容，能有正面的貢獻。綜合上述所論，竹垞在解題之中，常涉及篇名的多寡，或是各篇名的內容，或是其次第，透過這些內容的記載，可使我們進一步瞭解其篇名的內涵，甚至可以提供日後輯佚的參考。篇名是一書的眼目，若能記載詳確，也有助於探索經書的內容。

二、論及成書始末

目錄著錄的主要對象，即是書籍本身，田鳳台先生即分列「釋書名之由」與「釋成書原因」兩項〔註29〕，審其所論的內容，則均屬於「成書始末」的探討，故可併合觀之。所謂「成書始末」的記載，實乃包含成書的所有歷程，例如：有關書籍的取材、成書的動機、成書的過程等等，茲說明如下：

（一）書籍的取材

古書在撰著之時，或有取源於前書的內容，這些資料的說明，乃是相當重要的事情，它能使我們得知二書之間的關係，甚至可以考知其中的傳承與創新。例如：《經義考》卷一三一，賈公彥《儀禮疏》下引「晁公武」之說云：

> 齊黃慶、隋李孟悊各有《疏義》，公彥刪二《疏》為此書。國朝嘗詔邢昺是正之〔註30〕。

據此，則知賈公彥《儀禮疏》一書，乃是刪削黃慶、李孟悊《疏義》所致，則賈氏對於二氏之疏，必經過一番綜整刪削所致，藉由此則敘錄的指明，可使我們得知賈氏之書，實乃取自黃、李二人的《疏義》內容。

又《經義考》卷二百七十四，王士正《水月令》下，竹垞引「士正〈自述〉」如下：

〔註28〕參考註10，卷一六五，頁7。
〔註29〕田鳳台：〈朱彝尊與經義考〉，（《古籍重要目錄書析論》第五章，台北：黎明文化事業股份有限公司，民國79年10月1日），頁148～152。
〔註30〕參考註10，卷一三一，頁4。

曹縣，古北亳地，地瀕大河，其人習知水候。偶得無名子《水候占》
一卷，其辭頗近古，因稍刪次之，爲《水月令》，備河渠參攷焉〔註31〕。
曹縣之地，地瀕黃河，歷來即爲治河的重鎮，其地常面臨水患；也時常遇到旱災〔註
32〕，是以當地的人們，能累積不少的水利知識。《水月令》的成書，乃是根據無
名子《水候占》一書，「稍刪次之」而成，故其文辭具有古風，有助於查考河渠發
源始末。從本書的敘錄中，可知《水月令》與《水候占》之間，實有前後相承的
關係，也能使我們瞭解《水月令》的取材來源，甚且知其文字的風格及內容。

又《經義考》卷一五二，朱熹《中庸章句》條下引「黃震」之語云：

會稽石㙔集濂溪以下十人之説，晦庵先生因其《集解》刪成《輯略》，
別爲《章句》，以總其歸，又爲或問，以明其所以去取之意，已無餘蘊矣。
吳郡衛湜《集解》，乃增入石氏元本，又附入石氏元所不集，與晦庵以後
諸皆取之。晦庵《章句》雖亦錯雜其間，意若反有未滿於晦庵者。天台
賈蒙爲《集解》，雜列諸家，若晦庵《章句》之説，特見一二而已。晦庵
以命世特出之才，任萬世道統之託，平生用力盡在《四書》，《四書》歸
宿，萃於中庸，而二家之所見如此，何哉〔註33〕？

據此，可以得知石㙔《中庸集解》係結合周濂溪等十家論議所成；而朱熹《中庸
輯略》係刪自石㙔之書所成，而《中庸章句》一書，則是總其旨歸。又衛湜《禮
記集說》則增入《中庸集解》全書，更增加石㙔缺錄的內容，以及朱熹以後的資
料。其後，賈蒙撰《中庸集解》，則雜列諸家之文，惟將於朱熹《中庸章句》之文，
僅羅列一二，顯見其對朱熹《中庸章句》的評價不高。綜合上述所論，則自石㙔《中
庸集解》以下，迄於朱熹《中庸輯略》、《中庸章句》，其書籍的取材，或有重複之
處；其後，衛湜《禮記集說》、賈蒙《中庸集解》更是站在石㙔、朱熹的基礎上，
增飾而成。因此，若能尋出石㙔、朱熹、衛湜、賈蒙之書，相互比勘，可以得知
其異動的情形。今石㙔、朱熹、衛湜之書俱存，可據以比勘，惜賈蒙之書，已不
存於世，透過黃震的說明，我們可以得知四書之間的承繼關係，若能具體比勘其
中的承繼關係，將使我們對於四書的關係，能有更清楚的認識。

經籍的取材，往往可以成爲相互比較的題材，若其書有其來源，除了彼此承
繼之外，也勢必會有一些改動的情形，若能尋出二書加以比勘，對於瞭解二書之

〔註31〕參考註10，卷二七四，頁8。
〔註32〕參見：《明史》卷八三～卷八七，〈河渠志〉的相關內容，可以概略明白曹縣所面臨
　　　　的水利問題。
〔註33〕參考註10，卷一五二，頁5。

間的異同，能有更爲清楚的認識。若是前書已佚，而後書的內容，將擁有輯佚的功效，對於文獻整理的工作，也能有所貢獻。透過解題的說明，將使我們掌握許多前後相承，並間有改動的經籍，若能尋出二書，將有助於確立後書的學術價值，也可以成爲研究的素材，在二相比勘之後，可以更使我們瞭解經籍之間的承繼關係，以及其間改動的情形，對於架構整個學術流變史的資料，能有其正面的功效。

（二）成書的動機

書籍在撰著之初，多少會有撰書的動機，尤其在作者的〈自序〉中，更能指出撰述的動機，使讀者可以明瞭其成書的始末。例如：《經義考》卷二五六，薛應旂《四書人物考》條引作者〈自序〉云：

> 《四書人物考》者，考《四書》所載之人物也。孟氏曰：「誦其詩，讀其書，不知其人，可乎？」夫是以考之也〔註34〕。

薛氏有鑑於《四書》所錄的人物繁多，若不能知悉每位人物的事蹟，則無法瞭解書中所記的內容。畢竟一個人的思想、觀念等等，均會受到環境、身份的影響。若能瞭解每位人物的事蹟、身份等等，將有助於瞭解其人的思想、行爲等等，故薛氏將《四書》中所記的人物，取其相關的資料，集結成編，使讀者在閱讀《四書》之時，能順便瞭解其人的事蹟，故可成爲《四書》的輔助資料。

又《經義考》卷一百三十二，黃榦《續儀禮經傳通解》引「陳振孫」一則云：

> 外府丞長樂黃榦直卿撰。榦，晦庵之婿，號勉齋。始晦庵著禮書〈喪〉、〈祭〉二禮，未及論次，以屬榦續成之〔註35〕。

黃榦的成書動機較爲簡單，主要是因爲朱熹的囑託，因而續成其書。朱熹撰著《儀禮經傳通解》之時，未及論次〈喪〉、〈祭〉二禮，是以囑咐其婿黃榦續之，黃榦隨後完書，遂以《續儀禮經傳通解》爲名，是則可知其成書的動機。

（三）成書的過程

每一部典籍的成書過程，都會面臨一些刪削、補訂的程序，竹垞在輯錄解題時，每涉有此點，則一一錄出，以供讀者參考之用。例如：《經義考》卷二五六，薛應旂《四書人物考》條引作者〈自序〉云：

> 余嘗董浙學政，既罷歸，避寇鍾山，故廬盡爲寇燼，惟茲《四書》，每攜以自隨，杜門無事，遂將平生所錄古人行跡，各注於名氏之端者，

〔註34〕參考註10，卷二五六，頁1。
〔註35〕參考註10，卷一三二，頁8。

> 編爲紀傳，總四十卷，其汎引雜證，雖嘗刪次，而文章事行，苟有禆於
> 問學治理者，咸在所錄，信而好古，仲尼且然，小子何人，未能網羅舊
> 聞，以資詳擇，尚忍易爲棄置哉〔註36〕。

據此則敘錄，可知薛氏在撰著《四書人物考》時，正巧遇到盜賊的侵害，其藏書
盡燬於難，惟以《四書》者，乃隨身攜帶之書，是以閒來無事，乃將平生所錄古
人行跡，編輯成冊，凡四十卷，雖曾刪次，但所錄甚雜，故不忍棄置。薛氏是篇
〈自序〉，正清楚的交代其成書的過程，從其記錄之中，可以得知此書乃歷經磨難
而成，是以更值得我們的珍惜與重視。

　　綜合上述所論，根據竹垞所錄的解題內容，能有助於瞭解各種經籍的成書始
末，故值得我們的重視。古人在撰書的過程中，往往歷經不少的困難，當我們明
瞭古人撰書的動機，甚至取材的資料，將有助於我們從事相關的研究，也有助於
保存前人的成果。

三、說明書籍主旨

　　書籍的主旨，係指一書撰著的精華所在。若在考察經籍時，能夠瞭解書籍的
主旨、內涵等等，將有助於瞭解其書的特色，並進而釐出值得研究的課題。竹垞
在輯錄《經義考》時，由於著錄達八千四百餘部的經籍，爲求盡力表達出書中的
內容，故對其主旨的記載，顯得十分的重視，也佔全書內容的重心。透過竹垞解
題的內容，將使我們瞭解各經籍的主旨，並成爲研讀取捨的依據，充份達到指引
讀書治學的目的。如此一來，才能使我們達到飽覽一書，能知群籍經義要旨，進
而達到導讀的功效。若書目僅是帳簿式的記錄，卻不涉及主旨的說明，則其書目
的編纂，將難以達到指引讀者的功效，故有關經籍主旨的說明，乃是《經義考》
的重點要項，值得我們多加參考，以便能藉此開展研究的視野。

　　田鳳台氏所論「釋書之內容」〔註37〕，即胡楚生先生所論之「說明書籍主旨」
〔註38〕，詞雖或異，但所見雷同。《經義考》卷帙多達三百卷，成爲中國書目史上
的鉅著，其書內容博雜，能涵攝八千四百餘部的經學典籍，爲使讀者充份瞭解各
書的重點，故竹垞輯錄許多的解題，使讀者可以按圖索驥，達到指引的功效。竹

〔註36〕參考註 10，卷二五六，頁 1～2。
〔註37〕參考註 29。
〔註38〕胡楚生：《中國目錄學》，（台北：文史哲出版社，民國 84 年 9 月），頁 20。

垞在輯錄前賢的敘錄時，相當重視作者撰書的本意，以求確實達到指引的功效。《經義考》卷二百九十四載竹垞案語云：

> 古書著錄未有不詳其篇卷及撰人姓氏者，故其卷帙寧詳無略。殷淳
> 《四部書目》三十九卷，毋煚《古今書錄》四十卷，王拱辰等《崇文總
> 目》六十六卷，陳騤《中興館閣書目》七十卷，而殷踐猷等《群書四錄》
> 多至二百卷，昔之人豈好騁其繁富哉？蓋以達作者之意，俾論世者知其
> 概爾〔註39〕。

所謂「達作者之意，俾論世者知其概爾。」，為求達到這種目標，則輯錄前賢論書的要旨，俾使讀者能夠得知經籍的內涵，並能從事相關的研究工作。

《經義考》卷二六七，《皇靈孝經》下引「龐元英」語云：「《皇靈》者，止說延年避災之事，及志符文，乃道書也」〔註40〕。《皇靈孝經》的主旨，乃是言明「延年避災之事」，並記錄「符文」之事，其性質同於道書。經過竹垞輯錄的解題，將使讀者瞭解該書的內容，也瞭解其中的性質、主旨。

又《經義考》卷二六七，《孝經雌雄圖》下引《五代會要》云：

> 周顯德六年（959）八月，高麗遣使進《孝經雌雄圖》三卷，《皇
> 靈孝經》一卷。「雌雄」者，止說月之環，暈星之彗孛，災異之應，
> 乃讖緯之書也〔註41〕。

《孝經雌雄圖》已佚，故難以得知其書的內容梗概，但透過《五代會要》的記載，則可知其內容的主旨，乃是「說月之環，暈星之彗孛，災異之應」，十足是讖緯之書，故不僅得知其內容的主旨，也能得知其書的性質。

透過上述說明，則竹垞輯錄的敘錄，可以提供我們瞭解各書撰述的主旨，使我們瞭解各書的性質，並有助於評估其價值。若能透過《經義考》的解題，將使我們快速的掌握資料，並決定是否進行相關的研究，才不會惑於眾多經籍的內容，而無法取捨研究的題材。

四、辨別古書真偽

古籍在流通過程中，往往會有偽籍偽造的情況，前賢每致力於偽籍的考訂工作，故能擁有豐碩的成果，頗具參考的價值。在竹垞輯錄的敘錄中，每涉及偽籍

〔註39〕參考註10，卷二九四，頁6～7。
〔註40〕參考註10，卷二六七，頁5。
〔註41〕參考註10，卷二六七，頁5。

的辨訂，使我們可以瞭解偽書的相關問題。如《經義考》卷一〇〇，申培《詩說偽本》下引「陳弘緒」跋語云：

> 《詩說》一卷，漢・魯人申培著。取豳風〈鴟鴞〉諸篇與魯頌綴於〈周南〉、〈召南〉之後，取〈曹〉、〈檜〉列於鄭、齊之前，取豳風〈七月〉置之「小雅」，而以秦風殿於十五國。於大、小雅曰大、小正，於變雅曰「小雅續」，曰「大正續」。有周頌、商頌，無魯頌。其說多與韓、毛牴牾。按《隋・經籍志》云：「漢初有魯人申公受《詩》於浮丘伯，作《詁訓》，是為《魯詩》。《魯詩》亡於西晉。」此本不知傳自何人，疑為後代偽筆。或曰：「宋・董逌謂：『班固言《魯詩》最近，今徒於他書時得之。是則申公之詩雖亡，猶散見雜出於群帙，後人輯錄而稍補足之，未可知。』」是亦一說也〔註42〕。

據此，竹垞於書名標示「偽」字，以示此書判為偽籍。又在輯錄前賢解題時，引及陳弘緒的跋語，該文力陳本書偽造的情況，其判定的準據，乃是篇名、卷第有所錯亂，與韓詩、毛詩不符，且據《隋書・經籍志》的記載，則魯詩已亡於西晉，故所謂申培《詩說》，乃為偽冒之書。

又《經義考》卷二七三，張霸《偽尚書》條下引《漢書》、「王充」、「黃鎮成」、「王應麟」四說，皆直指張霸偽造《尚書》，茲引「王充」之說以明之：

> 孝成皇帝時讀百篇《尚書》，博士郎史，莫能曉知，徵天下能為《尚書》者，東海張霸案：百篇之〈序〉，造作百二篇，具成奏上成帝。帝出祕尚書以考校之，無一字相應者，於是下霸於吏，吏白霸罪當至死。成帝奇霸之才，赦其辜，亦不滅其經，故百二尚書，傳在民間〔註43〕。

竹垞所錄之文，雖與現存王充《論衡》之文，或有出入，但大致近同。考張霸偽造《尚書》之時，隨即被發現其偽造的情況，但成帝愛惜其才，故赦免其罪，但其書尚能流傳民間，由於事屬確然，故竹垞於書名題作《偽尚書》，藉以明其書籍偽冒的情況。

綜合上述所論，竹垞在輯錄解題之時，雖非專意致力蒐集偽書的考訂，但由於經籍偽冒嚴重，且前賢考訂成果可觀，故其輯錄的內容，每涉及辨偽的情事，後多為張心澂《偽書通考》收錄，以為偽經判斷的標準，說法詳見本書第十章的討論。

〔註42〕參考註10，卷一百，頁3。
〔註43〕參考註10，卷二七三，頁2。案：本文當出於王充《論衡》之文，又見載於張心澂：《偽書通考》（台北：鼎文書局，民國62年10月），頁189，該文有較大的出入。

五、判定書籍價值

在一部典籍的介紹中，除了涉及主旨的說明外，也會兼顧價值的判斷。所謂的價值判定，乃是敘錄編寫者的主觀認定，去引導讀者判明某書的價值，以達到指引的功效。由於一般的初學者，對於典籍的價值與否，很難擁有自己的看法，故此類的解題，則有導引的作用，使讀者可以藉以明白書籍的價值所在，進而從事相關的研究。余嘉錫《目錄學發微》一書中，論及書籍評論的標準：

> 夫欲論古人之得失，則必窮究其治學之方，而又虛其心以察之，平其情以出之，好而知惡，惡而知美，不持己見而有之深入乎其中，庶幾其所論斷皆協是非之公〔註44〕。

好的價值判斷標準，必須要能窮究治學良方，且能虛心考察，平情判斷，不以己見的偏頗，影響到其書的判斷，這種細察的功夫，正是書目編纂者必備的指導原則。

在竹垞輯錄的解題中，亦有涉及經籍的價值判斷，如《經義考》卷一百三十一，賈公彥《儀禮疏》引「馬廷鸞〈序〉」云：

> （略）其為書也，於奇辭奧旨中，有精義妙道焉；於纖悉曲折中，有明辨等級焉；不惟欲人之善其生，且欲人之善其死；不惟致嚴於冠、昏（婚）、朝聘、鄉射，而尤嚴於喪祭。後世徒以其推士禮而達之天子，以為殘闕不可考之書。徐而觀之，一士也，天子之士與諸侯之士不同，上大夫與下大夫不同；等而上之，固有可得而推者矣。周公之經，何制之備也？子夏之《傳》，何文之奇也？康成之《注》、公彥之《疏》，何學之博也〔註45〕。

馬廷鸞相當推崇《儀禮》的價值。首先，就修辭方面，所謂「奇辭」，乃是指其文辭奇特，是以同涉一「士」字，而有「天子之士與諸侯之士不同，上大夫與下大夫不同」等差異，其餘的差異，皆可等而推之。至於「纖悉曲折」，乃是評其修辭的風格，這些有關修辭的評論，均可看出馬氏對於《儀禮》的修辭風貌，亦持肯定的評價。又在內容方面，一書的價值，並非僅限於修辭的奇特，即可成就該書的價值，必須輔以內容的充實，方能提高其撰書的價值。在《儀禮》經文方面，馬氏對其制度的完備，乃至於內容的豐富，取裁的得當，均投以相當高的評價，當然也歸功於鄭玄、賈公彥的博學，更間接提升本書的價值。至於後世學者，以其書殘闕不可考，間接毀棄其書的價值，乃是不知其書價值者也。

〔註44〕余嘉錫：《目錄學發微》，（台北：藝文印書館，民國76年10月），頁54。
〔註45〕參考註10，卷一三一，頁4。

根據上述所論，馬廷鸞重視《儀禮》的價值，其不以後人的評斷，來斷定該書的價值，並能客觀的審視，尋出此書的優點，並言簡意賅的評判其價值，實是一篇不可多得的介紹文字。透過這段文字的敘述，將使我們對於《儀禮》的價值，又有一番全新的體會。

又《經義考》卷二二六，朱熹《孝經刊誤》引「陳振孫」云：

　　抱遺經於千載之後，而能卓然悟疑辨惑，非豪傑特起之士，何以及此，後學所不敢倣倣，而亦不敢擬議也〔註46〕。

此處褒舉朱熹《孝經刊誤》的價值，謂其書能標然自舉，訂疑辨惑，實有可觀之處，故稱許朱熹為「豪傑特起之士」，則其對於朱子著書的價值，乃是抱持相當推崇的態度。

又《經義考》卷一一七，顧夢麟《詩經說約》下引「吳周瑾」云：夢麟，字麟士，吳人。是書亦舉子兔園冊也，然於經義頗有發明」〔註47〕。顧氏《詩經說約》一書，乃是為舉子應試舉編之書。所謂的兔園冊子之流者，乃是雜抄群書所成，即屬於「類書類」的典籍，由於係雜抄群書而成，且是制舉之用的圖書，原本應無太大的價值，但其書間有議論，於「經義頗有發明」，是以又不單純為雜抄之書，尚有其闡釋義理的價值。

判定書籍的價值，除了褒獎之外，也兼及批評之語，如《經義考》卷二七七，王通《元經》下引「晁公武」之語云：

　　隋王通撰，唐薛收傳，皇朝阮逸學。起晉惠帝太熙元年（290），終於陳亡。予從兄子逸仕安康，嘗得其本，歸而示四父，四父讀至「帝問蛙鳴」，哂其陋曰：「六籍奴婢之言不為過。」按《崇文》無其目，疑逸依託為之〔註48〕。

晁公武見到《元經》文辭的簡陋，疑其非王通之作，故疑其為阮逸偽冒之書，若其判定屬實，則原書的價值立判。

在評論前賢經籍的價值，亦有褒貶互見之例，如《經義考》卷二三八，陳櫟《爾雅翼節本》引「（陳）櫟〈自述〉」之語：

　　羅鄂州《爾雅翼》博矣。好處可以廣人之識見者儘多，可恨處牽引失其精當者，不少內引三百篇之《詩》處多不是。嘗編一節本〔註49〕。

〔註46〕參考註10，卷二二六，頁1。
〔註47〕參考註10，卷一一七，頁6。
〔註48〕參考註10，卷二七七，頁8。
〔註49〕參考註10，卷二三八，頁8。

本項解題所謂「羅鄂州」者，乃指「羅願」者也。陳櫟評其優點，乃在於可以廣人識見；至於其中的缺點，即在於誤引《詩經》內容，是書優劣互見，故陳櫟為求彌補其書的缺點，乃嘗試編纂節本，以行於世，則其節本之編，必能審度羅願原書價值，且保留其書的價值，並刪略其失當之處，藉以提供讀者較為正確的參考價值。因此，前賢在解題的撰寫上，每涉於書籍價值的判斷，且能優劣互見，這種客觀的分析判斷，亦能提供讀者研治經學的重要參考。

六、介紹著者生平

敘錄之中，有介紹著者生平事蹟者，其中包含作者的時代、姓名、爵里、學術、軼事等等，舉凡可以補錄撰者生平的傳記，均被列入敘錄收錄的對象。例如：《經義考》卷八十一，樊光遠《尚書解》條下引「汪逢辰」曰：「光遠，字茂實，錢塘人。紹興五年（1135）進士，官福建路轉運副使」〔註50〕。此乃記作者之名，次及字號，次籍貫，次科名，次仕宦等等，此類的例證，幾乎已成為作者事蹟的通則。又《經義考》卷八十，鄭伯熊《書說》條下引「《姓譜》」曰：

> 鄭伯熊，字景望，永嘉人，紹興十五年（1145），登第歷吏部郎，兼
>
> 太子侍讀，宗正少卿，以直龍圖閣知寧國府，卒諡文肅〔註51〕。

此處更兼記作者的諡號。從「紹興」的年號，可以得知此人生活的年代，乃在於南、北宋的關鍵時刻，故能提供讀者參考的依據。整體而論，在竹垞所輯錄的敘錄中，凡是述及有關作者生平事蹟者，率皆依循先記字號，次記籍貫，次記科名，再記仕宦諸項，偶再酌加增減事項，此類的案例隨處可拾，讀者可自行參閱原書。

《經義考》卷八十，李經《尚書解》條下引「朱子（熹）」曰：「李經，叔異，伯紀丞相弟，解書甚好，亦善考證」〔註52〕。此乃兼記別字、兄長、學術評價之例。

綜合上述所論，竹垞在敘錄的輯錄上，多涉有作者生平資料，從這些敘錄的記載中，將有助於瞭解該位經學家的傳記資料，且透過傳記的記載，將使我們不用費心考訂，即可明瞭作者的相關事蹟，有助於做出相關的評價。《經義考》既是經學的書目，其著錄的要點，除了經學的撰著之外，也兼及經學家的記錄，如果能清楚的瞭解經學家的生平、事蹟，將有助於瞭解其作品的內涵。

〔註50〕參考註10，卷八一，頁1。
〔註51〕參考註10，卷八○，頁9。
〔註52〕參考註10，卷八○，頁10。

七、兼記作者著作

《經義考》收錄多達四千三百餘位的經學作家，是以有關作者的著錄，實佔有全書的主體。在竹垞輯錄的敘錄中，亦多涉及作者的相關行事，其中含有作者的其他著作，如：《經義考》卷八，馬融《周易注》下引《後漢書》云：

> 馬融，字季長，扶風茂陵人。桓帝時爲南郡太守，著《三傳異同説》，注《孝經》、《論語》、《詩》、《易》、《三禮》、《尚書》〔註53〕。

《經義考》卷八所記的馬融著作，僅兼及易學一類的典籍，至於其他的經籍，則可藉由《後漢書》的內容，得以窺知一二。由上文可知，馬融除撰有《三傳異同説》之外，並曾注有《孝經》、《論語》、《詩》、《易》、《三禮》、《尚書》等書，若仔細檢閱《經義考》的著錄，可以得知馬融的相關著作如下：

項次	書　名	《經義考》卷　頁	性　質	項次	書　名	《經義考》卷　頁	性　質
1	《周易注》	卷 8　頁 5	易類典籍	6	《喪服經傳注》	卷 136　頁 1	儀禮類典籍
2	《九家易解》	卷 9　頁 3	易類典籍	7	《三傳異同説》	卷 172　頁 4	春秋類典籍
3	《尚書注》	卷 77　頁 2	書類典籍	8	《論語解》	卷 211　頁 6	論語類典籍
4	《毛詩注》	卷 101　頁 2	詩類典籍	9	《孝經注》	卷 222　頁 4	孝經類典籍
5	《周官禮注》	卷 121　頁 2	周禮類典籍	10	《忠經》	卷 279　頁 8	擬經類典籍

觀上述的記載，可以得知《後漢書》的記載，適巧能提供我們考察馬融的撰著，若持與《經義考》相較，則適符合其著錄內容。

上述舉證的內容，可以和竹垞著錄的資料，相互參看，但另有一部份的敘錄，卻可以補其漏記的經籍。例如：《經義考》卷十七，周希孟《易義》下引「蔣垣」語云：

> 希孟，字公闢，侯官人。通五經，尤邃於《易》，與陳襄、陳烈、鄭穆爲友，稱爲海濱四先生。詔授國子監四門助教，力辭。弟子七百餘人，著有《易》、《詩》、《春秋義》〔註54〕。

據此，周希孟曾撰有《易義》、《詩義》、《春秋義》等三書，然考竹垞著錄周氏的

〔註53〕參考註 10，卷八，頁 5。
〔註54〕參考註 10，卷十七，頁 10。

二項撰著，除《易義》之外，又於卷一七九錄有周氏《春秋總例》一書〔註55〕，但未能錄及《詩義》、《春秋義》二書，是以解題的資料，可以補證全書闕錄之失。又《經義考》卷十二，沈驎士《易經要略》下引《南齊書》云：

> （沈驎士）著《周易兩繫》、《莊子內篇訓》，注《易經》、《禮記》、《春秋》、《尚書》、《論語》、《孝經》、《喪服》、《老子要略》數十卷〔註56〕。

在《經義考》的著錄內容中，僅錄及沈驎士《易經要略》、《周易兩繫訓注》、《喪服經傳義疏》、《論語訓注》等書〔註57〕，並未能反映出沈驎士《禮記》、《春秋》、《尚書》、《孝經》等著作，諸如此類的解題內容，可以補證相關的經籍資料。

在敘錄所涉的作者撰述，並非所有的典籍，皆屬於經籍的撰述，亦偶有兼及其他諸類的撰著，例如：《經義考》卷十七，黃晞《易義》下引「《長編》」云：

> 嘉祐元年（1056）十一月，黃晞爲太學助教致仕。晞少通經，聚書數千卷，學者多從之游，著《聲隅書》十卷，自號「聲隅子」〔註58〕。

據此，可以得知黃晞自號「聲隅子」，且曾撰有《聲隅書》一書，雖則此書並非經學之籍，但從前賢的引證資料之中，可以得知此書爲黃晞的著名撰作，可以提供我們參考之用。

八、評介師承交游

學術自有傳承，許多經學作家的立論基礎，乃是承自父兄、或襲自師長、或緣自友朋間的相互交流所致。因此，在論述學術的傳承時，亦必須兼記作者的師承交游，以明其學術的承傳。在《經義考》的敘錄中，亦有涉及作者的師承，或係交游者，可以提供我們進行查考，以明其學術之間的傳承與創新。如《經義考》卷十七，周希孟《易義》下錄有「蔣垣」之語云：

> 希孟，字公闢，侯官人。通五經，尤邃於《易》，與陳襄、陳烈、鄭穆爲友，稱爲海濱四先生。詔授國子監四門助教，力辭。弟子七百餘人，著有《易》、《詩》、《春秋義》〔註59〕。

〔註55〕參考註10，卷一七九，頁5。

〔註56〕參考註10，卷十二，頁2。

〔註57〕《易經要略》見於註10，卷十二，頁2；《周易兩繫訓注》見於註10，卷六九，頁9；《喪服經傳義疏》見於註10，卷一三六，頁6；《論語訓注》見於註10，卷二一二，頁5等等。

〔註58〕參考註10，卷十七，頁10。

〔註59〕參考註10，卷十七，頁10。

據此，可知其交游的情況。從其交游之中，可以發現其友朋之間，亦有相同的嗜好，甚至治學的興趣，也十分相近，以上述周希孟的三位友朋而論，其中陳襄的相關事蹟，與周氏十分相近，《經義考》卷十七，陳襄《易講義》下引「李綱」之語云：

> 古靈先生未仕，刻意於學，得鄉士陳烈、周希孟、鄭穆相與爲友，以古道鳴於海隅。四先生名動天下，既登第，累官劇邑，所至，修學校，率邑之子弟，身爲橫經講說，士風民俗，翕然丕變，官至樞密直學士，尚書右司郎中，累贈少師〔註60〕。

綜合上述所論，陳襄、周希孟有如下幾點近同：

（一）二人在治學方面，均對經學有所偏好，尤在「易」學方面，陳氏撰有《易講義》、周氏則撰有《易義》，是則二人皆有明顯的偏好。此外，陳氏尙撰有《中庸講義》，見載於《經義考》卷一五一，頁二；至於周氏則撰有《春秋講義》、《春秋總例》、《詩講義》等等，故二人雖在易學研究上，有同樣的興趣，但在其他典籍的喜好上，亦有差異，整體而論，則對於經學的研究，擁有共同的興趣。

（二）二人對鄉學的教授，皆有其貢獻。陳氏雖登第中舉，但仍重視鄉學，並「率邑之子弟，身爲橫經講說，士風民俗，翕然丕變。」，可見其推廣經學之意；又周希孟教學亦有功績，更力辭國子監四門助教的職位，且有弟子七百餘人。這種志趣相投的情況，亦使其相交甚歡，故能成爲好友。

竹垞在輯錄解題時，亦多涉於友朋相交的情況，透過這些相交的情況，不僅可以瞭解其間的志趣相投，也有助於瞭解各個文學集團的產生。透過朋友間的聯繫，可窺知各種文學團體的發展及其演變，亦有助於我們瞭解學風轉變的情況，故若能善用這些文獻資料，將有助於從事相關問題的研究。

師承之間，亦會影響到治學的特質，如《經義考》卷十七，劉彝《周易注》下引「蔣垣」的解題如下：「懷安劉彝、邵武、游烈，汀州徐唐，俱從安定胡先生受業」〔註61〕。據此，不僅可知劉彝、邵武、游烈、徐唐四人爲同窗，且知其俱從胡瑗受業，其中劉彝以經學名家，考《經義考》著錄其經學著作如下：

〔註60〕參考註10，卷十七，頁9。
〔註61〕參考註10，卷十七，頁11。

項次	書　名	《經義考》卷頁	項次	書　名	《經義考》卷頁
1	《周易注》	卷 17　頁 10	4	《周禮中義》	卷 122　頁 2
2	《洪範解》	卷 95　頁 7	5	《禮記中義》	卷 141　頁 2
3	《四先生洪範解要》	卷 96　頁 3	6	《七經中義》	卷 242　頁 5

接著我們再檢視有關胡瑗的撰著：

項次	書　名	《經義考》卷頁	項次	書　名	《經義考》卷頁
1	《易傳》	卷 17　頁 6	5	《尚書全解》	卷 79　頁 1
2	《周易口義》	卷 17　頁 6	6	《洪範解》	卷 96　頁 6
3	《繫辭說卦》	卷 17　頁 6	7	《中庸義》	卷 151　頁 2
4	《繫辭解》	卷 69　頁 10	8	《春秋口義》	卷 179　頁 2

　　胡瑗與劉彞乃師徒關係，二人撰著的類別，也大致相近，若能再細校其書的論點，則更可明其傳襲的關係，也可得知二者學術的演進情況。

　　綜合上述的論點，我們得知竹垞重視作者師承、交游的關聯，若能將各經學名家加以串連，並結合成一個文學的集團，且能研究其經學論點的異同，相信將會有不少的創發之處。一門學術的產生及其發展，乃至於一個觀點的提出，都會受到當代學風的影響，至於師承、友朋之間的交互影響，更是影響學者論點的重要因素。若能結合師承及友朋的連繫，甚或一地的經學名家，將有助於確立一種學說的產生及其演化的過程。

九、敘述讎校原委

　　中國古籍目錄之興，往往讎校、編目合一，劉向典校群籍，每一書成，「輒為一錄，論其指歸，辨其訛謬，隨竟奏上，皆載本書，時又別集眾錄，謂之《別錄》，即今之《別錄》是也〔註 62〕。」今日率皆以簿錄敘錄始於劉向，余嘉錫《目錄學發微》指出：

　　　　敘錄之體，源於書敘，劉向所作書錄，體制略如列傳，與司馬遷、
　　　　揚雄〈自敘〉大抵相同〔註 63〕。

〔註 62〕阮孝緒：〈七錄序〉。
〔註 63〕參考註 44，頁 36。

余氏接著言道：「漢、魏、六朝人所作書敘，多敘其人平生之事蹟及其學問得力之所在」〔註64〕是以認為：「敘錄之體，即是書敘，而作敘之法，略如列傳。」〔註65〕。文選《魏都賦‧注》引《別錄》云：「讎校，一人讀書，校其上下，得謬誤為校，一人持本，一人讀書，若怨家相對，故曰讎也。」古代目錄在整理之前，往往經過「校讎」的程序，是以將「校讎」的結果，寫成敘錄，藉以說明圖籍整理的諸多情況。胡楚生論及劉向等寫定敘錄之義例時，曾列出「敘述讎校原委」一項，茲將該說明列諸如下：

　　　將版本之異同，篇數之多寡，文字之訛謬，簡策之脫略，書名之別稱，舉凡一切有關讎校之原委，以及校書者之姓名，上書之年月，備著於敘錄之中，俾使學者得悉一書寫定之經過也〔註66〕。

古時書目編纂，往往讎校、編目同時進行，當整理、校訂工作告一段落之時，即將讎校的始末，寫成敘錄，使學者可以得悉其整理的過程、結果。隨著學科的進展，讎校內容也會更加豐富，《經義考》在編纂上，既廣收他人敘錄，則敘錄所論，亦能兼論各項的讎校過程，自然也是相當豐富。此處所論「讎校原委」，乃是指後世的整理、校勘等行為。考知田鳳台氏所論諸項敘錄資料，並不及於讎校原委，今依姚名達、胡楚生先生等見解，稍加刪併，亦得以從竹垞所錄的敘錄中，鉤勒出讎校的過程及其成果，茲將各項說明及例證，細述如下：

（一）論述鏤板始末

　　竹垞獨立「鏤板」一項，專為論述鏤板始末，舉凡經籍刊印時間、書體、地點、流程、版本異同、優劣、功過等等，鉅細靡遺，足以反映經籍刊印的歷史。除去「鏤板」一項著錄內容之外，其他敘錄之間，亦有論及經籍版刻的相關內容，總其大項，有如下幾項要點：

　　1、刊印之人

　　如卷二五六，陶廷奎《四書正學衍說》下引「張士紘」云：「其子幼學刊行之」〔註67〕。據此，則知其刊印之人為作者之子。

　　2、刊印時間

　　如《經義考》卷一百二十九，夏休《周禮井田譜》引「陳振孫」云：「淳熙中，

〔註64〕參考註44，頁39。
〔註65〕參考註44，頁39。
〔註66〕參考註38，頁19。
〔註67〕參考註10，卷二五六，頁8。

樓鑰刻之」〔註68〕。據此，則知《周禮井田譜》一書，有淳熙年間刻本。

又《經義考》卷二三七，陸德明《爾雅音義》引「《玉海》」云：「天聖四年（1026）五月國子監摹印陸德明《音義》二卷頒行」〔註69〕。根據上述所論，陸德明《爾雅音義》曾於天聖四年五月間，有國子監摹印此書，並頒行於世。

3、刊印地點

竹垞在解題的輯錄上，亦有兼及刊印地點的記錄，如《經義考》卷二三八，陸佃《爾雅新義》下引「陳振孫」云：「頃在南城，傳寫凡十八卷，其曾孫子遹，刻於嚴州，爲二十卷」〔註70〕。陸佃《爾雅新義》有「宋刊本」、「影抄本」、「伊蒿學廬黑格抄本」、「舊抄本」、「嘉慶陸芝榮刊本」、「粵雅堂刊本」等諸多版本〔註71〕此書於清代之前，多以抄本方式存在，是以《四庫全書總目・提要》乃根據《永樂大典》的轉錄，以其書「文字譌闕，亦不能排纂成帙」，殊不知宋代即有刊本傳世，是以四庫館臣所論的內容，並非屬實〔註72〕。因此，根據陳振孫的解題得知，陸佃《爾雅新義》一書，已有嚴州刊本傳世，對於瞭解該書的流傳，實有不小的助益。

又《經義考》卷二二五，邢昺等撰《孝經正義》引《宋會要》云：「（咸平三年，西元1000年）十月，命杭州刻板」〔註73〕。是以《孝經正義》一書，曾在杭州刻板行世。

除了一般民間刊刻之外，亦有在中央刻印者，如《經義考》卷二三五，劉三省等人《孟子節文》下引「楊士奇」之語：

> 《孟子節文》一冊，有翰林學士劉三吾題辭，蓋三吾等奏請爲之者也，總一百七十餘條。此外，惟課試不以命題，科舉不以取士而已，刊板在太學〔註74〕。

據此，劉三省《孟子節文》曾於太學刊板發行。從上述說明中，可以看出各種經籍的刊印地點，也助於我們考察版刻發展的情況。

〔註68〕參考註10，卷一二九，頁13。
〔註69〕參考註10，卷二三七，頁7。
〔註70〕參考註10，卷二三八，頁2。
〔註71〕宋刊本即陳振孫所謂的「嚴州刊本」，見載於陳振孫：《直齋書錄解題》卷三，頁39。又「影抄本」見載於瞿鏞《鐵琴銅劍樓藏書目錄》卷七，頁3。「伊蒿學廬黑格抄本」見載於莫伯驥《五十萬卷樓藏書跋文》卷三，頁78。又「舊抄本」見載於陸心源《皕宋樓藏書志》卷十二，頁2、張金吾《愛日精廬書志》卷七，頁2等等。又「粵雅堂叢書本」爲南海伍崇曜所刻。
〔註72〕余嘉錫《四庫提要辨證》已有駁正，讀者可以自行參證該書，茲不贅述。
〔註73〕參考註10，卷二二五，頁1。
〔註74〕參考註10，卷二三五，頁8。

4、刊印始末

在竹垞的解題中，每能見及刊印的始末，使人得知刊印的過程，如《經義考》卷四十二吳澂《易纂言》、《易敘錄》下，引「□觀生〈跋〉」云：

先生著是書幾四十年，其間稿成改易者凡數四，壬戌秋，書成。然未嘗以示人。明年春，觀生固請鋟諸梓以示學者，先生慨然許之，猶慮傳寫之誤或差，乃命抄寫而自督視，因正其未安，明其句讀，而益加詳密，寫未及半，適特旨遣使召入翰林，度不可辭，不數日上道，觀生隨侍至郡城，集同志分帙畢寫，將及九江點校纔竟，若〈卦圖〉、〈象例〉陸續刊行，因書之成，遂志年月於右。……〔註75〕。

觀生親自參與整個刊印事宜，故所述過程，相當仔細周詳，從敘錄中得知本書刊印的謹慎態度，值得我們的重視。由於歷來刻印之時，往往傳寫誤差，導致文意未能順讀，甚且遺誤後學。吳澂能親自參與督校，縱使奉詔入京，中途亦能點校未停，刊印弗綴，這種精神，實值得後世學者的參考。

又《經義考》卷二三八，羅願《爾雅翼》下引「都穆〈序〉曰」云：

《爾雅翼》者，其為卷三十有二，總十萬餘言，宋知鄂州新安羅公願之所著也。書嘗一刻於宋，再刻於元，以屢經兵燹，人間罕存。雖公之後人，與鄉之士大夫間有藏者，率皆繕寫，且多訛缺。予家舊藏乃宋刻本，後以歸李工部彥夫，蓋彥夫新安人也。今羅公十六世孫文殊持是書來謁，詢之知其捐貲新刻，即予向所遺李君者也〔註76〕。

據此，則知明武宗正德十四年（1519）羅文殊覆宋刊本的底本來源，乃是源自都穆所藏的宋刊本。由都穆的〈序文〉得知，其所藏宋刊本，曾流至李彥夫，復為羅文殊取得，乃捐貲刊刻行世，這種刊刻的過程，若非經由都穆之文，實難以得知其始末。因此，根據竹垞輯錄的〈序文〉內容，則雖未能確實目見羅文殊覆宋刊本，亦能得知其刻印的原委。

5、版本優劣

經籍的刊印，其利在於廣通，有功於名教，若書賈競利刻印，導致訛誤難讀，不僅未利於名教，甚且遺誤後學，是以版刻的好壞，則不得不辨，以利讀者採擇的參考。《經義考》所輯敘錄中，亦有涉及版本優劣的評論，如《經義考》卷二九三，引「葉夢得」之說如下：

〔註75〕參考註10，卷四二，頁6。
〔註76〕參考註10，卷二三八，頁7。

今天下印書，以杭州爲上，蜀本次之，福建最下。京師比歲印板，
殆不減杭州，但紙不佳，蜀與福建多以柔木刻之，取其易成而速售，故
不能工，福建本幾遍天下，正以其易成故也〔註77〕。

據此，可知各版本間的優劣情況，若讀者在研究之前，能善考版刻好壞，將能易
致於功，是以此則敘錄之中，亦提供讀者取擇版刻的參考。

綜合上述所論，竹垞所錄解題，對於我們瞭解有關版刻的情況，實有若干的
助益。古代版行廢時，是以有關版刻的諸般經過，乃是相當複雜的事情，是以透
過竹垞輯錄的解題，將使我們認識經籍版刻的重要及其要點。

（二）載明篇數多寡

自古以來，讎校與編目往往一併產生，在讎校的過程之中，往往會載明篇數
之多寡，頗有利於後世考察存佚的參考。篇數的多寡，不僅可使我們瞭解內容的
多寡，也有助於日後輯佚的進行，是以若能言明篇數的多寡，乃至於各種篇名，
將有利於我們從事經學的研究。如《經義考》卷十五，陸希聲《周易傳》下引「陳
振孫」之言：

按《唐志》有《易傳》二卷，《中興書目》作六卷，別出《微旨》
三卷。今所謂《解說》者，上、下經共一冊，不分卷。有序言著《易傳》
十篇。七篇以上，解《易》義之精微；八篇以下，廣《易》道之旁行。
第爲六卷。又撰《易圖指說》、《釋變微旨》各一卷，通爲十卷。其上、
下經，蓋第一、第二篇。經文一句，傳亦一句。門人以爲難曉，故復爲
之解。然則其全書十卷，不盡傳矣。家舊惟有《微旨》，續得《解說》一
編，始知其詳〔註78〕。

據此，知其書中內容，及其卷帙的分合，有助於增進讀者對於全書的認識。

（三）校訂文字參差

文字的訛謬，往往成爲敘錄探討的重點，尤其是文獻編目者，大都經過讎校
的過程，故在廣稽眾本之後，將各本間的文字異同錄出，藉以提讀讀者考察的參
考。從古籍的勘證上，我們可以看出各書傳本的異同，尤其是文字的參差部份。
如《經義考》卷十四，郭京《易舉正》下引「洪邁」之說如下：

《易舉正》三卷云：曾得王輔嗣、韓康伯手寫注定傳授眞本，比校

〔註77〕參考註10，卷二九三，頁3～4。
〔註78〕參考註10，卷十五，頁5。

今世流行本及國學、鄉貢、舉人等本，舉正其訛，凡一百三節。今略取
其明白者二十處，載於此。〈坤〉，初六，「履霜，堅冰至」。〈象〉：「履霜，
陰始凝也。馴致其道，至堅冰也」。今本於〈象〉文「霜」字下誤增「堅
冰」二字。〈屯〉，六三，〈象〉曰：「即鹿無虞，何以從禽也。」今本脫
「何」字。〈師〉，六五，「田有禽，利執之，無咎」。元本「之」字，行
書向下，引腳稍類言字，轉寫相仍故，誤作「言」，觀註義亦全不作「言」
字釋也。〈比〉，九五，〈象〉曰：「失前禽，舍逆取順也」。今本誤倒其句。
〈賁〉，「亨不利有攸往」。今本「不」字誤作「小」字。「剛柔交錯，天
文也；文明以止，人文也」。注云：剛柔交錯而成文焉，天之文也，今本
脫「剛柔交錯」一句。〈坎〉卦「習坎」上脫「坎」字。〈姤〉，九四，「包
失魚」，註云：「有其魚，故失之也」。今本誤作「無魚」。……予頃於福
州道藏中見此書而傳之，及在後省見晁公武所進《易解》多引用之，世
罕有其書也〔註79〕。

上述引文甚長，筆者僅摘錄其部份內容，使讀者得以瞭解前賢在校訂文字方面，
亦頗費心力，且易於發現經籍傳刻過程中，所生的文字異動情況。

又竹垞所輯的敘錄中，除了校訂個別文字的參差外，也有總論文字讎校的結
果，如《經義考》卷二四四，毛居正《六經正誤》引「陳振孫」之語云：

　　　柯山毛居正義甫校監本經籍之誤，所欲刊正者，魏鶴山為之〈序〉，
而刻傳之。大抵多偏旁之疑似者，凡六卷〔註80〕。

此處雖然未能一一指明文字的差異，但卻總論其校勘成果，乃是釐正「偏旁之疑
似者」，是以《六經正誤》的成果，乃是校訂文字偏旁的差異。

綜合上述所論，前人在讎校過程中，亦能重視文字參差者，是以前賢在整理
圖書的過程中，亦每言及文字的差異，並釐正其間的異同，以求還其原書本貌。

（四）載明相關年月

《經義考》卷一百二十九，夏休《周禮井田譜》引「陳振孫」云：「進士會稽
夏休撰，紹興時表上之，淳熙中，樓鑰刻之」〔註81〕。據此，則知《周禮井田譜》
一書，乃是紹興年間，上呈朝廷的書籍。

又在《經義考》卷二四六，姚樞等人《五經要語》下引「黃虞稷」云：

〔註79〕參考註10，卷十四，頁9～10。
〔註80〕參考註10，卷二四四，頁3。
〔註81〕參考註10，卷一二九，頁13。

－227－

　　　　至元三年（1267），姚樞、竇默、王鶚、商挺、楊果等纂進，凡二
　　十八類〔註82〕。

據此，則知《五經要語》一書纂成時代，以及其上書朝廷的年代。

　　年月的資料，係瞭解學風轉變的重要依據，若能將年月資料，集結成編，可
以瞭解各經籍刊印、撰成的時間，也可以瞭解各時代的學術觀念等等，是以年月
資料是相當重要的參考依據。竹垞雖然載錄相當數量的年月資料，可以提供讀者
許多使用的便利，但亦有刪錄之舉，翁方綱於《經義考補正》卷第一，沈該《周
易小傳》下云：

　　　　竹垞先生此書所最失檢者，於進表及序跋多刪其歲月也。今方綱隨
　　所見者補入，亦頗未能詳盡，謹識於此，以當發凡〔註83〕。

則翁氏對於竹垞刪略歲月者，乃寄予無限的憾恨，故能發憤輯錄竹垞失漏的歲月，
說法詳見第九章「《經義考》的缺失研究」一文。因此，有關解題所錄年月，若能
逐一排比，則可瞭解更多經學的課題，值得讀者的重視。

（五）說明字數多寡

　　竹垞所輯解題中，亦有涉及字數多寡的統計，如《經義考》卷二三二，趙岐
《孟子註》下引「陳士元」之說如下：

　　　　趙氏謂《孟子》七篇，二百六十一章，今七篇，二百六十章。趙謂
　　三萬四千六百八十五字，今實有三萬五千四百一十字，較趙說多七百二
　　十五字，詳考趙注《孟子》文，與今本不差，趙蓋誤算也〔註84〕。

據此，則亦有言明字數多寡的統計，欲求取這種統計的結果，往往耗費時日點算，
但卻未必有太多的參考價值，畢竟每一種版刻的字數，都多少或有出入，且在算
字過程中，亦有可能產生失誤，但古人能逐一核檢原書字數，亦可看出其精神令
人感佩。

　　綜合上述所論，竹垞所輯錄的解題中，往往涉及讎校的過程，這些記載的內
容，能反映出古代目錄的概貌。古代編纂書目，往往讎校、編目混而為一，是以
有關讎校的過程、內容，大抵都是目錄編纂者重視的課題，在竹垞收錄的解題中，
也包含許多相關的內容，說法詳見上文。

〔註82〕參考註10，卷二四六，頁1。
〔註83〕參考註11，卷第一，頁12。
〔註84〕參考註10，卷二三二，頁4。

十、泛釋學術源流

學術的發展，往往會有其傳承，若能考察學術發展的源流，將使我們清楚的掌握時代的演變，也更瞭解學術的脈動。如《經義考》卷一百二十二，王昭禹《周禮詳解》項引「陳振孫」云：「近世爲舉子業者，多用之，其學皆宗王氏新說」〔註85〕。所謂「王氏新說」者，乃指王安石的《新經周禮義》，由於王氏曾主導政局的發展，在其任職期間，因掌握大權之故，是以當時應舉的文士，紛紛用其所撰新說，其學說遂大行於世。王昭禹《周禮詳解》乃是取用王氏之義，並加以增補，推而詳之，故當時士子亦多用其書。又竹垞另引「王與之」之語云：「昭禹，字光遠，有《周禮詳解》，用荊公而加詳」〔註86〕可見王昭禹之書，除能承繼王安石《新經》的內容外，更加詳密，若從學術發展的源流來看，則王昭禹的撰著，乃深受王安石的影響，而昭禹創作的方式，則是取用荊公之論，復加以增補，使其更加完善，這種學術演變的情況，值得我們瞭解當時學術的演變情況。

又《經義考》卷一四九，唐明皇《御刊定禮記月令》引《宋三朝國史藝文志》云：

> 初《禮記·月令篇》第五，即鄭注。唐明皇改黜舊文，附益時事，號《御刪月令》，升爲首篇。集賢院別爲之注，厥後學者傳之，而釋文義疏皆本鄭注，遂有別注小疏者，詞頗卑鄙。淳化初，判國子監李至請復行鄭注，詔兩制三館祕閣集議，史館修撰韓丕、張佖、胡旦條陳唐本之失，請如至奏，餘皆請且如舊，以便宣讀：《時令》。大中祥符中，龍圖閣待制孫奭又言其事，群論復以改作爲難，遂罷〔註87〕。

是篇論及唐明皇《御刊定禮記月令》改制的原委，使讀者知道該書演變的情況。

又杜預係左氏的功臣，若無杜預的《集解》，則左氏之書，雖未必會沒落無聞，但所受到的重視，勢將大打折扣，但杜氏編纂《集解》之時，究竟承繼何書？則前賢在討論杜預《集解》時，已替我們指明相關的答案。《經義考》卷一七三，杜預《春秋左氏經傳集解》下引「晁公武」之說：

> 晉杜預元凱集劉子駿、賈景伯父子、許惠卿、潁子嚴之注。分經之年與傳之年相附，故題曰《經傳集解》〔註88〕。

據此，則可知杜預《集解》的學術源流，乃溯及「劉子駿、賈景伯父子、許惠卿、

〔註85〕參考註10，卷一二二，頁3。
〔註86〕參考註10，卷一二二，頁3。
〔註87〕參考註10，卷一四九，頁3。
〔註88〕參考註10，卷一七三，頁3。

穎子嚴」諸人的注解，復加以編排、考訂所致，則杜預之書，乃是承繼上述諸人的論點，復加以比附增訂所致，則其思想、內容，亦將承自上述諸家的論點。

　　學術的發展及其演變，均值得我們詳加探討，瞭解一書的承繼來源，將有助於掌握其學說的理論，若能詳加考訂二書間的異同，則能瞭解其間的轉變情況，這將有助於定位其書的價值所在，也能瞭解學風的種種變化。因此，瞭解學術演變的源流，將有助於我們認識經學間的傳承關係，並透過彼此的比較，使我們得以掌握各期學術的特點，也更能客觀的評斷書籍的價值。

十一、詮釋學風轉移

　　經學的研習，往往會隨時代的差異，或係學風的轉移，而有不同的變化。學風的轉移，往往是逐漸改變，是以要透過細察的功夫，才能瞭解其間的各種變化。前人在寫序跋、解題之時，往往也會注意時風轉變的情況，這對於我們瞭解各期的學術發展，能有參考的價值。如《經義考》卷一百三十二，黃榦《續儀禮經傳通解》引楊復〈序〉曰：

> 近世以來，儒生習誦，知有《禮記》，而不知有《儀禮》；士大夫好古者，知有唐開元以後之禮，而不知有《儀禮》〔註89〕。

據此，則知宋末元初之際，儒生但習《禮記》，卻不知有《儀禮》之經；且士大夫之流者，亦僅知有唐開元之禮，卻不知《儀禮》的重要，這種學風的轉化，實有偏頗的現象。我們透過上述的說明，將可掌握各期學風的變化情況。

十二、言明藏書情況

　　在《經義考》的敘錄中，或言明藏書體系者，如卷一百五十一，程顥《中庸解》引「晁公武」云：

> 明道《中庸解》，陳瓘得之江濤，濤得之曾天隱，天隱得之傅才孺云。李丙所藏也〔註90〕。

則程顥《中庸解》一書，陳瓘得之江濤，江濤復得之於曾天隱，曾天隱更得之傅才孺，由此可見其書藏書體系。

　　又《經義考》卷十七，黃晞《易義》下引《長編》云：

〔註89〕參考註10，卷一三二，頁6～7。
〔註90〕參考註10，卷一五一，頁3。

嘉祐元年（1056）十一月，黃晞爲太學助教致仕。晞少通經，聚書
數千卷，學者多從之游，著《聲隅書》十卷，自號「聲隅子」〔註91〕。

據此，則知黃晞曾聚書數千卷，亦堪稱爲藏書之家。黃晞既屬於藏書家，亦屬於
經學家，故竹垞在輯錄其相關事蹟時，亦會涉及其藏書之事。有關經學家藏書、
讀書、著書之事，往往有相互的關聯，故亦可藉此觀察各經籍家的藏書情況。

又《經義考》卷二五一，孫承澤《五經翼》下錄「承澤自序」云：

襄時海內藏書家汴中西亭王孫，予官汴時，西亭已歿，與其孫永之
善，因得盡窺其遺籍，約十萬餘卷，尤重經學，中多祕本，世所鮮見，
予雖困頓簿書，日借其經學一類，課兒輩抄錄之，攜歸京師，壬午河決，
王孫之書盡沈洪流中，賴予家猶存其什一〔註92〕。

據此，則知朱西亭家藏甚富，藏書大約十萬餘卷，且重視經學，中多祕本，至於
其書乃毀於水災。朱氏之書雖毀，但孫氏的藏書，泰半抄錄西亭的藏書所致，故
透過這些說明，將可使我們得知各藏書家的相互關係，也能瞭解朱西亭、孫承澤
二家藏書的始末。

除了私家藏書之外，也兼及論到史館藏書，如《經義考》卷二四二，盧士宗
《五經精義》下引《玉海》云：「《仁宗實錄》：盧士宗在經筵撰《五經精義》，上
之，詔藏史館」〔註93〕則其書曾藏於史館者也，這不僅顯示出藏地，也間接肯定
該書的價值，亦深受到皇室的認同。史館爲宮中藏書之地，其所搜羅的典籍，亦
有相當的價值。盧氏《五經精義》得入史館，顯見其書深富研究價值，亦不容輕
忽者也。

從上述說明中，我們可以藉由竹垞輯錄的解題，考察各期藏書的諸多情形。
書流的流通，得歸功於藏書家的細心保留，才能保留至今，至於各藏書之家，也
往往都是讀書文士，也多有撰著存世，是以竹垞在輯錄各經學家的資料時，也會
涉及其藏書的情況，若能全面竹垞輯錄的解題，將有關藏書的敘錄輯出，相信將
有助於瞭解中國藏書的演變情況，值得我們多加關照。

十三、申論書籍義例

每部書籍，都有其成書的體例，竹垞在解題的輯錄上，亦往往涉及各書的義

〔註91〕參考註10，卷十七，頁10。
〔註92〕參考註10，卷二五一，頁1。
〔註93〕參考註10，卷二四二，頁5。

例，值得我們多加留意。如《經義考》卷一七四，范甯《春秋穀梁傳集解》下引「陳振孫」言：

> （前略）（范）汪沒之後，始成此書，所集諸家之說，皆記姓名，
> 其稱「何休曰」及「鄭君釋之」者，即所謂《發墨守》、《起廢疾》也。
> 稱「邵曰」者，甯從弟也，稱「泰曰」、「雍曰」、「凱曰」者，其諸子
> 也。……〔註94〕。

范甯集釋前賢之說，則率皆記其姓名，然其親友諸子之說，則僅注其名，卻不及於姓氏的說明，此乃范甯《春秋穀梁傳集解》撰書的通則，若不留意其著書的體例，則乍看「泰曰」、「雍曰」、「凱曰」等等，皆會有不知所云的疑惑，未詳其中代表何人的見解。

又《經義考》卷二五六，胡廣等人《四書大全》下引「顧炎武」之說如下：

> 《春秋大全》則全襲元人汪克寬《胡傳纂疏》，但改其中「愚按」
> 二字爲「汪氏曰」，及添盧陵李氏等一二條而已。《詩經大全》則全襲元
> 人劉瑾《詩傳通釋》，而改其中「愚按」二字爲「安成劉氏曰」，其三經
> 後人皆不見舊書，亦未必不因前人也〔註95〕。

是則可知胡廣等人，篡改汪克寬《胡傳纂疏》以成《春秋大全》之書，書中所謂「汪氏曰」，實則指「汪克寬」者也。又改劉瑾《詩傳通釋》爲《詩經大全》，且其中「安成劉氏」，即指劉瑾者也，是以若不明白其中著書的體例，將無法瞭解其究竟代表何人見解？是以若能明白其撰書的體例，將可清楚掌握其中代表的意義。至於有關《五經大全》的相關問題，讀者可以參閱林慶彰先生〈五經大全之修纂及其相關問題探究〉一文〔註96〕，該文有較爲完整的分析。

綜合上述所論，書籍義例的釐測，將使我們瞭解該書創作的方式，也有助於瞭解是書的內容。否則，若無法明瞭書籍編纂的義例，將使我們難以利用其書，更遑論善用其書的價值。因此，若在研究一書之前，先能瞭解其編纂體例，將有助於運用該書，並確實掌握其書的價值所在。透過竹垞的引書內容，將使我們瞭解經學的各種情況，如若能善用其引書的內容，則面對浩瀚的經籍文獻，將能快速的掌握相關資料，以便進一步研究其內容。因此，自從《經義考》成書以來，其蘊藏的豐富內容，成爲我們掌握經學問題的利器。根據上述所論及的事項，我

〔註94〕參考註10，卷一七四，頁5。
〔註95〕參考註10，卷二五六，頁4。
〔註96〕林慶彰：〈五經大全之修纂及其相關問題探究〉，（台北：文史哲出版社，《明代經學經究論集》，民國83年5月），頁45～50。

們可以從各種角度，來研究經學的相關問題，本書也能提供我們研究的題材，若能善於加以利用，將有助於發掘各種的經學問題，成為我們研治經學的參考準據。

附表一 《經義考》的引書種類簡表

一、下列的簡表，可以反映《經義考》的引書來源，同一部經籍的著作，則僅舉一例以示見，藉以避免冗贅。

二、引書的分類部份，其屬於經部的典籍，則略依《經義考》的分類類目，逐加排比而成。其他如史部、子部、集部諸籍，則略依《四庫全書總目提要》的分類次第，加以依排安置。

三、《經義考》引書種類甚多，本表尚有未及考出的資料，將留待日後再行努力。

經部・易類

解題的題稱	確切的出處	卷頁	解題的題稱	確切的出處	卷頁
康熙皇帝御製序	日講易經解義	1：4	易通卦驗	易通卦驗	4：1
易辨終備	易辨終備	4：1	吳仁傑	易圖說	4：6
孫坦	周易析蘊	5：2	薛季宣	易林	6：3
項皋謨	周易注	11：8	孔穎達	周易正義	14：1
趙蕤	注關子明易傳	14：5	邢璹	周易略例疏	15：6
劉牧	易數鉤隱圖	16：6	呂祖謙	易傳	20：2
陳正同（陳瓘之子）	了翁易說	20：5	晁說之	錄古周易	20：6
晁說之	易規	20：7	孫垓	吳園易解	22：2
耿南仲	易解義	22：4	張獻之	紫巖易傳	23：3
沈該	周易小傳	23：4	朱震	周易卦圖	23：8
吳沆	易璇璣	24：3	郭雍	傳家易說	24：5
張行成	周易通變	26：1	周汝能樓鍔	周易義海撮要	26：2
楊簡	慈湖易解	27：1	曾熠	己易	27：1
林栗	周易經傳集解	27：5	程迥	古易占法	28：1

許興裔	復齋易說	28：3	項安世	易易玩辭	28：3
虞集	周易玩辭	28：4	張時徹	誠齋易傳	29：3
張嗣古	大易粹言	29：5	李燾	周易古經	29：6
吳元壽	集古易	30：4	朱子（朱熹）	古易	30：6
朱鑑	古易音訓	30：7	朱子（朱熹）	易學啓蒙	31：1
朱子（朱熹）	蓍卦考誤	31：1	林至	易裨傳	31：7
胡一桂	周易本義附錄纂疏	31：9	蔡沈	周易經傳訓解	31：10
林焞	童溪易傳	32：6	方回	周易集義	33：2
俞琰	丙子學易編	33：7	鄭陶孫	易翼傳	34：6
王應麟	輯周易鄭注	35：3	林光世	水村易鏡	35：5
黃震	讀易日抄	35：7	趙汝楳	周易輯聞	36：1
趙汝楳	易雅	36：1	趙汝楳	筮宗	36：2
稅與權	校正周易古經	36：2	史子翬	易學啓蒙小傳	36：4
方實孫	淙山讀周易記	36：5	董楷	周易傳義附錄	37：2
朱士立（朱元昇之子）	三易備遺	39：7	太古見易篇自序	太古見易篇	39：7
周易分注自序	周易分注	39：8	劉涇	易學啓蒙通釋	40：2
納蘭成德	周易集說	40：8	方舟	易互體例	41：1
焦竑	易纂言	42：6	鄭滁孫	中天述考	43：1
潘旦	周易本義通釋	43：6	趙采	周易折衷	44：1
胡震	周易衍義	44：3	陳櫟	東皋老人百一易略	44：6
程文海	大易緝說	44：8	任士林	保八易源奧義	45：8
车璜	周易原旨	45：8	陳櫟	周易本義集成	46：3
朱升	讀易玫原	46：3	董撰（董真卿之子）	周易會通（董真卿）	46：5
董真卿	易傳因革	46：5	黃溍	周易爻變易蘊	47：2
錢義方	周易圖說	47：4	雷思齊	易圖通變	48：5
朱升	周易旁注	49：1	梁寅	周易參義	49：2
朱權	大易舉隅	49：3	王恕	玩易意見	49：10
談綱	讀易愚慮	50：2	談綱	卜筮節要	50：3

談綱	易指攷辨	50：3	謝廷讚	周易蒙引	50：5
朱綬	易經精蘊	50：8	何孟春	易疑初筮告蒙約	51：1
許誥	圖書管見	51：4	鄒元標	讀易日記	51：5
崔銑	讀易餘言	51：5	崔銑	易大象說	51：6
湛若水	修復古易經傳訓測	51：6	蔣一葵	周易議卦	52：2
唐龍	易經大旨	52：2	蘇祐	易學啓蒙意見	52：3
張思靜	卦爻要圖	52：4	鍾芳	學易疑義	52：5
梅鷟	古易攷原	52：8	鄭絧	周易贊義	52：10
洪朝選	學易記	52：10	季本	易學四同	53：1
季本	圖文餘辯	53：3	季本	蓍法別傳	53：3
洪朝選	易經存疑	53：5	關直方	周易約說	53：7
沈燁	復古篇	53：10	徐體乾	周易不我解	54：1
李舜臣	易卦辱言	54：2	葉良珮	周易義叢	54：3
楊爵	周易辨錄	54：5	張袞	易象大旨	54：5
熊過	周易象旨決錄	54：6	胡震亨	易疑	54：11
陳士元	易象鉤解	55：1	王道行	圖書就正錄	55：2
李贄	九正易因	55：3	徐師曾	今文周易演義	55：3
姜寶	周易傳義補疑	55：3	孫應鰲	淮海易譚	55：4
顏鯨	易學義林	55：5	楊時喬	周易古今文全書	55：7
郭子章	周易集注	55：10	任惟賢	周易義訓	56：1
張獻翼	讀易韻考	56：2	曾士傳	正易學啓蒙	56：4
葉山	八白易傳	56：4	金瑤	六爻原意	56：4
方時化	周易指要	56：8	王世貞	周易參疑	57：2
黃正憲	易象管窺	57：5	郭子章	蠙衣生易解	57：6
曹學佺	易象通	58：2	陳第	伏羲圖贊	58：3
鄧伯羔	古今易詮	58：4	傅文兆	義經十一翼	58：4
浦大冶	易外別傳	58：5	彭好古	易鑰	58：6
章潢	周易象義	58：8	姚舜牧	易經疑問	59：1
曾朝節	易測	59：2	蘇濬	周易冥冥篇	59：3

屠隆	讀易便解	59：3	鄒德溥	易會	59：5
錢一本	像象管見	59：5	錢一本	啓新齋易象鈔·續鈔	59：5
焦竑	洗心齋讀易述	59：6	焦竑	易筌	60：1
高攀龍	大易易簡說	60：1	高攀龍	周易孔義	60：2
郝敬	易領	60：2	郝敬	問易補	60：2
郝敬	學易枝言	60：3	錢一本	學易飲河	60：3
吳炯	周易繹旨	60：5	萬尚烈	易大象測	60：6
高出	古易彙編意辭集	60：7	孫愼行	周易明洛義纂述	60：8
朱之蕃	周易宗義	61：1	王在晉	周易古象通	61：2
樊良樞	易象	61：2	陳繼儒	易贊	61：3
陸鳴動	易略	61：5	文翔鳳	邵窩易詁	61：5
羅喻義	讀易內篇問篇外篇	61：7	錢棻（錢士升之子）	易揆	61：9
吳極	易學	61：10	方孔炤	周易時論	61：10
繆昌期	周易會通（汪邦柱）	61：11	方鯤	易盪	62：1
郝敬	易說	62：1	吳桂森	象像述	62：1
劉宇	周易懸鏡	62：3	曾化龍	易說醒	62：4
陸起龍	周易易簡編	62：5	洪化昭	日北居周易獨坐談	62：6
林有桂	易經觀理說	62：6	陳履祥	孔易轂	62：7
王祚昌	周易敝書	62：7	王艮	易贅	62：8
張次仲	周易玩辭困學記	63：1	鄭開極	易象正	63：3
龍文光	乾乾篇	63：4	曹勳	雪園易義	63：5
何楷	古周易訂詁	63：6	章美	周易爻物當名	63：8
鄭虜唐	讀易蒐	63：8	文德翼	易疏	64：1
周一敬	苑洛先生易學疏	64：2	胡世安	易史	64：3
鄭敷教	易經圖考	64：3	王思任	尺木堂學易志	64：4
孫承澤	孔易	64：4	陳際泰	周易翼簡捷解	64：6
嚴福孫	易序圖說	64：7	朱朝瑛	讀易略記	64：8
來集之	讀易隅通	64：10	來集之	易圖親見	64：10
錢澂之	讀易緒言	64：11	蔡鼎	易蔡	65：1

唐元竑	易通	65：1	嚴福孫	周易通義	65：3
嚴福孫	易象圖說	65：4	錢澄之	田間易學	65：6
王寅	周易自得編	65：6	王寅	周易自得編圖說	65：8
汪瑞齡	易學象數論	65：8	黃宗炎	周易尋門餘論	65：9
黃宗炎	圖學辨惑	65：10	董說	河圖卦版	65：12
應撝謙	周易集解	66：1	王弘撰	周易圖說述	66：1
王弘撰	筮述	66：2	徐在漢	易或	66：3
呂光輪	周易口義	66：3	郁文初	郁溪易紀	66：4
潘元懋	周易廣義	66：4	張問達	易經辨疑	66：6
□□	□□易外	66：7	朱彝尊	四易	66：7
孫宗彝	易宗集注	67：1	盛符升	易學三述	67：2
梁夫漢	周易清本	67：3	桑日昇	易經圖解	67：4
朱日濬	訓蒙易門	67：5	沈廷勘	身易實義	67：6
周漁	加年堂講易	67：7	黃與堅	易學闡一	68：1
毛奇齡	仲氏易	68：2	納蘭成德	大易集義粹言合訂	68：3
宋俊	易原	68：4	管志道	周易六龍解	69：2
管志道	六龍剖疑	69：3	范祖禹	家人卦解義	69：5
黃幹	損益象說	69：6	繆泳	文言會粹	69：7
丁易東	大衍索隱	70：5	度正	太極圖說	71：2
曹端	太極圖說述解	71：11	易時中	太極圖解	71：12
許誥	太極圖論	71：14	陸垹	太極存疑	71：16
黃宗炎	太極圖說辨	71：17	九家易解	九家易解	260：2
王昭素・易論	易論	260：2	易舉正	周易舉正	260：2
乾鑿度	乾坤鑿度	264：6	晁說之	易玄星紀譜	269：10
盧翰	中菴籤易	272：3	羅喻義	周易進陣圖疏	272：3
羅喻義	周易陣圖	272：3	鹿亭翁	天根易	272：5
馮京第	蘭易十二翼	272：5	宇文材・宇氏自序	筆卦	272：6
邵經邦	福卦壽卦	272：7	曠宗舜	芝卦	272：7
文德翼	隱卦	272：7	胡一桂	易學啟蒙翼傳	273：8
象數鉤深圖	象數鉤深圖	283：7			

經部・書類

解題的題稱	確切的出處	卷頁	解題的題稱	確切的出處	卷頁
康熙皇帝御製序	日講書經解義	1：3	尚書璇璣鈐	尚書璇璣鈐	73：1
楊慎	周書（＊）	75：4	孔穎達	尚書正義	78：6
時瀾	尚書解	81：4	時瀾	增修東萊書說	81：6
呂光洵	書說	81：7	薛季宣	書古文訓	81：8
蔡杭（蔡沈之子）	書傳	82：2	姚希得	尚書括旨	82：5
陳經	尚書詳解	83：3	陳大猷	尚書集傳或問	83：5
王柏	書疑	84：2	金履祥	尚書表注	84：4
顧應祥	書經纂言	85：2	陳櫟	尚書集傳纂疏	85：5
吳澄	尚書輯錄纂注	85：7	俞實	讀書叢說	86：2
亡名子	讀書管見	86：2	劉景文	書義主意	86：3
王振（王天與之子）	尚書纂傳	86：6	黃鎮成	尚書通考	86：7
陳師凱	書蔡傳旁通	86：7	劉三吾	書傳會選	87：2
楊守陳	書私抄	88：2	馬明衡	尚書疑義	88：5
王崇慶	書經說略	88：6	錢與暎	書經直解	89：5
李維禎	尚書日記	89：6	申時行	書經講義會編	89：8
歸有光	尚書敘錄	89：8	程弘賓	書經虹臺講義	90：1
陳第	尚書疏衍	90：2	羅喻義	尚書是正	90：2
王肯堂	尚書傳心錄	90：4	史學遷	書經以俟錄	90：5
姚舜牧	書經疑問	90：6	吳炯	書經質疑	91：1
董其昌	尚書蠡	91：3	林允昌	尚書撮義	92：1
孫承澤	尚書集解	92：2	朱鶴齡	尚書考異	92：4
沈嗣選	尚書傳	92：7	茅瑞徵	虞書箋	93：3
程大昌	禹貢論	93：8	喬行簡	禹貢集解	94：1
朱右	禹貢凡例	94：3	歐思誠	禹貢詳略	94：4
茅瑞徵	禹貢匯疏	94：6	艾南英	禹貢圖塈	94：7
王綱振	禹貢逆志	94：8	孫承澤	禹貢九州山水考	94：9

夏允彝	禹貢古今合注	94：11	朱鶴齡	禹貢長箋	94：11
胡渭直	考正武成	95：2	王安石	洪範傳	96：1
晁說之	洪範小傳	96：2	盧碩	洪範圖章	96：3
陳顯曾	定正洪範集說	96：6	楊廉	洪範纂要	97：2
錢一本	範衍	97：5	羅喻義	洪範直解	97：6
羅喻義	讀範內篇	97：6	黃道周	洪範明義	97：7
董斯張	周書克殷度邑解	97：11	書經·序	書經·序	260：8
尚書刑德傲	尚書刑德傲	264：2	尚書中候	尚書中候	264：2
陳黯	禹誥	273：5	陳士元	廣禹貢楚絕書	273：6
蘇伯衡	周書補亡	273：6	姚鏞	洪範內外篇	273：7
程宗舜	洪範內篇釋	273：12			

經部·詩類

解題的題稱	確切的出處	卷頁	解題的題稱	確切的出處	卷頁
詩含神霧	詩含神霧	98：1	詩推度災	詩推度災	98：1
詩汜歷樞	詩汜歷樞	98：1	孔穎達	詩譜序疏	98：2
歐陽修	毛詩本義序問	99：2	蘇轍	詩集傳	99：2
鄭樵	詩辨妄	99：4	程大昌	詩論（考古編）	99：5
陳弘緒	申培詩說	100：3	王柏	詩疑	100：8
鄭康成（鄭玄）	毛詩譜	101：3	姚士粦	毛詩草木鳥獸蟲魚疏	101：7
熊克	毛詩指說	103：5	張燧	毛詩正義	104：1
歐陽修	詩譜補闕	104：2	陳鳳梧	毛詩協韻補音	105：5
周孚	非鄭樵詩辨妄	106：3	陳日強	詩總聞	106：4
程大昌	詩議	106：4	逸齋	詩補傳	106：5
顧起元	家塾讀詩記	107：5	郝經	毛詩集傳	108：2
朱鑑	文公詩傳遺說	108：4	胡一中	詩童子問	108：4
喬行簡	白石詩傳	109：2	嚴粲	詩緝	109：4

王應麟	詩地理考	109：6	王應麟	詩考	109：6
黃震	讀詩一得	110：2	王柏	詩辨說	110：4
翟思忠	詩傳旁通	111：4	吳師道	詩集傳名物鈔	111：4
何英	詩傳疏義	111：6	成德	詩疑問	111：9
丁隆	詩解頤	112：2	楊守陳	詩私抄	112：5
湛若水	詩鼇正	112：8	王崇慶	詩經衍義	113：1
黃佐	詩傳通解	113：2	潘恩	詩經輯說	113：3
陸埰	詩傳存疑	113：5	王夢得	方山詩說	113：6
謝東山	詩林伐柯	113：7	袁仁	毛詩或問	114：2
陳第	毛詩古音攷	114：4	朱謀㙔	詩故	114：4
葉向高	六家詩名物疏	114：7	曹學佺	毛詩鳥獸草木疏	114：8
唐汝諤	毛詩微言	114：8	瞿九思	詩經以俟錄	115：1
姚舜牧	詩經疑問	115：2	郭喬泰	毛詩多識篇	115：2
汪應蛟	學詩略	115：3	吳炯	詩經質疑	115：3
陳此心	詩原	115：4	徐必達	南州詩說	115：4
顧起元	爾雅堂詩說	115：5	何楷	毛詩世本古義	116：2
孫治	待軒詩記	116：5	孫承澤	詩經朱傳翼	117：1
高承埏	五十家詩義裁中	117：2	潘晉臺	詩采	117：4
胡紹曾	詩經胡傳	117：5	毛晉	毛詩草木蟲魚疏廣要	118：1
朱鶴齡	毛詩通義	118：2	朱鶴齡	毛詩稽古編	118：3
毛奇齡	詩傳詩說駁義	118：4	汪琬	詩說	118：7
韓菼	詩經廣大全	118：8	郝敬	毛詩序說	119：9
歐陽修	詩本義	237：2	曹粹中	放齋詩說	237：2
詩經・序	詩經・序	261：2	束皙	補亡詩	274：1
邱光庭	新添毛詩	274：2	邱光庭	補新宮詩	274：2
邱光庭	補茅鴟詩	274：3	朱載堉	補笙詩	274：4

經部・禮類

解題的題稱	確切的出處	卷頁	解題的題稱	確切的出處	卷頁
鄭康成	周禮註	72：1	周禮	周禮	98：1
三禮正義	三禮正義	120：1	鄭康成	周禮注	120：1
鄭樵	周禮辨	120：3	王炎	周禮考	120：4
李覯	周禮致太平論	122：1	王昭禹	周禮詳解	122：3
黃裳	周禮講義	122：4	俞庭椿	周官復古編	123：4
高叔嗣	太平經國之書統集	124：3	趙汝騰	周禮訂義	124：6
稅與權	周禮折衷	125：1	葉廣居	禮經會元	125：3
黃震	讀周禮日抄	125：3	丘葵	周禮全書	125：4
陳友仁	周禮集說	125：7	張翊	周禮附音重言重意互註	125：10
方孝孺	周禮考次目錄	126：1	何喬新	周禮集注	126：3
陳鳳梧	周禮合訓	126：6	魏校	周禮沿革傳	126：7
楊慎	周官音詁	127：1	舒芬	周禮定本	127：2
季本	讀疑禮圖	127：2	陳深	周禮訓注	127：3
王圻	續定周禮全經集注	127：4	柯尚遷	周禮全經釋原	127：5
金瑤	周禮述注	127：6	王應電	周禮傳	127：8
王應電	周禮圖說	127：9	王應電	非周禮辨	127：10
徐即登	周禮說	128：1	郭良翰	周禮古本訂注	128：2
孫攀	古周禮釋評	128：2	王志長	周禮注疏刪翼	128：3
陳仁錫	周禮句解	128：4	張采	周禮合解	128：5
郎兆玉	注釋古周禮	128：6	錢尌	周禮答疑	128：6
吳治	周禮彙斷	128：6	王應電	冬官補	129：3
林兆珂	考工記述注	129：10	陳與郊	考工記輯注	129：10
吳治	考工記集說	129：12	錢尌	冬官補亡	129：12
賈公彥	儀禮注疏	130：2	賈公彥	儀禮疏	131：3
劉瑞	儀禮經傳通解	132：5	張處	續儀禮經傳通解	132：8
童承敘	儀禮圖	132：10	陳普	儀禮旁通圖	132：11

馬廷鸞	儀禮本經疏會	132：12	敖繼公	儀禮集說	133：2
程敏政	儀禮逸經	133：3	吳澂	儀禮傳	133：5
程敏政	經禮補逸	134：3	趙魏史	儀禮本義	134：7
毛奇齡	昏禮辨正	135：2	舒芬	士相見禮儀	135：4
聞人詮	飲射圖解	135：5	王廷相	鄉射禮圖注	135：6
朱縉	射禮集解	135：8	車惟賢	內外服制通釋	137：6
虞集	喪禮會記	137：6	徐駿	五服集證	137：8
朱彝尊	讀禮通考	137：10	毛奇齡	喪禮吾說篇	137：10
孔穎達	禮記正義	140：6	黃震	讀禮記日抄	142：7
衛湜	禮記集說（衛湜）	142：8	高悌	禮記纂言	143：3
陳澔	禮記集說（陳澔）	143：4	王崇慶	禮記約蒙	144：4
王漸逵	讀禮記	144：4	張孚敬	禮記章句	144：5
柯尚遷	曲禮全經類釋	144：6	黃乾行	禮記日錄	145：1
呂本	禮記要旨補	145：3	徐師曾	禮記集注	145：3
姚舜牧	禮記疑問	145：4	黃居中	禮記課兒述注	145：5
黃洪憲	禮經搜義	145：6	劉宗周	禮經考次	145：7
湯道衡 （湯三才之子）	禮記新義	146：1	王翼明	禮記補注	146：2
李維楨	禮記幼學	146：2	楊繼儒	禮記敬業	146：3
黃宗羲	學禮質疑	146：5	陳光絳	讀禮附論	146：6
傅崧卿	夏小正戴氏傳	147：1	危素	夏小正經傳攷	147：2
王廷相	夏小正集解	147：4	楊慎	夏小正解	147：4
王應麟	踐阼篇集解	147：5	何喬新	投壺義	147：10
司馬光	投壺新格	147：10	楊大寬	投壺譜	147：12
紀模	投壺譜拾遺	147：13	楊慎	檀弓叢訓	148：3
陳與郊	檀弓輯注	148：3	杜濬	檀弓問	148：4
黃諫	月令通纂	149：7	盧翰	月令通考	149：8
曾熠	孔子閒居解	150：2	黃道周	坊記集傳	150：2
黃道周	表記集傳	150：3	黃道周	緇衣集傳	150：3

王廷相	深衣圖論	150：8	胡宏	中庸解	151：3
晁說之	中庸傳	151：5	張栻	中庸集解	152：3
唐順之	中庸集略	152：4	趙秉文	中庸指歸	153：2
黎立武	中庸分章	153：3	湛若水	中庸測	154：4
管志道	中庸訂釋	155：2	陳懿典	中庸發覆編	155：3
眞德秀	大學衍義	156：7	黎立武	大學本旨	157：2
洪寬	大學要略直說	157：7	丘濬	大學衍義補	158：3
程敏政	大學重定本	158：5	王守仁	大學古本旁釋	159：2
鄒守益	大學問	159：3	崔銑	大學全文通釋	159：4
湛若水	古大學測	159：4	王廷	大學指歸	159：5
穆孔暉	大學千慮	159：5	許孚遠	敬和堂大學述	160：3
來知德	大學古本釋	160：4	李日華	大學遵古編	160：5
顧憲成	重定大學	160：6	顧憲成	大學重考	160：6
顧允成	大學質言	160：6	鄒德溥	大學宗釋	160：7
高攀龍	大學知本大義	161：1	劉宗周	大學古文參疑	161：2
劉宗周	大學古記	161：3	葛寅亮	大學湖南講	161：4
沈曙	大學古本說義	161：6	吳肅公	孔門大學述	161：8
湛若水	聖學格物通	161：9	張正位	學庸初問	162：8
董應舉	學庸略	162：8	黃道周	儒行集解	162：10
陳伯廣	三禮圖集注	163：4	羅倫	三禮考註	164：1
湛若水	二禮經傳測	165：2	劉績	三禮圖	165：3
宋儀望	三禮纂注	165：5	李黼	二禮集解	165：5
李經綸	三禮類編	165：7	鄧元錫	三禮編繹	165：7
洪朝選	禮考	166：9	唐伯元	禮編	166：10
賈公彥	周禮疏	237：1	樂記	禮記	261：2
周官	周官	261：4	大射儀	儀禮	261：4
皮日休	補周禮九夏歌	274：5	馮京第	鞠小正僞本	274：6
皮日休	補大戴禮祭法	274：6	大戴禮	大戴禮記	295：1

經部·樂類

解題的題稱	確切的出處	卷頁	解題的題稱	確切的出處	卷頁
朱載堉	樂經新說	167：5	古今樂志	古今樂志	274：5

經部·春秋類

解題的題稱	確切的出處	卷頁	解題的題稱	確切的出處	卷頁
杜預	春秋左傳集解	5：1	春秋握成圖	春秋握成圖	168：2
孝經鉤命決	春秋公羊傳序疏	168：2	劉向	春秋疏（孔穎達）	169：1
趙匡	春秋集傳纂例	169：3	樓鑰	春秋繁露	171：3
何休	春秋公羊解詁	172：4	左傳後序（杜預）	春秋左氏經傳集解	173：5
范甯	春秋穀梁傳集解	174：4	孔穎達	春秋正義	176：1
趙匡	春秋闡微纂類義統	176：5	柳貫	集傳春秋纂例	176：9
陸淳（陸質）	春秋微旨	176：10	魏安行	春秋尊王發微	179：3
吳萊	春秋意林	180：2	徐晉卿	春秋經傳類對賦	180：3
邵輯	春秋經解	182：3	陳弘緒	春秋集解	182：7
崔子方	春秋本例;例要	183：1	稅安禮	春秋列國圖說	184：4
周勉	春秋後傳	187：3	謝諤	春秋左傳類事始末	188：4
納蘭成德	春秋集注	189：2	黃仲炎	春秋通說	190：4
周自得	春秋霸王列國世紀編	191：1	納蘭成德	春秋經筌	191：3
王鑒	春秋左傳節解	191：4	黃震	讀春秋日抄	191：6
何夢申	春秋或問	191：7	納蘭成德	春秋五論	191：8
龔璛	春秋詳說	191：10	吳澂	春秋集傳釋義大成	194：3
胡光世	鐵山先生春秋提綱	194：5	吳澂	春秋纂言	194：6
柳貫	春秋諸國統紀	194：8	千文傳	春秋讞義	196：6
鄭獻文（鄭玉裔孫）	春秋經傳闕疑	197：2	李廉	春秋諸傳會通	197：2
宋濂	春秋屬辭	198：6	趙汸	春秋左氏傳補注	198：7
金居敬	春秋師說	198：8	吳國英	春秋胡傳附錄纂疏	199：2
宋濂	春秋本末	199：7	亡名子	春秋書法鉤玄	199：9

方孝孺	春秋諸君子贊	199：10	劉實	春秋集錄	200：3
饒秉鑑	春秋會傳	200：3	王鏊	春秋詞命	200：4
邵寶	左觿	200：5	金賢	春秋記愚	200：7
高簡	春秋正傳	200：8	潘榛	春秋列傳	200：9
魏校	春秋經世書	200：9	王崇慶	春秋斷義	201：1
唐順之	春秋私考	201：3	潘季馴	春秋讀意	201：5
黃省曾	志粹類纂	201：7	唐一麐 （唐順之的族孫）	左氏始末	202：1
楊時秀	春秋集傳	202：3	魏謙吉	春秋備覽	202：4
高拱	春秋正旨	202：4	王樵	春秋輯傳	202：5
徐學謨	春秋億	202：7	姜寶	春秋事義考	203：1
顏鯨	春秋貫玉	203：2	陳錫	春秋辨疑	203：2
袁仁	春秋鍼胡編	203：3	傅遜	春秋左傳注解辨誤	203：6
薛虞畿	春秋別典	203：7	姚咨	春秋名臣傳	204：1
邵弁	春秋通義略	204：2	徐烺	春秋左氏人物譜	204：4
陸樹聲	春秋補傳	204：5	祝世祿	春秋蠡測	205：1
黃洪憲	春秋左傳釋附	205：1	賀燦然	春秋翼附	205：3
姚舜牧	春秋疑問	205：3	錢謙益	春秋匡解	205：6
高世泰 （高攀龍姪子）	春秋孔義	205：6	吳炯	春秋質疑	205：7
郝敬	春秋非左	205：8	郝敬	春秋直解	205：8
錢謙益	春秋胡傳翼	206：1	賀仲軾	春秋歸義	206：2
賀仲軾	春秋提要	206：3	卓爾康	春秋辨義	206：3
羅喻義	春秋野篇	206：3	劉芳喆	春秋談虎	206：4
陳禹謨	左氏兵略	206：4	陳宗之	春秋備考	206：6
文震孟	麟傳統宗	206：6	孫范	春秋左傳分國紀事	206：7
章大吉	左記	206：7	張岐然	春秋五傳平文	206：8
周廷求	春秋二十編	206：8	張采	春秋三書	207：2
孫廷銓	春秋志注	207：4	來集之	四傳權衡	207：4
徐孚遠	左氏兵法測要	207：6	劉城	春秋左傳地名錄	208：1
劉城	春秋人名錄	208：1	顧炎武	左傳杜解補正	208：1

秦沅	春秋綱	208：2	陳許廷	春秋左傳典略	208：6
何其偉	春秋胡諍	208：6	俞汝言	春秋四傳糾正	208：7
王寅	春秋自得篇	208：8	錢馚	春秋志禮	208：8
瞿世壽	春秋管見	208：10	宋犖	春秋志	208：11
李垙	春秋傳	208：11	韋昭	春秋外傳國語注	209：4
柳宗元	非國語	209：4	宋庠	國語補音	209：6
劉城	春秋外傳國語地名錄	209：8	劉城	春秋外傳國語人名錄	209：9
程端學	春秋本義	210：1	張隆	春王正月考	210：5
左傳	左傳	261：6	春秋命曆序	春秋命曆序	265：4
春秋文曜鉤	春秋文曜鉤	275：1	王褘	擬春秋文辭	277：9
春秋演孔圖	春秋演孔圖	295：1	春秋說題辭	春秋說題辭	295：1

經部・四書類

解題的題稱	確切的出處	卷頁	解題的題稱	確切的出處	卷頁
康熙皇帝御製序	日講四書解義	1：2	論語注	論語注	169：1
何晏等	論語集解	211：8	許勃	論語筆解	213：1
陳祥道	論語全解	213：8	朱子（朱熹）	論孟精義	217：1
張栻	南軒論語解	218：1	鄭陶孫	論語意原	219：2
姜文龍	論語集說	219：7	王若虛	論語辨惑	220：3
陳士元	論語解	221：2	陳懿典	論語貫義	221：5
羅喻義	論語分篇	221：5	孫奭	孝經注	224：3
孫奭	孟子音義	233：2	張栻	癸巳孟子說	234：6
郎曄	孟子發題	234：7	黃幹	孟子講義	234：10
蔡杭	孟子集疏	235：3	王若虛	孟子辨惑	235：6
陳懿典	孟子貫義	235：10	黃宗羲	孟子師說	235：10
譚貞默	孟子編年略	236：7	閻若璩	孟子生卒年月考	236：9
謝侯善	四書集編	252：4	牟子才・中庸纂疏序	中庸纂疏	252：6
應俊	四書纂疏	252：7	趙德	四書箋義纂要	253：6

張存中	四書通	254：2	張存中	四書通證	254：5
袁栒	四書章圖	255：4	蕭鎰	四書待問	255：5
汪克寬	四書輯釋	255：7	景星	四書集說啓蒙	256：1
楊榮	四書大全	256：3	蔡清	四書蒙引	256：6
薛應旂	四書人物考	257：1	蕭陽復	金華四先生四書正學淵源	257：4
馮從吾	四書疑思錄	258：2	郝敬	四書攝提	258：3
郝敬	四書雜言	258：3	樊良樞	四書參解	258：4
樊良樞	四書辨證	258：4	周炳謨	四書會解	258：4
李竑	求己齋說書	258：7	祁熊佳	四書讀經學攷	259：3
楊彝	四書說約	259：4	宋繼澄	四書正義	259：4
吳應箕	四書大全辨	259：5	何礎	四書補注	259：6
陸隴其	四書松陽講義	259：7	王復禮	四書正誤	259：8
黃宗羲	四書別解	259：9	孟子	孟子	262：7
潘士達	論語外篇	278：1	夏洪基	孔門弟子傳略	281：4
孫奭	孟子正義	282：8	趙岐·孟子注	孟子註	282：8
論語	論語	295：1			

經部·孝經類

解題的題稱	確切的出處	卷頁	解題的題稱	確切的出處	卷頁
世祖章皇帝御製序	御注孝經	1：1	孝經援神契	孝經援神契	168：2
孝經序注	孝經序注	170：5	孝經鉤命決	孝經鉤命決	222：2
司馬光	古文孝經指解	225：3	范祖禹	古文孝經說	225：4
陸秀夫	孝經刊誤	226：2	徐貫	孝經大義	226：5
張恆	孝經章句	227：1	歸有光	孝經敘錄	229：2
蔡毅中	古文孝經注	229：5	呂維祺	孝經大全	229：6
黃道周	孝經集傳	230：1	蔡景默	孝經衍義	230：5

經部・小學類

解題的題稱	確切的出處	卷頁	解題的題稱	確切的出處	卷頁
邢昺	爾雅疏	238：1	鄭樵	爾雅注	238：2
都穆	爾雅翼	238：7	顏揚庭	匡繆正俗	241：2
張參	五經文字	241：3	唐玄度	九經字樣	241：5
王觀國	群經音辨	242：3	俞任禮	九經補韻	244：6
陳藎謨	皇極圖韻	271：14	張揖	廣雅	280：1
陸宰（陸佃之子）	埤雅	280：3	孫開	駢雅	280：5
朱升	小四書	280：8	廣韻・注	廣韻	283：4
許慎	說文解字	285：14	婁機	漢隸字源	289：7
郭忠恕	汗簡	292：3			

經部・五經總義

解題的題稱	確切的出處	卷頁	解題的題稱	確切的出處	卷頁
程子（程頤）	程氏經說	73：5	汪琬	經解詩問（堯峰文鈔）	98：6
韓愈	楊愼經說	99：1	何異孫	十一經問對	120：12
苗昌言	增補六經圖	243：2	魏了翁	六經正誤	244：2
虞集	九經要義	244：4	杜涇	對制談經	245：1
沈遠	日抄經說	245：1	吳沈	六經師律	247：1
蔣悌生	五經蠡測	247：3	陳士元	五經異文	248：5
徐栻	經學要義	248：5	楊于庭	七經思問	248：6
陳耀文	經典稽疑	248：6	王應電	經傳正訛	249：1
周應賓	九經考異	249：4	郝敬	九部經解	250：1
郝敬	經解緒言	250：2	曹學佺	五經困學	250：3
朱彝尊	五經翼	251：1	陳龍正	朱子經說	251：2
沈珩	十三經文鈔	251：4	鄭志	鄭志	283：6
岳珂	刊正九經三傳沿革例	293：4	秦鏌	求古齋訂正九經	293：10
經解	經解	295：1	陸德明	經典釋文	295：9
六經奧論	六經奧論	296：11			

經部・讖緯類

解題的題稱	確切的出處	卷頁	解題的題稱	確切的出處	卷頁
論語比考讖	論語比考讖	4：1	王賜紱	易占經緯	52：3
孝經緯	孝經緯	72：1	論語讖	論語讖	211：1
梁斗輝	十二經緯	250：5	書緯	書緯	265：3
孫瑴	古微書	298：9			

史部・正史類

解題的題稱	確切的出處	卷頁	解題的題稱	確切的出處	卷頁
北齊書	北齊書	13：4	陳書	陳書	140：4
金史	金史	153：5	魏志	三國志	269：1
後周書	周書	274：5	宋書・樂志	宋書	274：5
南齊書	南齊書	274：5	梁書	梁書	276：2
顏師古	漢書・注	278：3	司馬貞	史記索隱	282：1
司馬氏・續漢書	續漢書	283：4	南史	南史	283：5
唐志	唐書	288：1	晉書・裴頠傳	晉書	288：3
後魏書・崔光傳	魏書	288：3	元史	元史	293：7
漢書・藝文志	漢書	294：1	舊唐書・經籍志	舊唐書	294：3
宋史・藝文志	宋史	294：5	司馬遷	史記	295：2
後漢書・儒林傳	後漢書	295：5	北史・儒林傳	北史	295：8
新唐書・藝文志	新唐書	295：11	隋書・經籍志	隋書	298：3

史部・編年類

解題的題稱	確切的出處	卷頁	解題的題稱	確切的出處	卷頁
丁未錄	丁未錄	17：8	明太祖實錄	明太祖實錄	49：3
明成祖實錄	明成祖實錄	49：7	明神宗實錄	明神宗實錄	50：5
宣德實錄	宣德實錄	119：4	竹書紀年	竹書紀年	260：9
宋實錄	宋實錄	275：6	薛收	元經	277：8
隸釋	漢記（張璠）	285：10	袁宏・後漢紀	後漢紀	287：2
李心傳・中興繫年錄	建炎以來繫年要錄	290：1	通鑑・注	資治通鑑	292：1
實錄	實錄	293：8	荀悅	漢紀	298：2

史部・紀事本末類

解題的題稱	確切的出處	卷頁	解題的題稱	確切的出處	卷頁
北盟會編	三朝北盟會編	186：7	長編	長編紀事本末	294：4

史部・別史類

解題的題稱	確切的出處	卷頁	解題的題稱	確切的出處	卷頁
十國紀年（劉恕）	十國紀年	15：8	吳錄	吳錄	173：2
元史類編	元史類編	195：5	路史發揮	路史	210：1
東都事略	東都事略	225：1	周書（逸）	逸周書	261：6
羅苹	路史注	267：3	王隱・晉書	晉書（王隱）	274：2
劉氏・東觀漢記	東觀漢紀	284：2	謝承・後漢書	後漢書（謝承）	287：2
柯維騏・宋史新編・藝文志	宋史新編	294：5	鄭樵・通志略	通志	294：6

史部・雜史類

解題的題稱	確切的出處	卷頁	解題的題稱	確切的出處	卷頁
袁氏世紀	袁氏世紀	11：2	廖道南・楚紀	楚紀	71：13
魏略	魏略	173：1	晉語（國語）	國語	261：6
袁康・吳平	越絕書	275：2	何法盛・中興書	晉中興書	284：1

史部・傳記類

解題的題稱	確切的出處	卷頁	解題的題稱	確切的出處	卷頁
高士傳	高士傳	8：3	管輅別傳	管輅別傳	10：1
荀氏家傳	荀氏家傳	10：9	張晞・河東先賢傳	河東先賢傳	13：2
家傳	家傳	23：9	鄭思肖・家傳	鄭思肖家傳	35：9

宋登科錄	宋登科錄	38：9	王惲家傳	王惲家傳	41：10
毗陵人品記	毗陵人品記	46：7	朱同家傳 （朱升之子撰）	朱同家傳	49：2
言行錄	言行拾遺事錄 （疑）	53：1	宋名臣言行錄	宋名臣言行錄	79：3
人物考	人物考	90：5	名賢畫錄	名賢畫錄	103：6
關學編	關學編	144：3	三楚文獻錄	三楚文獻錄	160：7
吳中人物志	吳中人物志	212：7	伊洛淵源錄	伊洛淵源錄	214：4
兩浙名賢錄	兩浙名賢錄	234：7	先民錄	先民錄	243：6
寶祐登科錄	寶祐登科錄	253：4	蘇天爵 （名臣事略）	名臣事略	254：1
休寧名族志	休寧名族志	258：6	益部耆舊傳	益部耆舊傳	267：7
虞翻別傳	虞翻別傳	283：3	鄭玄別傳	鄭玄別傳	283：5
王粲・漢末英雄記	漢末英雄記	285：9	摯虞・三輔決錄注	三輔決錄注	287：1
戴延・西征記	西征記	288：1	錢謙益	列朝詩集小傳	297：15
吾衍	晉史乘	275：1	顏欲章	後梁春秋	276：5
南唐書	南唐書	276：6	魏禧	十國春秋	276：7
高麗史	高麗史	293：7			

史部・時令類

解題的題稱	確切的出處	卷頁			
王士正	水月令	274：8			

史部・地理類

解題的題稱	確切的出處	卷頁	解題的題稱	確切的出處	卷頁
豫章古今記	豫章今古記	12：1	興化總志	興化總志	21：6
興化府志	興化府志	35：2	金華赤松山志	金華赤松山志	40：11
金華縣志	金華縣志	44：11	閩大紀	閩小紀	46：8

彰德府志	彰德府志	46：9	湖廣通志	湖廣通志	51：1
泉州府志	泉州府志	53：6	蘄水縣志	蘄水縣志	53：12
汝寧府志	汝寧府志	55：2	汾州府志	汾州府志	55：7
長沙府志	長沙府志	56：3	太倉州志	太倉州志	56：6
黃巖新志	黃巖新志	65：10	吉水縣志	吉水縣志	86：9
松江府志	松江府志	86：9	南海縣志	南海縣志	88：1
分水縣志	分水縣志	88：3	建昌府志	建昌府志	97：6
南畿志	南畿志	103：4	四川總志	四川總志	108：7
湖廣總志	湖廣總志	111：8	雲南通志	雲南通志	112：3
天台縣志	天台縣志	142：8	祁縣志	祁縣志	145：3
松江府新志	松江府新志	146：4	溫州舊志	溫州舊志	154：1
揚州府志	揚州府志	155：2	海鹽圖經	海鹽縣圖經	155：2
太平府志	太平府志	159：1	建寧府志	建寧府志	163：8
樂平縣志	樂平縣志	165：1	浙江新志	浙江新志	165：1
漢南紀	漢南紀	172：8	贛州府志	贛州府志	179：7
袁州府志	袁州府志	181：8	寰宇志	太平寰宇志	186：9
盧熊・蘇州府志	蘇州府志	188：2	撫州府志	撫州府志	190：4
壽昌縣志	壽昌縣志	191：9	長樂縣志	長樂縣志	194：6
廣西通志	廣西通志	200：5	瑞州府志	瑞州府志	201：7
杭州府志	杭州府志	202：2	嘉定縣志	嘉定縣志	203：6
烏程縣志	烏程縣志	205：9	南昌縣志	南昌縣志	205：10
金華府新志	金華府新志	207：3	八閩通志	八閩通志	217：5
廣東通志	廣東通志	219：7	金華志	金華志	226：5
溫州府志	溫州府志	226：7	應天府志	應天府志	229：4
姑蘇志	姑蘇志	232：5	金華府志	金華府志	244：1
紹興府志	紹興府志	245：5	鎮江府志	鎮江府志	245：6
南昌府志	南昌府志	246：1	吉安府志	吉安府志	246：6
嘉興縣志	嘉興縣志	247：5	陝西通志	陝西通志	247：9
嘉興府志	嘉興府志	248：5	赤城志	赤城志	252：3
台州府志	台州府志	252：4	廣信府志	廣信府志	252：5
括蒼彙紀	括蒼彙紀	253：4	衡州府志	衡州府志	254：3
嚴州府志	嚴州府志	254：7	廣平府志	廣平府志	256：5
嘉善縣志	嘉善縣志	256：7	上虞縣志	上虞縣志	256：7

寧波府志	寧波府志	257：4	南陽府志	南陽府志	257：5
邵武府志	邵武府志	257：6	餘姚縣志	餘姚縣志	258：6
平湖縣志	平湖縣志	258：7	廣信永豐縣志	廣信永豐縣志	258：8
建昌新城縣志	建昌新城縣志	259：1	保定府志	保定府志	259：3
開封府志	開封府志	259：3	長興縣志	長興縣志	271：14
江西通志	江西通志	272：1	山東通志	山東通志	275：7
浙江通志	浙江通志	275：7	赤城新志	赤城新志	278：1
閩書	閩書	279：10	酈露	赤雅	280：7
徽州府志	徽州府志	280：9	華陽國志	華陽國志	284：11
楊衒之·洛陽伽藍記	洛陽伽藍記	287：2	酈道元·水經注	水經注	287：2
潛說友·臨安志	臨安志	290：2	范成大·吳郡志	吳郡志	290：5
明一統志	明一統志	290：5	周密·武林舊事	武林舊事	291：1
吳自牧·夢梁錄	夢梁錄	291：1	曹學佺	蜀中廣記	291：2
張鉉·金陵新志	金陵新志	291：7	徐獻忠·吳興掌故	吳興掌故	291：7
毗陵志	毗陵志	291：7	莫旦·吳江志	吳江志（莫旦）	291：9
徐師曾·吳江志	吳江志（徐師曾）	291：9			

史部·職官類

解題的題稱	確切的出處	卷頁	解題的題稱	確切的出處	卷頁
宰輔編年錄	宋宰輔編年錄	180：5	中興館閣錄	南宋館閣錄	293：6
中興館閣續錄	南宋館閣續錄	293：6	南雍志	南雍志	293：8
南雍續志	南雍續志	293：8	唐六典	唐六典	294：2
元祕書志	祕書監志	294：6			

史部·政書類

解題的題稱	確切的出處	卷頁	解題的題稱	確切的出處	卷頁
通典	通典	139：7	中興聖政錄	中興兩朝聖政錄	186：4
會要（宋）	宋會要	242：1	五代會要	五代會要	293：1
唐會要	唐會要	294：2	馬端臨	文獻通考	296：11

史部・目錄類

解題的題稱	確切的出處	卷頁	解題的題稱	確切的出處	卷頁
中經簿	中經簿	9：4	文章敘錄	文章敘錄	11：1
七志	七志	11：6	朱彝尊	遂初堂書目	41：2
菉竹堂書目	菉竹堂書目	45：8	萬卷堂目	萬卷堂書目	93：6
紹興書目	紹興書目	110：8	七略	七略	138：1
澹生堂書目	澹生堂目錄	161：9	聚樂堂目	聚樂堂書目	209：6
周大禮	經序錄	249：2	一齋書目	世善堂藏書目錄	255：6
太古文目	太古文目	263：2	胡應麟	四部正譌	263：3
紹興闕書目	紹興續到四庫闕書目	269：4	中興書目	中興書目	278：3
陸元輔	續經籍考	278：7	王應麟	漢書藝文志考證	281：3
劉向	別錄	282：6	隸釋	隸釋	285：11
洪适・隸釋隸續	隸釋隸續	287：10	顧炎武・金石文字記	金石文字記	287：11
歐陽修・集古錄	集古錄	288：1	歐陽棐	集古目錄	288：1
洪适・隸續	隸續	288：1	于奕正・天下金石志	天下金石志	291：1
杜應芳・續全蜀藝文志	續全蜀藝文志	291：2	趙崡	石墨鐫華	291：6
趙明誠	金石錄	291：7	王象之	輿地碑記目	291：8
趙希弁	郡齋讀書志附志	291：9	國史志	國史經籍志（疑）	293：3
天下書目	天下書目	293：9	宋三朝志	宋三朝國史藝文志	294：4
崇文總目	崇文總目	294：4	宋兩朝志	宋兩朝藝文志	294：5
宋四朝志	宋四朝志	294：5	宋中興志	宋中興藝文志	294：5
紹興中祕書省續編到四庫闕書目	紹興四庫續到闕書目	294：5	明文淵閣書目	文淵閣書目	294：6
萬曆重編內閣書目	萬曆重編內閣書目	294：7	朱睦㮮・授經圖	授經圖	294：8
焦竑・國史經籍志	國史經籍志	294：8	黃虞稷	千頃堂書目	297：16
晁公武	郡齋讀書志	298：5	陳振孫	直齋書錄解題	298：5

史部‧金石類

解題的題稱	確切的出處	卷頁	解題的題稱	確切的出處	卷頁
諸道石刻錄	諸道石刻錄	289：7	王世貞	明太僕寺石刻囧命	291：3

史部‧史評類

解題的題稱	確切的出處	卷頁			
劉知幾	史通	72：1			

史部‧譜牒類

解題的題稱	確切的出處	卷頁			
晁氏世譜	晁氏世譜	20：6			

子部‧儒家類

解題的題稱	確切的出處	卷頁	解題的題稱	確切的出處	卷頁
楊雄	法言	4：1	徐幹	中論	4：1
王開祖	儒志編	4：3	程伯子（程顥）	二程語錄	5：2
胡宏	通書	19：1	程子（程頤）	二程遺書	99：2
杜氏‧新書	杜氏新書	140：1	傅玄	傅子	209：1
上蔡語錄	上蔡語錄	214：3	桓譚	新論	222：2
朱子（朱熹）	朱子語錄	233：1	黃鞏	經學理窟	242：6
陳埴	木鍾集	244：1	說苑	說苑	260：1
桓寬‧鹽鐵論	鹽鐵論	260：1	黃震	黃氏日抄	263：6
孔叢子	孔叢子	277：1	孔安國	孔子家語	278：2
王肅	孔子家語解	278：3	何孟春	家語傳	278：4
薛據	孔子集語	278：6	宋咸	揚子法言廣注	278：9
黃堯臣	續孟子	279：10	子思子	子思子	295：1
荀卿	荀子	295：2	陸賈	新語	295：2
王通	中說	295：7			

子部・法家類

解題的題稱	確切的出處	卷頁	解題的題稱	確切的出處	卷頁
韓非	韓非子	282：4	管仲	管子	295：1

子部・術數類

解題的題稱	確切的出處	卷頁	解題的題稱	確切的出處	卷頁
戴師愈	麻衣道者正易心法	15：9	禮含文嘉	禮緯含文嘉	264：1
張岳	太玄經集注	269：8	林希逸	太玄精語	269：12
葉子奇	太玄本旨	269：13	張洸	元包	270：2
張行成	元包數總義	270：4	吳師道	潛虛	270：5
林希逸	潛虛精語	270：9	蔡元定	皇極經世指要	271：6
祝泌	皇極經世書鈐	271：7	朱隱老	皇極經世書解	271：9
劉煒	皇極經世書傳	271：11	黃國俊	皇極經世觀物外篇釋義	271：13

子部・藝術類

解題的題稱	確切的出處	卷頁	解題的題稱	確切的出處	卷頁
張彥遠	歷代名畫記	163：2	眞德秀	西山題跋	189：6
貞觀公私畫史	貞觀公私畫史	223：3	張懷瓘	書斷	237：1
鐵網珊瑚	趙氏鐵網珊瑚	274：4	宣和畫譜	宣和畫譜	279：7
竇蒙・述書賦注	述書賦	287：3	董逌・廣川書跋	廣川書跋	287：4
趙魱・書史	書史	287：11	陶宗儀・書史會要	書史會要	287：11
王佐・續格古要論	續格古要論	291：2	盛熙明	書法考	291：8
曹昭	格古要論	291：9	趙希鵠	洞天清祿	293：7

子部・雜家類

解題的題稱	確切的出處	卷頁	解題的題稱	確切的出處	卷頁
楊愼	丹鉛雜錄	3：4	鄭端簡公	古言	6：5
鹽邑志林	鹽邑志林	11：7	鄭瑗	井觀瑣言	74：8
邱光庭	兼明書	99：1	王應麟	困學紀聞	138：4

明辨類函	明辨類函	147：13	墨翟	墨子	168：9
羅璧	識遺	169：5	志林（東坡志林）	東坡志林	210：1
宋永亨	搜采異聞錄	211：2	金樓子	金樓子	239：5
孫之宏	習學記言	243：8	周洪謨	經書疑辨錄	247：4
顧炎武	日知錄	256：3	風俗通	風俗通義	260：1
呂不韋	呂氏春秋	282：1	姚寬・西溪叢語	西溪叢語	287：5
黃伯思・東觀餘論	東觀餘論	287：6	于慎行・筆麈	筆麈	287：11
安世鳳・墨林快事	墨林快事	291：5	江少虞	皇朝類苑	293：4
尸佼	尸子	295：1	慎到	慎子	295：1
顏之推	顏氏家訓	295：7	王充	論衡	298：2

子部・類書類

解題的題稱	確切的出處	卷頁	解題的題稱	確切的出處	卷頁
郭子章・黔記	黔類	114：1	山堂考索	山堂考索	210：10
高承	事物紀原	237：2	陸嘉淑	十三經注疏類抄	251：3
姓譜	萬姓統譜	289：7	截江網	群書會元截江網	290：1
冊府元龜	冊府元龜	293：1	玉海	玉海	293：2
孫逢吉	職官分紀	294：4	王圻・續文獻通考	續文獻通考	294：8
林駉	源流至論	296：10			

子部・小說家類

解題的題稱	確切的出處	卷頁	解題的題稱	確切的出處	卷頁
陳師道	後山談叢	13：2	林泉野記	林泉野記	23：4
洞冥記	漢武洞冥記	76：1	山海經	山海經	93：5
南窗紀談	南窗紀談	183：8	劉肅	大唐新語	222：7
世說	世說新語	276：1	牛衷	埤雅廣要	280：6
西京雜記	西京雜記	284：2	韋述・西京新記	西京新記	287：3
邵博・聞見錄	聞見後錄	287：7	郭頒・魏晉世語	魏晉世語	288：1
葉紹翁・四朝聞見錄	四朝聞見錄	290：2	李肇	唐國史補	292：1

子部・釋家類

解題的題稱	確切的出處	卷頁	解題的題稱	確切的出處	卷頁
釋慧皎・高僧傳	高僧傳	136：4	釋贊寧・續高僧傳	宋高僧傳	292：3
梁・阮孝緒・七錄序	廣弘明集	294：1	牟融	牟子	295：4

子部・道家類

解題的題稱	確切的出處	卷頁	解題的題稱	確切的出處	卷頁
莊周	莊子	295：1	三洞珠囊	三洞珠囊	9：5
彭曉	周易參同契	9：5	梅彪	石藥爾雅	280：3

集部・別集類

解題的題稱	確切的出處	卷頁	解題的題稱	確切的出處	卷頁
歐陽修	歐陽文忠公集	4：3	吳萊	淵穎集	13：2
中山集	中山集	15：2	集	李覯集	17：1
演山集	演山集	21：3	五峰集	五峰集	25：6
江湖長翁集	江湖長翁集	32：3	方回	桐江續集	38：2
赤城集	赤城集	40：11	山草堂集	山草堂集	62：1
吳萊	穎淵集	72：4	龜山集	龜山集	79：7
陳文蔚	克齋集	82：4	趙孟頫	松雪齋集	85：1
趙雍（趙孟頫之子）	趙待制遺稿	85：2	嵩山集	嵩山居士集	93：2
王安石	臨川文集	99：2	陸深	儼山集	112：8
錢謙益	初學集	113：7	張子（張載）	張橫渠集	120：2
香溪集	香溪集	149：6	二谷集	二谷集	150：9
嘿堂集	嘿堂集	152：2	鐔津集	鐔津集	153：5
高峰集	高峰集	156：2	蒙川集	蒙川集	162：3
何夢桂集	何夢桂集	162：3	黔記	黔記	162：7

隆平集	隆平集	179：7	吳淵穎集	吳淵穎集	196：1
錢謙益	有學集	199：8	蠹齋鉛刀編	蠹刀鉛刀編	210：1
慈湖遺書	慈湖遺書	210：1	石堂集	石堂集	210：3
樂全先生集	樂全集	210：8	柳宗元	柳柳州文集	211：1
龍城錄	龍城錄	224：4	澹菴集	澹菴文集	225：7
韓子（韓愈）	昌黎集	231：1	朱子（朱熹）	朱子大全文集	231：3
程頤集	程頤集	233：5	晦庵全集	晦庵全集	234：2
止齋集	止齋集	234：7	葉夢得	石林集	237：2
誠齋集	誠齋集	243：6	馮時可集	馮時可集	249：1
栗齋集	栗齋集	257：4	膚齋十一稾	膚齋續集	269：12
存復齋集	存復齋集	270：9	北山集	北山集	274：4
魏了翁	鶴山全集	298：6			

集部・總集類

解題的題稱	確切的出處	卷頁	解題的題稱	確切的出處	卷頁
新安文獻志	新安文獻志	38：4	唐文粹	唐文粹	93：3
皇宋文選	宋文選	242：5	黃佐	六藝流別	280：8
王履貞	文苑英華	292：2	宋鑑	宋文鑑	293：6

集部・詩文評類

解題的題稱	確切的出處	卷頁			
劉勰	文心雕龍	298：2